십대의
5가지 사랑의 언어

THE FIVE LOVE LANGUAGES OF TEENAGERS
by Gary Chapman

This book was first published in the United States by Northfield Publishing,
820 N. LaSalle Blvd., Chicago, 60610, with the title of
The Five Love Languages of Teenagers
Copyright © 2000, 2005, 2010 by Gary D. Chapman.
All rights reserved.

Korean Edition published by Word of Life Press, Seoul 2001, 2014.
Translated and published by permission.
Printed in Korea.

십대의 5가지 사랑의 언어

ⓒ 생명의말씀사 2001, 2014

2001년 4월 25일 1판 1쇄 발행
2012년 6월 10일   13쇄 발행
2014년 7월 30일 2판 1쇄 발행
2022년 12월 15일   7쇄 발행

펴낸이 | 김창영
펴낸곳 | 생명의말씀사

등록 | 1962. 1. 10. No.300-1962-1
주소 | 서울시 종로구 경희궁1길 6 (03176)
전화 | 02)738-6555(본사) · 02)3159-7979(영업)
팩스 | 02)739-3824(본사) · 080-022-8585(영업)

기획편집 | 정설아
디자인 | 윤보람, 송민재
인쇄 | 영진문원
제본 | 보경문화사

ISBN 978-89-04-14137-1 (03230)

저작권자의 허락 없이 이 책의 일부 또는 전체를
무단 복제, 전재, 발췌하면 저작권법에 의해 처벌을 받습니다.

THE FIVE LOVE
LANGUAGES OF TEENAGERS

게리 채프먼 지음
장동숙 옮김

십대의 5가지 사랑의 언어

인정하는 말 ● 스킨십 ● 함께하는 시간 ● 봉사 ● 선물

생명의말씀사

| 감사의 글

　수년 동안 사람들은 "십대 자녀를 위한 부모 역할에 관한 책은 언제 집필하십니까?"라는 질문을 했다. 내가 그동안 아껴 놓았던 대답은 "나의 십대 자녀들을 양육하는 일이 끝나고 나서요."였다.

　이제는 막내가 31살이 되었으니 십대 자녀를 키우면서 성공했던 일이든 실패했던 일이든 가리지 않고 객관적으로 기록할 수 있을 것 같다.

　캐롤라인과 나는 완벽한 부모는 아니었다. 십대 자녀를 양육하면서 상처도 있었다. 하지만 그런 과정 속에서 우리는 사랑을 추구했고, 사랑이 모든 것을 이루게 했다. 십대였던 자녀들은 이제 남을 돌보는 성숙한 젊은이로 성장했다. 오늘날 우리는 그들과의 관계에 즐거워하고 있다. 그들은 우리에게 많은 기쁨과 격려가 된다. 만일 부모들이 십대 양육에 성공한다면, 그들은 곧 부모로서 성공하게 될 것이라는 확신을 가지고 이 책을 집필하는 바이다.

　이 책의 많은 부분을 나는 나의 두 자녀인 셸리와 데렉에게서 배웠다. 그들과 십대 시기를 같이 보내지 못했다면 다른 부모들에게 이 책의 내용을 강조할 수 없었을뿐더러 실제로 이 책을 쓸 수도 없었을 것이다. 그래서 나는 이 책을 나의 두 자녀에게 바친다. 그리고 이 기회를 빌려 그들을 대상으로 '실습'할 수 있게 해준 것에 공개적으로 감사한다. 그들이 내게 가르쳐 준 것들 덕분에 손주들에게는 더 잘할 수 있을 것 같다.

이 책을 집필할 때 조교 역할을 맡아 무한한 도움을 베푼 데이비스 맥거트 박사께 깊은 감사를 드린다. 십대 자녀의 부모 역할에 대한 최근의 연구와 역사적 자료를 탐구한 그의 풍성한 경험과 그 자료들을 소화하는 뛰어난 조직 기술이 내 작업을 훨씬 수월하게 했다. "데이비스 박사님, 고맙습니다. 조사한 내용이 당신의 십대 자녀들을 양육할 때 당신과 메리 캐이에게 도움이 되길 바랍니다."

언제나 그랬듯이 십대 자녀들을 양육하면서 내게 성공담과 실패담을 털어놓았던 수많은 부모에게 깊은 감사를 드린다. 상담실과 '길거리'에서 만난 수많은 부모는 나의 스승들이다. 그분들의 고통이 나를 예민하게 만들었고, 그분들의 성공은 나에게 격려가 되었다.

지난 16년간 자료를 컴퓨터로 처리하고, 기술적인 자문을 해준 나의 행정 조교 트리샤 쿠베에게 특별한 공로를 돌린다. 그녀와 남편 R. A.는 십대 자녀 조를 양육했는데, 그 아이는 지금 청년이 되어 엔젤라와 결혼했고, 트리샤와 R. A.는 조부모가 되었다. "트리샤, 난 알 수 있소. 몇 년이 지나지 않아 당신은 이 원고를 다시 읽게 될 것이오. 당신 손주들도 십대가 될 테니 말이오."

게리 채프먼

서문

　나는 십대 자녀의 부모 역할을 하는 것이 지금 세대보다 더 복잡했던 세대는 없었을 것이라 생각한다. 이제 십대 폭력 과다 현상은 영화 같은 가상 세계에만 있는 것이 아니라 저녁 뉴스의 단골 메뉴로 등장한다. 십대들이 십대를 살해하고, 부모를 살해하고, 때로는 자신들의 목숨까지 끊는다는 뉴스 보도가 다반사다. 그런 행위들이 이젠 대도시 주변 빈민 지역뿐만 아니라 중산층이 거주하는 교외까지 확산하고 있으니 모든 사회 계층의 부모들이 깊이 우려하지 않을 수 없다.

　전국적으로 결혼 생활 세미나를 하면서 만났던 부모들은 대부분 공황 상태에 빠져 있었다. 자기 자녀가 성병에 걸렸거나, 임신했거나, 낙태한 사실을 알게 된 부모들은 특히 더했다. 어떤 부모들은 자녀가 마약을 복용할 뿐만 아니라 다른 학생들에게 마약을 강매했다는 소식을 듣기도 한다. 또 어떤 부모들은 자녀가 무기를 소지하여 경찰에 체포되었다는 연락을 받고 정신을 잃기도 한다.

　그런 부모들은 고통 속에서 '우리가 무슨 잘못을 했나?'와 같은 질문을 가장 먼저 떠올리곤 한다. 그리고 "우리는 좋은 부모가 되려고 노력했어요. 우리는 그들이 원하는 것을 다 들어주었단 말입니다. 그런데 어떻게 그들이 자신에게, 그리고 우리에게 이럴 수 있을까요?"라고 말한다. 지난 30

년 동안 결혼 생활과 가정생활 상담가로 활동하면서 나는 위에서 언급된 파괴적인 행동에는 연루되지 않았지만, 자신들의 십대 자녀에게도 일어날지 모를 일이라고 느끼는 수많은 부모의 마음에 상당한 연민을 느낀다.

이 시대 십대 영혼들은 불안한 상태에 빠져 있다. 이에 대한 단순한 해답은 없다. 현실은 오늘의 십대들은 선조들에게 알려지지 않았던 세상을 살아간다는 것이다. 이 세상은 위성 TV와 인터넷, 그리고 그 외 많은 것으로 가득한 지구촌이다. 현대 기술은 인간 문화의 가장 좋은 것과 가장 나쁜 것 모두를 십대들에게 노출한다. 최남단이나 북서쪽 끝 어디를 보아도 동종의 환경은 이제 더 이상 존재하지 않는다. 중서부 십대의 인종 간 경계선은 종이 한 장에 불과하다. 혼합주의-서로 우세한 것이 없이 많은 사상과 철학을 받아들이는 주의-가 보편적인 신념과 양식들을 미래의 물결로 대치시켰다. 혼합주의는 남게 될 것이고, 그 물결을 헤쳐나가는 것은 훨씬 더 어려울 것이다. 많은 십대가 길을 잃는다고 해서 이상할 게 없는 것이다.

내가 관찰한 바로는 십대들의 부모들이 이렇게 무기력했던 적도 없지만, 이렇게까지 중요했던 적도 없다. 십대들에게는 이전보다 더 부모가 필요하다. 모든 연구 조사에서는 십대의 삶에 가장 중요한 영향력을 끼치는 것은 바로 부모라고 지적한다. 부모들이 지도하는 역할에 개입하지 않을 때는 또래 그룹이나 학교 친구들이 그 역할을 대신한다. 십대들의 가장 큰 관심 사항은 부모들이 가정에서 다정한 지도자로서 그 역할을 감당할 때 충족된다는 전제를 나는 깊이 믿고 있다.

이 책은 부모와 십대의 관계에 가장 기초가 되는 사랑에 초점을 맞춘다. 나는 우리가 쓰는 말 가운데 가장 중요하면서 오해되기 쉬운 단어가 바로 '사랑'이라고 생각한다. 바라기는 이 책이 그런 혼동을 없애 주고, 효과적으로 십대 자녀들의 사랑의 욕구를 충족시키는 데 도움이 되었으면 한다. 그런 욕구가 충족되면 십대 자녀들의 행동에 상당한 영향을 줄 것이라고 믿는다.

많은 청소년 비행의 밑바닥에는 충족되지 못한 사랑의 탱크가 있다. 내 말은 부모들이 십대 자녀들을 사랑하고 있지 않다는 것이 아니라, 수많은 십대가 그 사랑을 느끼지 못하고 있다는 말이다. 이것은 감정적인 면에서 부모가 자신의 십대 자녀에게 효과적으로 사랑을 나타내는 방법을 모르는 데서 오는 문제가 된다.

문제의 일부는 많은 부모가 자신이 사랑받고 있다고 느끼지 못하는 데 있다. 황폐한 결혼 생활로 인해 부부 사이에 사랑이 유유히 흐르지 못하고 있는 것이다. 결혼 생활에서 사랑을 효과적으로 전달해야 할 이런 필요성 때문에 첫 번째 책 『5가지 사랑의 언어』를 집필하게 되었다. 이 책은 현재까지 900만 부 이상 팔렸으며, 수많은 결혼 생활에서 감정적 분위기를 바꾸어 놓았다. 이 책을 읽은 부부들은 각각 배우자의 '제1의 사랑의 언어'를 표현하는 법을 배웠고, 그러는 가운데 사랑을 효과적으로 전달하게 되었다. 저자인 나에게 이는 지극히 고마운 일이었다. 부부 사이가 소원했는데 『5가지 사랑의 언어』를 읽고 그 원리를 적용했더니 사랑이 새로워졌다고 말하는 부부들의 이야기를 들으면 특히 그렇다.

또한, 『자녀의 5가지 사랑의 언어』에 보내 준 성원에도 무척 고마운 마음을 갖고 있다. 이 책은 자녀와 부모 문제에 대해 30년간의 경험을 가진 로스 캠벨과 공동으로 집필한 책이다. 캠벨 박사와 나는 이 책을 통해 자녀들의 제1의 사랑의 언어를 발견했다는 수많은 부모와 아이의 사랑의 탱크를 효과적으로 채우는 법을 배우기 위해 이 책을 워크숍 교재로 사용했다는 수많은 교육자에 의해 상당히 고무되었다.

『십대의 5가지 사랑의 언어』를 쓰도록 격려해 준 사람들은 바로 이런 부모들과 교육자들이다. 한 어머니는 "채프먼 박사님, 당신이 집필한 『자녀의 5가지 사랑의 언어』는 제 아이들이 어렸을 때 많은 도움이 되었습니다. 하지만 지금 십대가 된 아이들은 전 같지 않아요. 우리 부부는 언제나 그랬던 것처럼 그들을 대하려고 애쓰지만, 십대들은 다른 것 같아요. 십대 자녀를 더 효과적으로 사랑하는 법을 배우는 데 도움이 되는 책을 좀 써 주세요."라고 말했다.

이 어머니의 말이 맞다. 십대들은 다르다. 십대를 효과적으로 사랑하는 데에는 몇 가지 새로운 통찰력이 필요하다. 십대들은 굉장한 변화의 시기를 지나고 있기에, 그들을 효과적으로 사랑하기 위해서는 사랑을 표현하는 방식에도 변화를 주어야 한다. 첫 번째 책이 수많은 결혼 생활에 도움이 되었고, 두 번째 책이 자녀를 둔 부모들에게 도움이 되었다면, 이 책은 십대 자녀를 둔 부모들에게 도움이 되길 바란다. 만일 그렇게 된다면 내가 이 책을 집필할 때 투자한 에너지가 충분히 보상될 것이다.

이 책은 우선 부모들을 위해 썼지만, 조부모들과 학교 교사들-실질적으로 십대들을 돌보는 모든 어른-도 이 책에서 발견한 원리들을 실행에 옮김으로써 좀 더 효과적으로 사랑을 전달할 수 있을 것이다. 십대들은 부모뿐 아니라 그들의 삶에서 중요한 다른 어른들에게서도 사랑을 느껴야 한다. 만일 당신이 조부모라면 십대들에게는 나이가 지긋하고 더 성숙한 어른들에게서 우러나오는 지혜가 절대적으로 필요하다는 것을 기억하라. 그들에게 사랑을 보여 주라. 그러면 그들은 당신이 들려주는 지혜의 말에 귀를 기울일 것이다.

　이 책을 통해 당신은 내 상담실로 들어와 이해와 사랑을 향한 여정을 털어놓고 그것을 이렇게 드러내도록 허락해 준 수많은 부모와 십대들을 만날 것이다. 물론 개인의 사생활을 보호하기 위해 이름은 모두 바꾸었다. 나는 당신이 이들 부모와 십대들의 솔직한 대화 내용을 읽으면서 5가지 사랑의 언어 원리가 당신의 십대 자녀와 가족들의 삶에 실제로 어떻게 작용할 수 있는지를 발견할 것이라고 믿는다.

　그러면 이제 당신이 읽을 내용을 미리 살피도록 하겠다. 1장에서는 십대들이 살아가는 세계를 탐구할 것이다. 자녀가 청소년기가 될 때 겪는 발달상의 변화뿐만 아니라, 십대들이 이런 발달상의 변화를 경험해야만 하는 현 세계 또한 살필 것이다. 2장에서는 십대의 감정적, 지적, 사회적, 영적 발달의 중요성을 배울 것이다. 3장에서 7장에 걸쳐서는 사랑을 전달하는 5가지 언어와 십대들에게 이런 사랑의 언어를 표현하는 적절한 방식들을 살필 것이다. 8장에서는 십대의 제1의 사랑의 언어를 어떻게 발견하는지, 그들의 사랑의 탱크를 가장 효과적으로 채우는 방법은 무엇인지 살필 것이다.

　9장에서 12장에 걸쳐서는 분노와 독립심을 포함하여 십대의 삶의 핵심 문제들을 탐구할 것이다. 우리는 사랑이 분노에 대한 십대들의 이해와 처리에 어떻게 연결되는지, 어떻게 독립심을 길러 주는지, 자유와 책임감과는 어떤 관계가 있는지, 그리고 규칙과 결과를 강화하는 경계선을 어떻게 설정해 주는지 등을 고려해 볼 것이다. 13장에서는 십대가 실패했을 때 어떻게 사랑해야 하는지에 대해 탐구할 것이다. 이는 종종 사랑의 가장 힘든 과업이 되기도 한다. 마지막 장에서는 한부모 가정의 부모들이 이런 사랑의 언어를 적용하는 것을 다룰 것이다.

나는 만일 사랑의 감정적 욕구가 청소년기를 보내는 동안 충족된다면, 십대들이 변화의 물결을 헤쳐나가 급류 저편에서 건강한 젊은이로 우뚝 설 수 있을 것이라고 믿는다. 이는 부모 대부분이 가지고 있는 비전이다. 나는 이것이 당신의 비전이기도 할 것이라 믿는다. 이제 십대의 세계로 뛰어들어 십대들에게 사랑을 전달하기 위한 도전과 기회를 배워 보도록 하자.

| CONTENTS

감사의 글 4
서문 6

01 현대의 십대들은 누구인가   15
02 부모 사랑의 중요성   31
03 사랑의 언어 #1 인정하는 말   48
04 사랑의 언어 #2 스킨십   70
05 사랑의 언어 #3 함께하는 시간   88
06 사랑의 언어 #4 봉사   114
07 사랑의 언어 #5 선물   131

08 십대의 제1의 사랑의 언어 발견하는 방법　　　149

09 사랑과 분노 : 부모들을 위한 조언　　　169

10 사랑과 분노 : 십대들을 위한 조언　　　184

11 사랑과 독립심　　　203

12 사랑과 책임감　　　227

13 십대가 실패했을 때 사랑하는 방법　　　248

14 한부모 가정에서의 사랑의 언어　　　265

에필로그　285

THE FIVE LOVE LANGUAGES OF TEENAGERS

01

현대의 십대들은 누구인가

지금으로부터 60년 전에는 십대들이 별개의 세대로 구분되지 않았다는 사실을 알고 있는가? '십대'라는 말은 제2차 세계 대전 무렵에 상용되기 시작했다. 십대들이 공식적으로 처음 사회에 등장한 이후 많은 변화가 있었지만, 1940년대의 십대와 21세기를 살아가는 십대들 간에는 많은 유사점이 있다.

초기 십대 문화와 현대 십대 문화를 대조해 보면 그 저변에 깔린 주제는 동일하다. '독립'과 '자기 정체성'이 바로 그것이다. 수세기에 걸쳐 미국 사회의 십대들은 부모에게서 독립하기 위해 애쓰는 한편, 자신들의 정체성을 찾는 데 열중해 왔다. 이러한 주제들은 십대 전 세대에는 그렇게 크게 작용하지 못했다.

산업 사회 이전 십대들은 결혼하여 토지를 분할 받거나 물려받기 전까지는 자기 부모의 농장에서 일했다. 정체성은 십대들이 추구하는 그 무엇이 아니었다. 그들은 들에서 일할 나이가 되면 농부가 되었고, 결혼하기 전까지는 아이였다.

독립과 정체성의 추구

1940년대까지 독립이라는 말은 청소년들이 결혼하기 전에는 생각할 수조차 없는 것이었다. 그 중대한 시기에 진정한 독립이란 부모들이 경제적으로 호의를 베풀 때 가능한 것이었다.

산업화가 되면서 개개인의 정체성이 더 중요한 선택의 문제가 되었다. 상업을 익히고 공장에서 일하면서 숙련공, 직조공, 구두 수선공 등이 될 수 있었다. 직장을 얻는 것은 이웃 마을로 이사해서 돈을 버는 것을 의미했다. 독립이 더 실제적인 문제로 대두되면서 자녀들은 부모로부터 분가해서 살 수 있게 되었다. 이처럼 비교적 큰 문화 변화는 십대 문화가 시작되는 배경이 되었다.

1940년대 이후 십대들은 급속하게 변하는 세상에서 독립과 정체성이라는 패러다임을 따랐다. 전기, 전화, 자동차, 라디오, 비행기, TV, 컴퓨터 등이 하나하나 생기면서 독립과 정체성을 추구하는 새로운 스타일을 개발해 나갈 수 있었다. 현대의 십대는 지구촌이라 불리는 세상에 살고 있다. 하지만 십대의 관심은 여전히 자기 자신, 즉 자기 정체성과 독립에 쏠려 있다. 이에 대해서는 나중에 더 자세히 다룰 것이다.

그렇다면 현대의 십대 문화를 어떻게 특징지을 수 있을까? 당신의 십대 자녀는 과거 십대와 어떤 점이 유사하고 어떤 점이 다른가?

과거 십대와의 유사점들

신체적, 정신적 변화

오늘날 십대가 직면하는 근본적인 도전은 당신이 십대였을 때 직면했던 도전들과 유사하다. 첫째로, 몸의 변화를 수용하고 적응하는 도전이 있다. 팔다리와 손발이 균형에 맞지 않게 성장하여 십대들은 때로 극도로 당황하기도 한다. 둘째로, 성적인 특징들이 발달하는데, 이는 기쁨을 가져다주기도 하지만 불안을 초래하기도 한다. 여드름과 씨름하는 십대 자녀들을 보면서 어떤 부모들이 그 고통을 느끼지 못하겠는가?

이런 심리적인 변화로 십대들은 마음에 수많은 질문을 품게 된다. '난 어른이 되어 가고 있는데 어떻게 보이게 될까? 키가 너무 크거나 작게 되는 것은 아닐까? 내 귀는 너무 뒤로 튀어나온 것은 아닐까? 나는 가슴이 너무 작은 것은 아닐까? 내 코는 어떤가? 내 발은 너무 크지 않나? 나는 너무 마른 것일까? 아니면 너무 뚱뚱한 것일까?' 십대의 마음속에는 이처럼 질문이 끊임없이 이어진다. 이러한 질문들에 대해 십대가 대답하는 방식은 그 자신의 정체성에 긍정적이거나 부정적인 영향을 미친다.

신체적인 성장과 더불어 지적인 '급성장' 또한 온다. 십대는 새로운 사고방식이 발달한다. 아이일 때는 구체적인 행동과 사건으로 사고하지만, 십대가 되어서는 정직, 성실, 정의와 같은 추상적인 개념으로 사고하기 시작한다. 추상적인 사고를 통해 그들의 정신세계는 무한한 가능성의 세계로 확대된다. 이제 십대는 물건이 어떻게 달라질 수 있는지, 전쟁이 없는 세상은 어떨지, 이해심 많은 부모들은 자기 자녀들을 어떻게 대할지 등에 대해 생각할 줄 아는 능력을 갖추게 된다. 확대된 가능성의 세계는 자기 정체성에 대해 모든 문호를 개방한다. 십대는 '난 뇌 전문 의사도, 조종사도, 청소부도 될 수 있다'는 사실을 인식한다. 무한한 가능성과 함께 십대는 수많은 직업이 있는 환경에서 자신을 조명해 볼 수 있다.

이성의 시기로의 진입

청소년기는 이성의 시기이기도 하다. 십대는 논리적으로 사고할 줄 알고, 다른 위치에서 논리적인 결과를 볼 줄도 안다. 이러한 논리를 자기 자신의 논법에만 적용하는 것이 아니라 부모들의 논법에도 적용한다. 이것이 바로 십대가 '따지기 좋아하는' 이유 중 하나다. 그런데 사실 이 아이는 자신의 정신적인 기술을 발달시키고 있는 것이다. 만일 부모가 이를 이해한다면, 그 부모는 십대 자녀와 의미 있고 흥미 있는 대화를 할 수 있다. 하지만 부모가 이를 이해하지 못한다면, 그들은 적대적인 관계가 되고, 십대 자녀는 자신의 지적인 근육을 이완시키기 위해 다른 어디론가 가야만 할 것이다. 이런 지적 발달과 새로운 정보 수집의 급속한 성장으로 십대는 종종 자신들이 부모보다 현명하다고 믿는다. 어떤 면에서는 실제로 그 생각이 옳을 수도 있다.

이렇게 진보된 사고 수준은 사회적 관계 속에서 십대를 새로운 도전의 무대로 이끈다. '사상'에 관한 친구들과의 논쟁과 그들의 관점에 귀 기울이는 것은 새로운 친밀감을 낳기도 하지만, 다른 한편으로는 적대 관계에 놓일 수도 있게 한다. 십대들 간의 파벌(소수의 친한 사람들끼리 만든 그룹)은 옷이나 머리 색깔보다는 지적인 사상이 일치할 때 더 잘 형성된다. 어른들과 마찬가지로 십대들도 자기와 마음이 맞는 사람들과 함께 있을 때 더 편안함을 느끼고, 그들과 교제하면서 더 많은 시간을 보내고 싶어한다.

개인의 도덕성과 가치의 직면

사상과 행동을 논리적인 방식으로 분석하고, 어떤 신념들을 유출해 내는 지적 능력은 십대의 또 다른 도전이 된다. 이는 개인이 제기한 신념 체계를 검토하고, 그러한 신념들이 개인이 헌신할 값어치가 있는지를 결정하는 일이다. '하나님, 도덕성, 가치관에 대한 내 견해에 비추어 볼 때 부모가 과연 옳은 것인가?' 이는 모든 십대가 씨름해야 하는 중대한 문제다. 이러한 갈등을 이해하지 못하면 십대들은 부정적인 영향을 받게 되거나 부모가 일찍이 가르쳤던 신념과 가치관들을 멀리할 것이다.

십대 자녀가 부모에게 기본적인 질문을 할 때 현명한 부모라면 질문을 기꺼이 받아들이고, 솔직한 대답을 해주어 자녀가 이러한 사상을 계속 탐구할 수 있도록 도와줄 것이다. 현명한 부모들은 자신들이 수년 동안 믿어 온 신념들에 대해 십대들과 대화를 나누는 것을 반가워한다. 하지만 십대들의 질문을 비난한다면, 그들은 부모의 신념이 틀릴지도 모른다고 생각하는 것조차 죄책감이 들어 자신들의 질문을 들어줄 어딘가를 찾게 될 것이다.

성(性)과 결혼에 대한 생각

십대의 또 다른 중요한 도전은 자기의 성에 대해 이해하고, 남성과 여성의 사회적 역할을 익히는 것이다. '반대 성을 가진 사람들과의 관계에서 무엇이 적절하고 무엇이 적절하지 않은가? 자기 자신의 성에 대한 생각과 감정을 다루는 데 있어서 무엇이 적합하고 무엇이 적합하지 않은가?' 이런 질문들은 종종 부모에 의해 무시되기도 하나, 십대 자신들에게는 무시될 수 없는 것들이다.

십대의 성은 그 자신의 일부이자 반대의 성과 관련하여 항상 존재하는 실체다. 대부분의 십대는 언젠가 결혼해서 가정을 이룰 것이라는 꿈을 가진다. 최근의 한 조사에 의하면 십대들에게 미래에 겪게 될 일 중 가장 중요하다고 생각되는 일이 무엇인지 순서를 매겨 보라고 했는데, "86%의 십대들이 미래에 안정된 가정을 갖는 것이 가장 중요한 일"[1]이라고 말했다고 한다. 안정된 결혼과 가정에 대한 꿈이 십대 초기부터 마음속에 일찍이 자리 잡고 있는 것이다.

도움이 되고 싶어하는 부모들은 가족들과 대화를 나눌 때 성, 데이트, 결혼과 관련된 문제들에 관해서도 이야기한다. 부모들은 십대의 수준에 맞는 인쇄물을 사용하여 실제적이고 건전한 정보를 줄 수도 있다. 교회에 출석하는 십대들을 위해서는 그들을 지도하는 교사나 청소년 담당 목회자가 성, 데이트, 결혼에 관한 강좌를 가끔 열어 주기도 한다. 십대들이 자신들의 성장 발달에 있어 중요한 면에 대해 솔직하게 관심을 드러내며 배우고 논의할 수 있는 사회 환경을 마련해 주는 것이다.

미래에 대한 질문

과거와 현대의 십대들에게 또 하나의 공통된 도전은 바로 '나는 내 인생에서 무엇을 할 것인가?'라는 질문과 씨름하는 것이다. 이 질문은 직업을 선택하는 문제이기도 하지만 그보다 더 심오한 의미가 있다. 이는 궁극적으로 영적인 질문이라 할 수 있다. '내 인생에서 무엇이 투자할 만한 값어치가 있는 것일까? 가장 큰 행복은 어디에서 찾아야 할까? 가장 위

---

1) *YOUTHviews* 6, no. 8 (April 1997):3;published by the George H. Gallup International Institute, Princeton, N. J.

대한 공헌을 어디에다 할 수 있을까?' 이런 질문들은 철학적인 것 같지만 십대들에게는 매우 실제적인 질문이 된다.

그런데 그들에게는 이보다 더 급히 생각해 봐야 할 물음들이 있다. '대학에 갈 것인가, 말 것인가? 간다면 어느 대학을 갈 것인가? 군대에 간다면 어떤 군대에 갈 것인가? 직업을 가질 것인가? 그렇다면 어떤 직업을 택할 것인가?' 십대들은 이런 모든 선택이 자신을 어딘가로 이끌 것이라는 사실을 안다. 다음 단계라는 것은 그것이 어떠하든 십대들이 결국 어떻게 될지에 영향을 줄 것이다. 어린 마음에 이것은 굉장한 도전이 된다.

십대 자녀에게 도움이 되고 싶어하는 부모들은 자신들의 고민과 기쁨, 실망스러웠던 경험 등을 자녀와 함께 나눈다. 부모로서 당신은 자녀에게 쉬운 대답을 줄 수 없지만 주지도 말아야 한다. 그러나 십대들의 탐구심을 격려하고, 직업에 종사하는 여러 사람을 자녀에게 소개해 그들의 인생 여정을 듣게 할 수는 있다. 학교에서 직업에 관한 상담을 받도록 격려할 수도 있다. 하지만 궁극적으로 당신은 자녀가 사무엘의 모범을 따르도록 격려해야 한다. 고대 히브리 예언자였던 사무엘은 십대였을 때 하나님의 음성을 듣고 다음과 같이 말했다. "말씀하옵소서 주의 종이 듣겠나이다"(삼상 3:10). 인류사에 가장 큰 영향을 끼쳤던 사람들은 하나님께 소명을 받고 그 소명을 따라 살았던 사람들이다.

위의 모든 도전은 세대마다 십대가 대체로 직면했던 도전들이다. 하지만 오늘날의 십대들은 분명 과거와는 다른 세상에 살고 있다. 자기 부모들이 십대였을 때 살았던 세상과는 확실히 다른 세상에 사는 것이다.

근본적으로 다른 5가지 차이점

이러한 모든 유사점과 함께 현대의 십대와 과거의 십대 간에는 엄청난 차이가 있다는 것을 잊지 말아야 한다. 그 차이는 위에서 언급한 도전들에 십대가 직면하는 현대의 문화적인 정황이다. 이러한 문화적인 차이점에는 어떤 것들이 있을까?

1. 과학 기술

가장 주목할 만한 차이점들 가운데 하나는 현대의 십대들은 고도로 발달한 과학 기술 세상에서 성장했다는 것이다. 그들의 부모들은 전화, 라디오, TV 정도가 있는 환경에서 성장했지만, 오늘날의 십대들은 케이블 TV와 위성 TV 등을 통해 부모들이 경험했던 것보다 더 넓은 세계를 경험한다. 다양한 채널을 통해 모든 종류의 오락거리도 경험할 수 있다.

오늘날의 십대들은 컴퓨터와 함께 자라기도 했다. 컴퓨터와 십대는 같이 나이를 먹어 간다. 수백만의 십대들이 컴퓨터를 사용하며 자랐고, 초고속 인터넷은 현대의 십대에게 긍정적인 영향과 부정적인 영향을 모두 끼칠 수 있는 거대한 도로가 되었다.

인터넷을 통해 십대들은 앞으로 상영될 영화의 예고편을 미리 볼 수 있고, 전국 라디오 방송도 들을 수 있다. 최신 음악을 내려받아 들을 수도 있으며, 인터넷 메신저를 통해 친구들과 의사소통도 할 수 있다. 전화로 친구들과 의사소통을 하고 의견을 나누던 일이 인터넷을 통한 메시지 전달로 빠르게 대치된 것이다. 한 조사에 의하면 십대들이 이메일을 주고받고 채팅을 하는 데에는 일주일에 평균 8.5시간을 쓰는 반면, 학교 공부

를 하는 데에는 1.8시간밖에 쓰지 않는 것으로 나타났다.[2]

이처럼 기술 혁신으로 인한 현실들은 십대들을 세상과 만나게 한다. 현대의 십대들은 자기 부모들이 이전에 꿈꿨던 것보다 더 많은 문화적인 자극에 노출된 것이다.

2. 폭력에 대한 지식과 노출

두 번째 문화적인 차이점은 당신의 십대 자녀는 폭력적인 행동에 대해 더 많은 지식을 갖고 성장한다는 것이다. 이는 부분적으로는 과학 기술의 발달 때문에, 즉 대중 매체를 통해 폭력에 대한 것이 더 많이 보도되는 이유도 있겠지만, 단지 폭력에 대한 문화적인 갈증(거의 강박 관념)도 그 원인이 된다. 우리의 영화, 노래, 소설 등에는 폭력적인 내용이 자주 등장한다. 최근의 청소년 갤럽 조사에 의하면 36%의 청소년들이 지난 한 달 동안 폭력 장면이 많은 영화나 TV 프로그램을 보았다고 한다.

흥미롭게도 1999년에는 십대의 78%가, 즉 십대 10명 중 8명 정도가 "폭력 영화나 TV 프로그램을 보는 것은 문제 될 것이 없다"고 갤럽 조사에 응했다. 하지만 이들 가운데 53%가 "TV와 영화에 나오는 폭력이 젊은이들에게 그릇된 메시지를 전달하고 있다"는 데 동의했다. 조사에 응한 십대 가운데 65%는 "영화와 TV는 오늘날 젊은이들의 미래에 상당한 영향을 미친다"[3]고 믿었다.

폭력에 대한 노출은 비단 대중 매체와 영화에만 국한되는 것이 아니다. 오늘날 많은 십대가 개인적인 차원에서도 폭력을 경험한다. 그들은 자기

---

2) Linda Temple, "Courting by Computer:On-Line Replacing Phone Lines for Teens in Touch," *USA Today*, 14 April 1997.
3) *YOUTHviews* 6, no. 7 (March 1999):3.

아버지가 어머니를 육체적으로 학대하는 것을 보기도 했고, 그들 자신이 아버지, 양아버지나 그 밖의 다른 어른들에게 육체적인 학대를 받기도 했다. 또한, 대부분의 십대가 학교가 폭력의 장이 되기도 한다는 것을 안다.

어떤 십대들은 살인을 포함하여 폭력의 가해자이기도 하다. 지난 30년 동안 미국 내에서 전반적인 살인율은 어느 정도 일정 비율이 유지됐지만, 청소년 살인율은 계속 증가했다. 1980년 중반에서 1990년 중반에는 청소년 살인율이 168%나 증가했다. 매년 미국에서는 2만 3천여 명이 살해되는데, 가해자 가운데 25%가 21세 이하의 젊은이들이라고 FBI는 보고한다.[4] 폭력은 우리 문화의 한 부분이 되긴 했으나, 현대의 십대는 이전의 어떤 세대보다 지식적으로나 감정적으로 폭력에 훨씬 더 가깝다.

3. 해체된 가정

현대의 십대에게 영향을 미치는 세 번째 문화적 요인은 가족 해체 현상에 있다. 청소년 갤럽 조사에 의하면 미국의 십대 10명 가운데 4명이 한쪽 부모와 살고 있으며, 그 가운데 약 80%가 아버지 없는 가정에서 자라고 있다. 미국의 십대 가운데 20%는 어머니와 양아버지와 살거나, 아니면 어머니와 다른 어른 남성과 함께 산다고 한다.[5]

사회학자들은 이렇게 말한다. "아버지가 일하는 동안 어머니는 집안일을 하는 가정, 아버지와 어머니가 모두 집 밖에서 일하는 가정, 한부모 가정, 재혼으로 아무 관계가 없는 아이들과 함께 사는 가정, 자녀가 없는 가정, 결혼하지 않고 아이를 두었거나 혹은 아이 없이 사는 가정, 게이나

---

4) Ames Garbarino, *Lost Boys: Why Our Sons Turn Violent and How We Can Save Them* (New York: Free Press, 1999), 6-7.
5) *YOUTHviews* 5, no. 9 (May 1998):2.

레즈비언 부모가 자녀를 키우는 가정 등 이전과는 달리 가정의 유형이 전례 없이 많다. 우리는 지금 미국인의 결혼 생활에 있어 역사적 변화의 시기를 살고 있다."[6]

또 다른 조사원은 이렇게 말한다. "가정 해체의 다른 요인에 대한 데이터는 아직 나오지 않았지만, 사회학적인 견해는 우리가 매일 겪는 많은 사회적 긴장과 직접 연결되어 있음을 시사한다. 태도, 스트레스, 이별, 관심 갖는 시간이 줄어든 것 등은 새로운 가정들이 긴장감을 갖고 적응하는 것과 직접적인 관련이 있다."[7]

게다가 오늘날의 십대들은 핵가족의 붕괴와 더불어 확대 가족인 조부모, 삼촌, 숙모 등 다른 친척들과도 함께 살지 않는 상태에서 성장하고 있다. 그리고 이동 수단의 발달로 이전 세대와 비교해 볼 때 확대 가족과 더 멀리 떨어져서 살아간다. 전에는 이웃들이 부모의 대리 역할을 해주면서 서로 아이들을 돌봐 주기도 했지만, 오늘날 바쁜 이웃들은 도저히 그렇게 할 수가 없다. 과거 지역 학교는 동질성이 짙었기에 공동체는 젊은이들이 서로 관계를 맺기에 안전한 환경을 제공했다. 지금은 그런 경우가 거의 없다. 가정에 미치는 이 모든 긍정적인 영향은 급속히 사라지고 있다.

예일대학 아동 연구소의 책임자인 제임스 크로머는 이런 붕괴 요인을 핵가족의 붕괴와 같이 매우 심각한 것으로 본다. 크로머는 자신의 어린 시절을 말하면서 "집과 학교 사이에는 내가 좋지 못한 행동을 하면 부모님께 보고했던 부모님의 가까운 친구분들이 적어도 다섯 명은 계셨어요. 요즘 아이들 주위에는 그런 사람들이 더 이상 없지요."[8]라고 했다. 과

---

6) Jerrold K. Footlick, "What Happened to the American Family?" *Newsweek* (Special Edition), Winter/Spring, 1990, 15.
7) Eric Miller with Mary Porter, *In the Shadow of the Baby Boom* (Brooklyn, N. Y.:EPM Communications, 1994), 5.
8) Richard Louv, *Childhood's Future* (NewYork:Anchor, 1990), 6.

거의 십대들은 확대 가족들, 건전한 이웃들, 교회, 공동체 등을 의지할 수 있었다. 하지만 오늘의 십대들에게는 이런 지지망이 거의 없다.

4. 성에 대한 지식과 노출

우리의 십대들이 성장하고 있는 세상의 또 다른 엄청난 차이점은 주변의 성적인 환경이다. 1960년대 베이비 붐 세대들은 그들 부모의 전통적인 성적 가치관에 대해 반항했지만, 그래도 성에 대한 규범이 있었고, 때로 이를 어겼을 때는 죄책감을 가졌다. 하지만 오늘의 십대들은 성에 대한 아무런 규범이 없는 세상에서 성장하고 있다. 영화, 대중 매체, 음악 등은 모두 섹스를 사랑과 동일시하고, 섹스를 의미 있는 연애 관계의 한 부분으로 묘사한다. 그 결과 수많은 십대가 성적으로 적극적이다. "조사 결과가 다양하긴 하나, 미국 고등학생들의 평균 70-80%가 고등학교를 졸업하기 전에 성적인 경험을 한다."[9]

성적으로 적극적이지 않은 십대들은 '내가 무엇인가 중요한 것을 놓치고 있는 것은 아닌가? 내게 이상이 있는 것은 아닌가?'라는 생각 등으로 갈등을 겪는다. 그런 반면 성적으로 적극적인 십대들은 종종 이용당하고, 학대받고, 공허하다는 부정적인 느낌을 받는다.

오늘의 십대들은, 성을 데이트의 한 부분으로 간주할 뿐 아니라 결혼 전 동거가 점점 보편화되고, 동성애를 또 하나의 삶의 방식으로 몰아가는 세상에서 살고 있다. '양성애자'와 '복장 도착자'라는 단어들은 오늘의 십대에게 보편적인 어휘들이 되어 가고 있다. 실질적인 의미에서 성은

---

9) Ron Hutchcraft, *The Battle for a Generation* (Chicago:Moody, 1996), 32.

이제 미국에서 신이 되었고, 그 숭배 장소는 마음대로 상상할 수 있을 만큼 다양해졌다. 오늘의 십대는 이런 세상에서 이제 막 생겨난 자신의 성적 관심을 다루어야 하는 것이다.

5. 중립적 도덕과 가치

결과적으로 보면 현대의 십대는 후기 기독교 시대에서 성장하고 있다. 종교와 도덕이라는 영역에는 확실한 단어가 없는 것 같다. 과거에는 미국인 대부분이 도덕적인 행동과 부도덕한 행동을 구분할 수 있었다. 이러한 도덕적 판단의 기준은 기본적으로 유대 기독교 전통에 따른 것이었다. 하지만 현대의 십대들에게 이것은 사실이 아니다. 초기 미국 역사에서 보면 모든 세대가 확실한 도덕적 가치 없이 성장하고 있다. 가치는 종종 중립적이기도 하다. 십대는 좋은 느낌을 받는 것이 좋은 것이라고 알고 있다. 틀린 것이란 상대적인 것이다.

1990년대 중반 십대 후반의 청소년들을 조사한 바너 연구소 팀은 "어떤 사람에게는 옳은 것이 비슷한 상황에 있는 다른 사람에게는 옳지 않을 수도 있다."라는 말에 91%의 십대들이 동의했다는 보고를 했다. 또한, 80%는 "도덕과 윤리 문제를 거론할 때 진리란 서로 다른 사람들에게는 다른 의미를 지닌다. 자신이 알고 있는 진리를 절대적으로 긍정할 수 있는 사람은 아무도 없다."라는 견해에 동의했다. 진리와 성실이 일단 가치 있는 것으로 여겨지는 사회에서 57%의 십대들이 "때로는 거짓말도 필요하다"[10]고 믿었다.

---

10) George Barna, *Generation Next* (Ventura, Calif:Regal, 1995), 32.

현대를 살아가는 사람들은 옳고 그른 것에 대한 명확한 정의를 갖고 있지 않다. 토마스 레이너는 도덕이 부재한 세대가 이렇게 늘어나는 이유를 다음과 같이 설명했다. "1946년 이전에 태어난 건설자(Builders)들은 옳고 그른 것을 식별할 수 있는 유대 기독교의 기본 원리를 받아들였다 (오늘날도 여전히 받아들임). 그들은 오늘날 성경이 삶에 대한 도덕적인 안내자라고 믿는다. 하지만 건설자들의 자녀들인 부머(Boomers)와 그들의 자녀들인 버스터(Busters)들 가운데 많은 수가 교회나 그 밖의 기독교 활동들을 멀리한다." 레이너는 다음과 같은 말들을 계속했다.

> 교회의 영향을 받지 않으면서 그들은 자기 부모들이 분명히 비도덕적인 것이라고 결론을 내린 활동들에 몰입하기 시작했다. 그들은 자기 부모들과 조부모들의 절대적인 도덕 기준들을 가지고 있기는 하나, 실제적인 것으로 받아들이기보다는 오히려 이론으로 받아들였다. 그러나 연결자(Bridger) 세대(1977-1994년 사이에 태어난 세대)는 성경과 같은 도덕 기준을 가지고 있는 것도 아니고, 자기 부모들의 도덕적인 모범을 보고 자라지도 못했다. 옳고 그른 것에 대해 그들이 기껏 이해한다고 하는 것은 매우 불분명하다. 전적으로 도덕이 없는 세대가 곧 어른이 될 것이다.[11]

십대 시기는 종교적인 신념을 탐색하는 시기다. 십대들은 자기 부모들의 종교적인 신앙 혹은 불신앙에 대해 질문한다. 그 밖의 삶의 영역에서도 그들은 자신들의 정체성을 분명하게 하고 싶어한다. 현 세상에서의

---

11) Thom S. Rainer, *The Bridger Generation* (Nashville:Broadman & Holman, 1997), 44.

차이점은 오늘날의 지구촌화에서 기인한다. 우리 십대들은 현대 기술이나 다른 종교 그룹에 관련된 친구들을 통해 수많은 종교적 신념에 노출된다.

종교는 현대 십대들에게 중요하다. 최근의 갤럽 조사에 의하면 5명 가운데 4명(79%)이 신앙을 자신의 삶에 큰 영향을 미치는 것으로 여긴다.[12] 대부분의 십대(64%)가 교회, 회당, 혹은 그 밖의 종교 그룹에 속해 있다. 절반가량의 십대들(49%)은 자신들의 삶이 하나님이나 높은 권능을 지닌 자에게 속해 있다고 말한다. 3분의 1 정도의 십대들(35%)은 신앙이 자신들의 삶에 가장 큰 영향을 미친다고 말하고, 또 3분의 1(34%)은 자신들을 '거듭난' 그리스도인들이라고 말한다. 10명 중 4명은 지난주 예배에 참석했다고 대답했다.[13]

오늘날의 십대들은 추상적인 신앙보다는 실험적이고 관계적인 특성을 지닌 종교 그룹에 더 관심을 갖는다. 만일 그런 그룹이 십대를 받아들이고, 돌봐 주고, 지원해 준다면 그들은 그 그룹의 종교적인 신념들에 동의하지는 않더라도 그 그룹에 끌리게 된다.

부모들이 지도할 수 있다

현대의 십대들은 부모들의 지도를 바라고 있다. 이는 좋은 소식이라고 할 수 있다. 최근의 조사에 의하면 십대들은 대학에 가는 문제, 예배에 참석하는 문제, 숙제하는 문제, 술 마시는 문제 등에 대해서는 친구들보

---

12) *YOUTHviews* 6, no. 3 (November 1998):2.
13) Ibid., 6, no. 1 (September 1998):2.

다 부모의 영향을 더 많이 받는다고 한다. 부모들은 십대들의 직업 선택이나 장래 계획 등에 영향을 줄 수 있다. 수업에 참석할 것인지 빠질 것인지, 누구와 데이트할 것인지, 어떤 머리 모양을 할 것인지, 어떤 옷을 입을 것인지 등과 같은 직접적인 문제를 결정하는 데에는 친구들이 더 많은 영향을 준다.[14]

십대들에게 '이 결정을 내리는 데 누가 가장 큰 영향을 미쳤는가? 부모인가 친구인가?'라는 질문을 해보니 다음과 같은 사실이 드러났다. 부모들의 영향을 크게 받는 결정은 바로 그 십대가 장차 어떤 사람이 될 것인지에 큰 영향을 미치는 일들이었다.

그렇다. 십대 자녀는 어떤 문제에서는 친구들의 영향을 받지만, 그들의 생각과 행동에 부모가 미치는 영향은 상당한 부분을 차지한다. 이 책 나머지 부분에서는 십대 자녀의 사랑의 욕구를 효과적으로 충족시키는 방법을 알려 주며 삶의 모든 영역에서 그들에게 좀 더 효율적으로 영향을 미치는 근거를 마련해 줄 것이다.

---

14) Ibid., 5, no. 1 (September 1997):1.

02

부모 사랑의 중요성

두 아이의 어머니인 베키는 부모들이 갖는 모든 외상 증후군을 가지고 있었다.

"채프먼 박사님, 까무러칠 정도로 놀랐어요. 제 아들은 12살, 제 딸은 11살인데, 십대에 대한 책을 읽고 너무 무서웠어요. 책을 보니 모든 십대가 문제를 일으키는 것 같아요. 정말 그렇게 심각한가요? 우리 아이들은 고등학교 때까지 가정 학습을 시켜야 할 것 같아요. 그렇게 생각해도 여전히 무서워요. 아이들이 십대가 되는데도 제가 아직 준비가 안 된 것 같아요."

지난 5년 동안 나는 베키와 같은 부모들을 많이 만났는데, 대부분의 부모가 십대 양육에 관한 책을 많이 읽고 있었다. 그들은 십대 폭력에 대한 더 많은 보도를 접하면서 겁을 잔뜩 먹게 되었다. 만일 당신이 이런 부모들 가운데 한 사람이거나, '내가 무서워해야만 하나?'라고 자문하고 있다면 이 장이 어느 정도 그 두려움을 진정시켜 줄 것이다.

불안은 십대들을 양육하는 데 그리 좋은 정신적 자세는 아니다. 이 장을 통해 불안을 덜고, 십대 자녀의 삶에 좀 더 자신감을 가지고 긍정적인 역할을 할 수 있길 바란다.

가정과 학교에 관한 좋은 소식

나는 모든 것이 다 나쁜 것은 아니라는 말로 시작하겠다. 미국 십대들의 57%만이 부모 모두와 함께 산다고 하지만, 87%는 아버지와 함께 살지 않아도 만난다고는 한다.[1] 대다수의 십대(70%)가 '지나칠 정도로' 혹은 '매우' 자기 아버지와 가깝다고 느끼며,[2] 또 다른 조사에서는 13세에서 17세까지의 십대들 대다수가 대체로 학교생활을 즐거워하는 것으로 나타났다. 상당수가 학교에서 행복해하고(85%), 지원받는다고 느끼며(78%), 인정받고(78%), 관심받고(77%), 격려받고(76%), 도전받는다(72%)고 말한다.[3] 그리고 교육에 관심 있는 부모들의 마음을 훈훈하게 해주는 통계가 있다. 97%의 학생들이 고등학교를 졸업하고, 그들 가운데 83%는 오늘의 대학 교육을 '매우 중요하게' 생각한다는 것이다.[4]

이러한 것들을 모두 살펴본 후 조지 갤럽은, 현대 젊은이들은 이상주의, 낙천주의, 자발성, 풍부함 등에 의해 동기를 부여받는 특징이 있다고 말했다. "젊은이들은 사람들을 돕는 데 열성적이고, 세계 평화와 건강한

---

1) *YOUTHviews* 5, no. 8 (April 1998):1;published by The George H. Gallup International Institute, Princeton, N. J.
2) *YOUTHviews* 5, no. 9 (May 1998):2.
3) *YOUTHviews* 6, no. 8 (April 1999):3.
4) *YOUTHviews* 5, no. 7 (March 1998):2.

세상을 위해 기꺼이 일하며, 학교와 선생님들에 대해 긍정적으로 생각한다." 갤럽은 자신들의 미래에 대한 십대들의 태도에 대해 "대다수의 미국 젊은이들은 행복해하고, 미래에 관심이 많으며, 자기 가족에게 매우 친밀한 감정을 가지고 있다. 그들은 결혼하고 싶어하고, 자녀를 낳기 원하며, 자신의 개인적인 생활에 만족스러워한다. 그리고 자신이 선택한 직장에서 정상에 도달하고 싶어한다."라고 결론을 내렸다.[5]

교육국 연구 센터 부수석 조사관인 로렌스 스타인버그는 미국 전역에 알려진 청소년 전문가다. 그는 이렇게 말한다. "청소년기는 본래 힘든 시기가 아닙니다. 심리적인 문제, 문제 행동, 가족 간의 갈등 등이 청소년기에 더 많이 나타나는 것도 아닙니다. 몇몇 청소년들이 갈등을 겪으면서 문제를 일으키는 것은 사실입니다. 하지만 대다수(열이면 아홉 정도)는 그렇지 않습니다." 템플대학 심리학 교수이기도 한 스타인버그는 "청소년기 발달 단계에서 '정상적인' 부분으로 보게 되는 문제들-비행, 모든 권위에 대한 저항-은 전혀 정상적인 것이 아닙니다. 그것들은 모두 금지하고 개선할 수 있습니다. 명심해야 할 사항은 착한 아이들이 갑자기 청소년기에 나빠지는 것이 아니라는 사실입니다."라고 덧붙였다.[6]

신문이나 대중 매체를 통해 접하는 대부분의 청소년 문제는 사실 10%의 문제 있는 청소년들에 대한 것이며, 그 청소년들 상당수가 어릴 때부터 문제를 일으켜 왔다. 당신과 십대 자녀는 긍정적인 관계가 될 수 있다. 그것이 바로 십대 자녀가 원하는 것이며, 당신 또한 마찬가지일 것이다. 이 장에서는 그런 관계에서 가장 중요한 부분이라고 생각되는 것, 즉 십

---

5) *YOUTHviews* 5, no. 6 (February 1998):5.
6) Lawrence Steinberg and Ann Levine, *You and Your Adolescent* (New York:Harper & Row, 1990), 2.

대 자녀의 감정의 욕구를 어떻게 만족하게 해줄 수 있을지를 살펴볼 것이다. 이런 욕구가 충족되면 십대 자녀는 1장에서 다룬 문화의 물결을 효율적으로 헤쳐나갈 수 있을 것이다.

십대들이 부모의 사랑에 안전함을 느끼면 우리 문화 속에 있는 부정적인 영향들, 즉 성숙하고 생산적인 어른이 되는 것을 방해하는 요소들에 자신 있게 맞설 것이다. 부모의 사랑이 없으면 십대들은 비뚤어진 성관계, 폭력 등에 더 잘 빠져들게 된다. 부모들이 십대 자녀의 사랑의 욕구를 어떻게 효율적으로 충족시켜 줄 수 있는지를 배우는 것은 매우 중요하다.

'감정적인 사랑'이란 무엇을 의미하는가? 십대들의 영혼 깊은 곳에는 부모들과 연결되고, 수용되고, 양육받는다는 것을 느끼고 싶어하는 욕구가 있다. 이 욕구가 채워질 때 십대는 사랑받는다고 느낀다. 연결되고, 수용되고, 양육되는 것을 느끼지 못하면 자녀들의 감정의 탱크는 텅 비게 되고, 그 공허함은 그들의 행동에 상당한 영향을 미칠 것이다. 이런 면에 대해 좀 더 살펴보자.

긴밀한 유대를 향한 십대의 욕구

부모의 존재

어린아이와 부모 간에는 '긴밀한 유대'가 매우 중요하다. 대부분의 아동 심리학자는 이런 감정적인 긴밀한 유대가 이루어지지 않으면 불안한 감정에 의해 아이의 감정 발달이 해를 입게 된다는 사실에 동의한다. 만일 죽음, 이혼 등으로 부모가 부재하게 되면 긴밀한 유대는 이루어질 수 없다. 긴밀한 유대의 선결 조건은 부모가 존재해야 한다는 것이다. 긴밀한 유대를 가지려면 부모와 자녀가 함께 시간을 보내야 한다.

십대 시기에도 이 같은 원리가 적용된다. 이혼, 직장 스케줄 등으로 자녀들과 함께하는 시간을 별로 갖지 못하는 부모들은 부모와 연결되고 싶어하는 십대들의 감정을 상하게 한다. 십대에게는 부모와 연결되어 사랑받는다고 느끼는 것이 아주 단순한 사실이기에 부모들은 반드시 그들과 함께하는 시간을 가져야 한다. 버림받았다고 느끼는 십대는 '내게 무슨 잘못이 있기에 우리 부모님은 날 돌보지 않으실까?'라는 의문을 갖고 갈등한다. 십대 자녀에게 사랑을 느끼게 해주고 싶다면 십대 자녀와 함께하는 시간을 반드시 마련해야만 한다.

감정적 유대감을 갖게 해주는 의사소통

부모와 자녀가 아무리 몸이 가까이 있다고 해도 그것이 감정적 유대감으로 직결되는 것은 아니다. 전업주부가 언제나 집에 있고, 혹은 아버지가 2주일간 휴가를 받아 집에 내내 있을지라도, 자녀와 의사소통을 거의 하지 않는다면 그것은 자녀와 연결된 것이 아니다.

나는 최근에 71%의 십대들이 적어도 하루에 한 끼는 가족과 함께 식사를 한다는 조사 보고서를 보고 상당히 고무되었다. 하지만 그들의 절반가량은 지난번에 자기 부모와 식사를 하면서 TV를 보았다는 사실에 기분이 금세 가라앉았다. 더욱이 식사할 때 15%는 책을 보고, 4명 중 1명은 라디오를 듣는다고 말했다.[7] 즉, 대부분의 부모가 십대 자녀들과의 연결 수단으로 식사 시간을 잘 이용하지 못하고 있다는 것이다.

---

7) *YOUTHviews* 5, no. 2 (October, 1997):1, 4.

나는 식탁이 십대 자녀들과 감정적 유대감을 가질 수 있는 가장 좋은 장소 가운데 하나라고 생각한다. 먹는 것을 좋아하지 않는 십대가 어디 있겠는가? 부모와 짧은 대화를 나누는 것은 그들의 입장에서는 적게 지불하고 좋은 음식을 먹는 것이다. 당신 가정이 적어도 하루에 한 끼 정도는 가족들이 모여 함께 식사한다는 71%에 들지 못한다면 이렇게 해보라고 권하고 싶다. 가족이 함께 식사를 하면서도 함께 시간을 보내지 못하는 가정들을 위해서는 가족 식사 지침을 제시해 보겠다. 십대 자녀들과 어린 자녀들에게 다음과 같이 새로운 식사 전통을 시작한다고 말하라. "첫째, 우리는 하나님께 먼저 이야기하고 나서(그렇다. 음식에 대한 감사를 자녀들에게 가르치라) 서로 이야기한다. 그 후 너희들이 원한다면 TV나 신문을 보든지 라디오를 들을 수 있다."

자원한 사람이 식사 준비를 한 사람에 대해 감사 기도를 드린 후 가족들이 한 사람씩 돌아가면서 그날 일어난 일 가운데 세 가지를 이야기하고 그것에 대해 어떻게 느끼는지 나누도록 한다. 한 사람이 이야기할 때 다른 사람들은 주의 깊게 귀를 기울인다. 들은 내용을 명확하게 이해하기 위해 질문을 할 수는 있지만, 이야기를 한 사람이 간청하지 않는 한 충고를 해서는 안 된다. 하나의 새로운 전통이 당신과 십대 자녀들과의 유대감을 만들어 주고, 이를 유지시키는 데 충분한 도움을 줄 것이다.

수용에 대한 십대의 욕구

수용과 거부의 힘

감정적인 사랑의 두 번째 요소는 부모에 의해 수용된다고, 즉 받아들여진다고 느끼는 것이다. 14살짜리 소년이 이렇게 말했다. "제가 부모님을 좋아하는 가장 큰 이유는 제 모습 그대로 저를 받아 주시기 때문이에요. 우리 부모님은 저를 누나같이 만들려고 하시지는 않아요." 이 소년은 그의 부모가 그를 받아들였기 때문에 자신이 사랑받는다고 느끼고 있다.

"저희 부모님은 저를 사랑하세요. 저는 행복해요." 이는 자신이 받아들여진다고 느끼는 십대들의 마음에서 들려지는 메시지들이다. 받아들여지는 것의 반대는 거부당함이다. 그 메시지들은 이렇다. "부모님은 저를 사랑하지 않으세요. 저는 부모님이 기대하시는 것만큼 착하지 않아요. 부모님은 제가 달라졌으면 하세요." 완전히 거부당한다고 느끼는 아이는 사랑받는다고 느끼지 못한다.

인류학자 로널드 로너는 세계 여러 문화권에서 거부에 대한 연구를 해 왔다. 그는 비록 문화마다 거부를 표현하는 방법이 다르다 할지라도, 거부당한 아이들은 한결같이 낮은 자존감, 도덕성 발달의 결핍, 공격성을 다루지 못하는 어려움에서부터 혼란스러운 성적 정체성에 이르기까지 수많은 심리적 문제의 위험에 처해 있다는 것을 발견했다. 거부의 영향력이 너무나 강하기에 로너는 거부를 "아이의 감정 체계에 널리 퍼져 있는 심리적인 악성 종양, 즉 대파괴"라고 불러야 한다고 말한다.[8]

코넬대학 인문학부 교수인 제임스 가바리노는 난폭한 십대들의 내면에 대해 수년간 연구했다. 그는 거부의 감정이 난폭한 십대들을 만드는 주된 심리적 요인이라는 결론을 내렸다. 이러한 거부감은 종종 다른 형제자매와 비교되는 것에서 비롯된다. 경찰에게 총을 쏘아 종신형을 선고

---

8) As quoted in James Garbarino, *Lost Boys: Why Our Sons Turn Violent and How We Can Save Them* (New York: Free Press, 1999), 50.

받은 18세 소년을 인터뷰하면서 가바리노는 탁자에 두 개의 음료수통을 세워 두고 이렇게 말했다.

"탁자 전체를 네 어머니의 사랑이라고 하자. 두 개의 통 중 하나는 네 것이고 다른 하나는 네 동생 것이야. 네 통에 들어 있는 어머니의 사랑은 얼마나 되니? 그리고 네 동생 통에는 얼마만큼 들어 있니?"

그 어린 죄수는 자기 통에는 어머니의 사랑이 20% 들어 있다고 하고, 동생의 통에는 80%가 들어 있다고 했다.

"수용과 거부를 나타내기 위해 탁자를 이용해 보자."

가바리노는 탁자의 한쪽 끝을 지적했다.

"이 끝은 전적으로 받아들여진다는 의미이고, 다른 쪽은 완전한 거부를 의미한단다. 네 어머니가 너를 얼마만큼 받아들이는지 두 통 가운데 하나를 택해서 갖다 놓고, 동생에 대해서는 어떤지 똑같이 해보아라."

그 소년은 자기 것은 거부를 나타내는 쪽의 거의 끝 부분에 갖다 놓고, 동생 것은 완전히 받아들여짐을 나타내는 다른 쪽 끝에 갖다 놓았다. "너는 90% 거부하고, 동생은 100% 받아들인다는 것이니?"라는 질문에 소년은 "그렇습니다."라고 대답했다.[9]

거부당한다고 느끼는 십대는 분명 사랑받지 못한다고 느낀다.

십대를 수용하면서 행동 교정하기

많은 부모가 전적으로 받아들이는 것은 그릇되다고 생각한다. 두 십대 자녀에게 관심이 많은 보브는 굉장히 솔직하게 내게 말했다. "채프먼 박

---

9) Ibid., 51.

사님, 십대 아이가 경멸스러운 행동을 할 때는 어떻게 받아들여야 할지 모르겠어요. 우리 아이들이 거부당한다고 느끼게 하고 싶지는 않아요. 하지만 솔직히 저는 그 아이들의 행동을 좋아하지 않고, 그런 행동을 할 때는 아이들이 밉거든요. 아마 저는 그들을 거부하고 있는지도 모르겠어요. 그러나 제 마음은 그렇지 않아요. 저는 사랑과 관심을 가지고 있어요. 단지 저는 아이들이 자기 인생을 망치는 것을 원치 않아요."

보브는 지금 십대 자녀들에게 그들을 받아들인다는 메시지를 전달하는 동시에 비행을 바로잡아 주는 방법을 아직 배우지 못한 수많은 부모를 대표해서 말하고 있다. 앞으로 5가지 사랑의 언어를 알아보면서, 그리고 12장에서 훈련 문제를 다루면서 이를 좀 더 살펴볼 것이다.

잠깐 신학적인 예를 들면서 우리의 목표를 분명하게 해보자. 1세기 기독교 신앙의 사도였던 바울은 하나님에 대해 "그는 사랑하시는 자 안에서 우리를 받아들이셨다"(엡 1:6, NKJV 역)고 했다. 이는 거룩한 하나님이 부정한 우리를 받아들이셨는데, 우리가 그의 아들, 즉 사랑하시는 자를 받아들였기에 우리를 그의 한 부분으로 보셨다는 기독교의 핵심 교리를 넌지시 암시하는 것이다.

우리가 하나님의 아들을 받아들였기 때문에 하나님도 우리를 받아들이셨다. 하나님이 언제나 우리의 행동을 기뻐하시는 것은 아니지만, 우리가 그분의 자녀이기 때문에 우리를 기뻐하신다는 것이 바울의 사상이다. 이것이 바로 우리가 자녀들의 행동과는 상관없이 그들의 부모가 되는 것 자체가 행복하기 때문에 그들을 애써 이해하려는 까닭이다. 이를 소위 조건 없는 사랑이라고 한다.

조건 없는 사랑은 이렇게 말한다. "난 너를 사랑해. 넌 내 아이니까 전적으로 널 책임질 거야. 네가 하는 행동들을 다 좋아하지는 않지만, 언제나 널 사랑하고 너의 안전을 살펴 줄게. 넌 내 아들이고 딸이니 널 거부하는 일은 절대 없을 거야. 너에게 항상 최선을 다하면서 여기 있을게. 네가 어떤 모습이든지 난 너를 사랑해."

미국 아버지 학교(National Center for Fathering) 회장인 켄 캔필드는 이렇게 말했다. "'내가 누구인가?'라는 질문을 절대 잊지 마라. 이는 청소년기에 가장 중요한 질문이다. 당신의 십대 자녀는 그 질문에 스스로 대답해야 한다. 당신의 자녀가 당신에게서 듣고 싶어하는 대답은 바로 '네가 어떤 모습이든지 난 여전히 널 사랑한단다.'라는 말이다." 그리고 캔필드는 모든 십대가 가지고 있는 가장 커다란 두려움에 대해 이렇게 말했다. "청소년기에 갖는 최고의 두려움-'내가 정상인가?'-을 절대 잊지 마라. 그 질문에 합당한 대답은 '그렇다.'이다. 그러나 십대 자녀는 아빠에게서 '네가 비정상적이더라도 난 여전히 널 사랑한단다.'라는 말을 듣고 싶어한다."[10]

캔필드는 조건 없는 받아들임, 즉 조건 없는 사랑에 대해 말하고 있다. 다른 제안은 나중에 하기로 하고, 여기서는 말로 지도해 주고, 고쳐 주는 것을 십대 자녀가 들을 수 있게 하는 것이 가장 큰 효과가 있다는 단순한 제안을 하겠다. 십대 자녀에게 바라는 것을 심각한 말로 전하기 전에 언제나 다음과 같은 말들을 먼저 하라. "난 너를 무척 사랑한단다. 네가 내 말대로 하지 않을 때라도 난 너를 사랑할 거야. 하지만 너를 사랑하기 때문에 훈계해야만 하겠구나." 그리고 나서는 지혜의 말을 들려주라.

당신이 자녀의 행동을 인정하지 않을 때도 자녀는 당신이 자기를 받아

---

10) Ken Canfield, *The Heart of a Father* (Chicago:Northfield, 1996), 194-195.

들인다는 말을 들어야 한다. 당신의 성품대로 이런 말들을 잘 꾸며서 하라. 당신이 조금 이론적이라면 이런 식으로 말할 수 있다. "아들아, 내가 매우 좋아하고 영원히 사랑할 내 아들은 아버지의 심오한 충고를 기꺼이 듣겠지?", "언제나 나에게 소중한 사랑하는 딸아, 너의 삶을 더 발전하게 할 수 있는 아버지의 생각을 들어 보지 않을래?"

말하기 편안한 방법을 찾아 이런 말들을 자주 들려주라.

양육에 대한 십대의 욕구

십대 자녀를 사랑하는 세 번째 요소는 양육이다. 양육은 십대 자녀의 내적인 영에 양식을 주는 것과 관계된다. 흙에 자양분을 주어 식물을 키우듯이 십대 자녀들이 성장하는 환경에도 자양분을 공급하여 그들을 양육해야 한다. 따뜻하게 돌보고 격려하는 긍정적 분위기에서 자란 십대 자녀들은 성장하면서 아름다운 꽃과 향긋한 과일을 더 많이 맺을 것이다.

학대하지 말라

양육의 반대는 학대다. 학대하는 환경은 십대의 영혼에 독을 뿌리는 것과 같다. 적의가 담겨 있고, 가로막고, 거칠고, 품격을 떨어뜨리는 부모의 말을 들으면서 자란 십대들도 결국 어른이 되겠지만, 말로 학대받은 상처는 평생 남게 될 것이다. 때리고, 찌르고, 밀치거나 흔들면서 십대 자녀들을 육체적으로 학대하는 부모들은 자녀의 신체 발달에 해를 입히겠지만, 정서 발달에 더 극심한 손상을 입혀 어른으로서 그들의 삶을 더 힘들게 만들 것이다.

십대의 정신 발달에 학대보다 더 결정적인 영향을 끼치는 것은 없을 것이다. 십대들은 부모의 울타리 안에 있을 때 관찰하고 경험한 것에 근거해 결론을 도출해 낸다. 한 조사 보고서에 따르면, 폭력을 행사하는 십대들은 대부분 학대받아 상처 입고, 사랑에 굶주린 아이들이라고 지적한다. 가바리노는 난폭한 소년들을 다음과 같이 표현한다. "그들은 마약을 복용하며 폭력을 행사합니다. 그들은 도둑질을 하고 섹스에 몰입합니다. 그들은 갱단이나 건전하지 못한 종교에 연루되어 있습니다. 그러나 자기 말에 귀 기울이거나 자기 말을 들어주는 사람이 아무도 없을 때는 밤에 손가락을 빨며 울면서 잡니다."[11] 폭력을 쓰는 많은 청소년 뒤에는 학대하는 부모가 있다. 사랑은 학대가 아니라 양육하는 것이다.

양육하는 부모가 되라

십대 자녀를 양육하기 위해서 부모는 자기 자신 또한 양육해야 한다. 십대 자녀가 청소년기 발달 과정에서 나타나는 문제들을 잘 극복할 수 있도록 긍정적인 환경을 만들어 주려면 부모는 자신의 정서상의 취약 부분에서 성숙해져야 한다.

사실 많은 십대 부모가 양육하는 가정에서 성장하지 못했고, 결국 그들은 십대 자녀들을 학대하는 부정적인 방식을 발달시켰다. 만일 당신도 이런 경우라면, 우선 당신의 고통을 다루고 분노를 해소하는 법을 배워야 한다. 책을 읽는 것이 분노를 해소하는 방법일 수도 있고,[12] 교회나 지

---

11) Garbarino, *Lost Boys*, 158.
12) 분노를 해소하는 방법을 알고자 하는 사람들에게는 Gary Chapman, *The Other Side of Love:Handling Anger in a Godly Way* (Chicago:Moody, 1999)가 도움이 될 수 있다.

역 공동체를 통해 지원 그룹에 가담하거나, 혹은 개인 상담을 받는 것이 그 방법일 수도 있다. 당신의 어두운 면을 다루는 일은 결코 늦지 않았다. 십대 자녀를 위해서는 최선을 다해야 한다. 이는 당신이 당신의 과거 문제를 다룰 때 가능해진다.

양육하는 부모는 긍정적인 태도를 지닌다. 이는 그들이 삶의 실재들을 부인한다는 말이 아니다. 그들은 인간의 사건들 이면에 계신 하나님의 손길을 바라본다. 그들은 구름 뒤에 있는 태양을 바라보고, 이러한 정신을 십대 자녀들에게 전달한다. 양육하는 부모는 그들을 격려하고, 그들이 말하고 행동하는 것에서 긍정적인 것들을 찾아 칭찬해 준다.

양육하는 부모들은 돌보는 부모들이므로 십대 자녀들의 삶을 향상시키는 방법들을 끊임없이 찾는다. 다음 장에서는 5가지 사랑의 언어를 살펴보면서 십대의 제1의 사랑의 언어를 어떻게 찾는지 그 방법을 알려 줄 것이다. 제1의 사랑의 언어를 표현하는 것은 십대의 내면의 영을 양육하고 그들의 삶을 향상시키는 가장 강력한 힘이 된다.

양육은 십대의 삶 모든 영역에 영향을 미친다는 사실을 인식하라

감정적인 사랑이 십대의 삶에 그렇게 중요한 이유는 그것이 십대의 다른 삶의 영역에도 영향을 미치기 때문이다. 십대의 사랑의 탱크가 텅 비면 그 아이는 '아무도 나를 사랑하지 않아.'라고 느낀다. 학습에 대한 동기도 사라진다. "왜 내가 학교에서 공부를 해야만 하죠? 나에게 무슨 일이 일어나는지 관심을 가져 주는 사람은 아무도 없어요." 이는 고등학교 상담실에서 자주 듣는 말이다.

텅 빈 사랑의 탱크는 십대가 다른 사람들의 마음을 공감하는 데에도 영향을 미친다. 십대가 사랑받는다는 것을 느끼지 못하면, 자기의 부정적인 행동이 다른 사람들의 감정에 어떤 영향을 미치는지 헤아리는 데 상당한 어려움을 겪게 될 것이다. 조사에 따르면, 난폭한 미성년 범죄에는 공감하는 마음이 거의 결여되어 있다.[13] 공감하는 마음은 대니얼 골맨이 말하는 '감성 지수'의 근거가 된다. 그는 감성 지수를 다른 사람의 감정을 읽을 수 있고, 비언어적인 영역에서도 효율적으로 의사소통할 수 있으며, 일상에서 감정의 고저를 조절할 수 있고, 사람들과의 관계에서 적절한 기대감을 가질 수 있는 능력으로 정의한다.[14] 그러므로 십대의 감성 지수의 결핍은 다른 사람들과 긍정적으로 관계를 맺는 데 영향을 미치게 된다.

공감하는 마음의 결핍은 십대의 양심 발달과 도덕 판단의 발달에도 영향을 미친다. 한 개인의 양심의 기준이 내면화되는 때는 바로 십대 때이다. 어린 시절에는 그 기준이 부모에 의해 주어진다. 지금 십대는 어떤 것이 도덕적이고 어떤 것이 비도덕적인지 자기 자신의 개념과 씨름하고 있다. 만일 사랑의 결핍 때문이라면 그 십대는 다른 사람들과 공감할 수 없고, 다른 사람에게 상처를 주는 것이 잘못이라는 데 대한 감각이 거의 없을 것이다. 사랑에 대한 감정적 욕구가 충족되지 못하면, 영적인 면에서도 사랑하는 하나님에 대한 신학적 개념이 십대에게는 거의 의미를 갖지 못할 것이다. 이것이 바로 감정적인 사랑에 굶주린 십대들이 종종 부모들의 신앙과 생활을 멀리하는 이유 가운데 하나다.

간단히 말해 십대가 상당한 양의 감정적인 사랑을 채우게 되면 그들의

---

13) Garbarino, *Lost Boys*, 138.
14) Daniel Goleman, *Emotional Intelligence* (New York:Bantam, 1995), 25-35.

지적, 감정적, 사회적, 도덕적, 영적 발달은 굉장히 강화될 것이다. 하지만 감정적인 사랑의 욕구가 충족되지 못하면 이 모든 영역에 손상을 입게 될 것이다. 그래서 십대 자녀를 양육하는 데 가장 중요한 부분인 감정적인 사랑의 욕구를 충족시켜 주는 데 이 책 전체를 할애하는 것이다.

가장 기본적인 욕구 : 사랑을 느끼는 것

사회학자들, 심리학자들, 종교 지도자들은 한결같이 십대의 가장 근본적인 욕구는 자신의 삶에서 가장 중요한 어른으로부터 감정적인 사랑을 느끼는 것이라고 입을 모은다. 러트거즈대학의 사회학 교수이자 미국 가족협회(Council on Families in America) 공동 회장인 데이비드 포피노는 "아이들은 아버지, 어머니 둘 다와 따뜻하고, 친밀하고, 지속적이고, 영구적인 관계를 갖는 기회가 주어질 때 가장 잘 발달한다."라고 말한다. 심리학자인 헨리 클라우드와 존 타운센드는 "어린 자녀들의 성장에 사랑보다 더 중요한 요소는 없다."라고 덧붙인다. 『실종된 소년들』에서 제임스 가바리노는 "한 소년이 사랑받고 인정받는다고 느끼지 못한다면 어떤 수단이 그 소년의 삶을 의미 있게 만들 수 있을까?"라는 질문을 제기하고 있다.[15]

종교 지도자들이 나사렛 예수께 "율법 중에서 어느 계명이 크니이까?"라고 묻자 예수님은 이렇게 대답하셨다. "네 마음을 다하고 목숨을 다하고 뜻을 다하여 주 너의 하나님을 사랑하라 하셨으니 이것이 크고 첫째 되는 계명이요 둘째도 그와 같으니 네 이웃을 네 자신 같이 사랑하라 하

---

15) David Popenoe, *Life Without Father* (New York:Free Press, 1996), 191; Henry Cloud and John Townsend, *Boundaries with Kids* (Grands Rapids:Zondervan, 1998), 46; and Garbarino, *Lost Boys*, 154.

셨으니 이 두 계명이 온 율법과 선지자의 강령이니라"(마 22:35-40).

예수님은 구약 율법의 가르침과 유대 선지자들의 말씀을 이와 같이 두 계명으로 요약하셨다. 당신의 집에 사는 십대는 가장 가까운 이웃이라는 말을 하고 싶다.

엉뚱한 곳에서 사랑을 찾음

부모들과 가장 중요한 다른 어른들이 십대의 사랑의 욕구를 충족시켜 주지 못하는 현실이라면, 그 십대는 엉뚱한 곳에서 사랑을 찾으려고 할 것이다.

1997년 10월 1일 미시시피 주 펄에 있는 고등학교에서 16살인 룩 우드햄이라는 소년이 자기 어머니를 살해하고, 학교에 총을 난사해 3명을 죽이고 7명을 다치게 한 사건이 있었다. 그는 ABC 뉴스 특파원에게 자기가 속한 공동체에서 소외당하고 거부감을 느껴 스스로 사탄주의자들이라고 선언하는 소년 그룹에 쉽사리 끌리게 되었다고 털어놓았다. "내 전 생애가 버림받은 것 같고 외로웠어요. 그러다가 난 내 친구가 되고 싶어 하는 몇몇 사람들을 만났어요."

가바리노는 이런 결론을 내렸다. "선생님이나 부모들에게 거부당한 감정적 결핍이 있는 소년들은 반(反)사회적인 나이 든 소년들과 어른들의 가장 주요한 표적이 된다. 이런 부정적인 역할 모델들은 약점 있는 소년들을 끌어들이고, 성실에 대한 자기주장을 반사회적인 요인으로 바꿔 버린다. 폭력적이고 말썽을 일으키는 많은 소년이 자기를 받아 주는 나이 많은 소년들과 어떻게 친구가 되었고, 어떻게 범죄 단체에 연루되었는지에 대한 사연을 갖고 있다."[16]

가바리노는 수년 동안 십대들의 폭력과 범죄를 이해하려고 노력한 후, "거부, 잔인함, 사랑의 결핍 이상으로 인간의 영혼을 위협하는 것은 아무것도 없는 것 같다."라는 결론을 내렸다.[17]

십대의 감정적인 사랑의 욕구를 효과적으로 충족시켜 주는 방법을 배우는 것보다 더 좋은 부모 역할은 없다. 다음의 다섯 장에서 5가지 기본적인 사랑의 언어-십대의 감정적인 사랑의 탱크를 가득하게 유지하는 5가지 효율적인 방법-에 대해 자세히 소개할 것이다. 그다음에는 십대의 제1의 사랑의 언어, 즉 십대의 감정적인 사랑의 욕구를 가장 효율적으로 충족시켜 주는 것에 대해 언급할 것이다. 나는 미국 전역에 걸쳐 부모 역할에 대한 강연을 하면서 이 자료를 사용했는데, 당시 많은 부모가 이를 적용하자 십대들의 행동이 급속하게 바뀌는 것을 경험했다. 그리고 십대들의 가장 중요한 감정적인 욕구를 효율적으로 충족시켜 준다는 데서 깊은 만족감을 느꼈다. 당신도 이와 같이 되기를 바란다.

---

16) Garbarino, *Lost Boys*, 168.
17) Ibid., 132.

03

사랑의 언어 #1 인정하는 말

15살인 브래드라는 소년이 부모의 간청으로 내 상담실을 찾아왔다. 브래드는 흙색 샌들을 헐렁하게 신고 있었다. 그는 깡마른 체구에 주머니가 많이 달린 바지와 티셔츠를 아무렇게나 걸치고 있었는데, 티셔츠에는 '자유란 먹고 싶은 사탕을 다 갖는 것'이란 문구가 쓰여 있었다. 브래드가 원해서 내 상담실을 찾아왔다고 확실히 말할 수는 없지만, 그가 내 질문을 주의 깊게 듣고 자기 생각과 느낌을 털어놓는 것을 보면서 나는 깜짝 놀랐다(내 상담실을 거쳐 간 다른 십대들은 거의 다 내 질문에 "그냥 그래요."라고 대답했었다).

브래드의 부모는 그가 극히 반항적으로 변해 가고 있으며, 여러 번 화를 내고, 덤벼들기도 했으며, 집을 나가겠다고 위협하기도 했다고 내게 하소연했다. 이런 위협감 때문에 그들은 브래드를 내게 보내 이야기를 나누게 했다. 집을 나가겠다는 브래드의 말이 그들에게 충격을 준 것이다.

그의 아버지는 "그 애는 그렇게 할 녀석입니다. 그 애는 한 번도 낯선 사람을 만난 적이 없어요. 그 애는 자기를 받아 줄 누군가를 찾을지도 모릅니다. 그러나 그런 생각이 우리를 두렵게 합니다."라고 했다.

그리고 그의 어머니가 말을 이었다. "우리는 브래드와 대화하려고 노력했어요. 하지만 늘 논쟁만 하게 되고, 우리 부부 중 한 사람이 자제력을 잃고 의도하지 않았던 말들을 해버리고 맙니다. 나중에 사과하면서 계속 대화하려고 하지만, 브래드는 매번 우리가 상식에 어긋나고 자기 의견에 동의하지 않는다고 여기는 모양입니다."

나는 나에 대해 간단히 소개한 후, 브래드에게 내 역할은 그가 해야만 하는 일을 말하는 것이 아니라, 그가 부모를 좀 더 잘 이해할 수 있게 되고, 그의 부모는 그를 잘 이해할 수 있도록 돕는 것이라고 말하며 그를 안심시켰다. 나는 부모님이 걱정하시는 것 같다고 하며 그래서 그분들은 우리 둘이 함께 만났으면 한다는 말을 했다. 브래드는 수긍이 간다는 듯 고개를 끄덕거렸다. 나는 브래드를 도와주기 위해 그의 과거를 탐색하기보다는 현재부터 시작하기로 했다. 나는 브래드에게 말했다. "네 부모님 말씀에 의하면 네가 집을 나가려고 한다는데, 거기에 대한 이야기를 좀 해줄 수 있겠니?"

"저는 집을 나가려는 것이 아니에요." 하고 브래드는 고개를 가로저으며 말했다. "언젠가 밤중에 몹시 화가 났을 때, 부모님이 제 말에 귀 기울이지 않으셔서 그렇게 말한 적은 있어요. 때로는 집을 나가고 싶다는 생각도 들지만 그렇게 하진 못할 거예요."

"집을 나가고 싶을 때 무슨 생각을 하지? 부모님과 함께 살지 않는 삶이 어떠하리라는 것을 상상해 보았니?"

"제가 원하는 것을 제 맘대로 자유롭게 하고 싶어요. 하찮은 일들로 부모님과 논쟁하고 싶지 않아요. 바로 그거예요. 그렇게 논쟁하면서 함께 살고 싶지는 않아요."

나는 부정적인 말들이 브래드에게 몹시 고통을 준다는 느낌이 들었고, 그의 제1의 사랑의 언어는 인정하는 말이 아닐까 추측했다. 십대들이 부정적인 말에 깊은 상처를 받는다는 사실은 인정하는 말이 그들의 감정적인 사랑의 욕구에 가장 깊게 전달된다는 전형적인 표시다.

나는 "부모님이 너를 사랑하신다고 느끼니?"라고 물었다. 브래드는 잠깐 멈칫하더니 "부모님이 저를 사랑하신다는 것을 알지만 어떤 때는 사랑을 느끼지 못해요. 특히 지난 몇 년 동안은 그랬어요."라고 말했다.

"어렸을 때 부모님은 네게 어떻게 사랑을 표현하셨니?"

"제가 얼마나 대단한지 모른다고 하셨어요. 하지만 지금은 부모님이 마음을 바꾸셨다는 생각이 들어요."라며 브래드는 싱겁게 웃었다.

"부모님이 하신 말씀들 가운데 긍정적이었던 것으로 생각나는 것이 있니?"

"제가 어린이 미식축구팀에서 경기할 때가 기억나는데, 그때 아빠는 지금까지 본 경기 중 제가 가장 훌륭한 선수였다고 하셨어요. 언젠가 제가 원하기만 하면 프로 미식축구 선수가 될 수 있다고 하셨죠."

"고등학교에서도 미식축구를 하니?"라고 묻자 브래드는 수긍하는 몸짓으로 고개를 끄덕이면서 미식축구를 하지만 선수로서 계속할 기회는 잃어버렸다고 했다. "괜찮아요, 그렇게 잘하진 못했거든요."

이번에는 어렸을 때 어머니가 자기에게 했던 좋은 일들을 회상해 보라고 했다. "엄마는 언제나 '사랑해. 사랑해. 사랑해.'라고 말씀하셨어요. 항상 세 번씩 빠르게 말씀해 버리셨죠. 어떤 때는 엄마가 진실해 보이지 않았지만, 그래도 엄마가 저를 사랑하신다는 것은 알았어요."

"어머니가 지금도 그런 말씀을 하시니?"

"요즘은 그렇지 않으세요. 엄마는 오로지 저를 비판하는 말만 하실 뿐이에요."

"어떻게 널 비판하시는데?"

"어젯밤에는 제가 책임감이 없다고 하시면서 만일 변화가 없다면 대학에 절대 들어가지 못할 거라고 하셨어요. 무슨 일이든 제대로 하지 못하고 무례하게 군다고요."

"네가 정말 그러니?"

"뭐든 깔끔하게 처리하지 못하는 건 사실이에요. 하지만 엄마는 언제나 제 등에 대고 무례하다고 하시는데, 저는 그렇지는 않아요."

"그 외에 어떤 면을 비판하시는데?"

"모든 면을 다 비판하세요. 친구들과 전화 거는 데 너무 많은 시간을 허비한다, 집에 들어올 시간에 집에 들어오지 않는다, 귀가 시간이 늦어질 때 전화를 걸지 않는다, 숙제하는 데 많은 시간을 할애하지 않는다, 학교생활을 철저하게 하지 않는다 등등 모든 면을 비판하세요."

"이런 모든 비판을 들으면서 부모님에 대해 어떤 감정이 드니?"

"언젠가 부모님에게서 벗어나야겠다는 생각이 들지요. 끝없는 전쟁에 질렸어요. 왜 있는 모습 그대로 저를 봐주지 않으실까요? 모든 면에서 제가 나쁜 것은 아니라고 생각해요. 두 분이 그냥 조금만 뒤로 물러서 계시면 좋겠어요."

"부모님이 뒤로 물러서시면 넌 어떻게 할 건데?"

"모르겠어요."라고 브래드가 말했다. "아마 그냥 평범한 십대들처럼 지내겠죠. 하지만 마약을 하거나, 여자아이들에게 임신을 시키는 등의 멍청한 짓은 안 할 겁니다. 제 생각에 부모님은 TV에서 너무 많은 폭력물을 보신 것 같아요. 부모님은 나쁜 행동들을 보면서 모든 십대가 다 그럴 거라고 생각하세요. 왜 부모님은 저를 믿지 못하실까요?"

텅 빈 사랑의 탱크

브래드와 세 번 더 상담하면서 브래드는 사랑의 탱크가 텅 빈 채 살아가는 지극히 평범한 십대라는 결론을 내렸다. 부모가 브래드를 사랑하지 않아서가 아니라, 그의 제1의 사랑의 언어는 '인정하는 말'인데, 부모가 이를 표현하지 않아 브래드의 사랑의 탱크가 텅 비게 된 것이다. 그는 어렸을 때 인정하는 말을 많이 듣고 자랐다. 부모의 인정하는 말들이 그의 기억 속에 생생하게 자리 잡고 있는데, 지금은 모든 것이 바뀌었다는 생각이 드는 것이다. 그가 듣는 말은 오로지 부정적인 말들뿐이고, 그가 느끼는 것은 거부감뿐이다. 어렸을 때 그의 사랑의 탱크는 가득 차 있었는데, 십대인 지금은 텅 비어 버렸다.

브래드의 이야기를 완전히 다 듣고 난 후 내가 내린 판단을 그에게 들려주었다. 우리는 누구나 감정의 사랑의 탱크를 갖고 있는데, 그 사랑의 탱크가 가득 찼을 때-우리 삶에서 중요한 어떤 사람에게 정말 사랑받는다고 느낄 때-세상은 밝게 보이고, 우리는 서로 다른 점을 긍정적인 방식으로 논의할 수 있다는 것을 그에게 설명했다. 그러나 사랑의 탱크가 텅 비고, 사랑받기보다 거부당한다고 느끼면, 수치스럽게 논쟁하거나 서로

중상모략하지 않으면서 서로의 차이점을 논의하는 것이 극히 어려워진다. 나는 브래드에게 그의 부모님에게도 감정의 사랑의 탱크가 있는데, 아마 그 사랑의 탱크도 거의 고갈되었을 것이라고 말했다. 브래드는 어릴 적에 부모의 사랑의 언어를 표현했고, 당시 부모는 그의 사랑을 느꼈다. 하지만 지금 부모의 사랑의 탱크는 텅 비었다. "사랑의 탱크가 텅 비게 되면 부모는 십대 자녀들에게 건강하지 못한 행동 양식을 자주 보여 주지."

나는 이 모든 것이 바뀔 수 있고, 부모와의 관계는 긍정적이고 협력적인 관계로 바뀔 줄 믿는다고 브래드를 안심시켰다. 앞으로의 3년간의 삶은 가장 좋은 기간이 될 수 있고, 그가 대학에 가기 위해 집을 떠날 때쯤이 되면 아마 부모가 '보고 싶기'까지 할 것이란 말도 했다. 브래드는 소리 내어 웃으며 "그랬으면 좋겠네요!"라고 말했다.

나는 내가 내린 판단을 그의 부모가 이해할 수 있도록 도울 것이다. 그리고 브래드에게 어느 순간 부모님께 부정적인 감정이 들더라도 그들을 향한 자기 사랑을 표현하도록 도전을 주며 안심시켰다. 부모로부터의 독립은 적대감보다는 사랑이 가득한 분위기에서 가장 잘 이루어질 수 있다고 설명해 주었다. "사랑은 선택이란다. 만일 네가 네 부모님을 사랑하기로 하고 부모님의 제1의 사랑의 언어를 표현한다면, 너도 이 문제를 해결하는 데 한몫을 담당할 수 있다고 생각한다. 사랑을 명심해라. 증오가 아니란다. 그리고 평화도 명심하렴."

브래드는 고개를 끄덕이고 미소 지으며 "그렇게 해볼게요, 선생님!" 하고 말했다. (내가 아직도 십대들과 의사소통을 할 수 있다는 것을 확인했던 순간이었다!)

"6주 동안 부모님과 함께 시간을 보내고 나서 다시 만나 일이 어떻게 되어 가는지 보기로 하자."

"그러죠."라는 대답과 함께 그는 사무실 문을 열고 바지를 질질 끌면서 나갔다.

브래드의 부모와 세 번의 상담을 하면서 그들에게 말하고 싶었던 것은 바로 이 장 나머지 부분에서 말하고 싶은 것들이다. 이와 유사한 문제로 괴로워하는 부모들에게 늘 그렇듯이 나는 브래드의 부모에게 깊은 연민을 느꼈다.

이 책을 읽고 있는 많은 부모와 마찬가지로 브래드의 부모는 의식 있는 분들이었다. 그들은 부모 역할에 대한 책을 읽기도 하고, 부모 역할 세미나에 참석하여 다른 부모들과 자신들의 경험을 나누기도 한다. 사실 그들은 브래드가 태어난 후 처음 12년 동안은 굉장히 훌륭한 부모였다. 그러나 십대 시기가 다가오자 그들은 잠들어 있는 파수꾼에 불과했다. 어린 시절이 청소년기라는 하얀 물보라 속으로 흘러들어 가자 부모 역할이라는 배는 바위에 부딪히고 말았다. 그리하여 부모는 자신들부터 살아남기 위해 애써야 했던 것이다.

십대를 십대로 대하기

많은 부모가 자녀들이 십대가 되어도 유치원이나 초등학교 때 그들을 대했던 방식으로 부모 역할을 계속할 수 있다고 믿는다. 십대 자녀는 어린이가 아니므로 이는 굉장한 착각이다. 십대 자녀들은 어른이 되어 가는 변화 과정에 있다. 십대의 가슴에서 들리는 멜로디는 독립과 자기 정체성이다. 이 멜로디는 십대 내면에서 일어나는 심리적, 감정적, 지적, 영적, 사회적 변화와 조화를 이루어야 하는데, 우리는 1장에서 이것을 논의했다. 부모들이 십대의 가슴에서 연주되는 이런 새 노래를 고려하지 않으면 십대와 부모 간에 발생하는 갈등 단계에 들어서게 된다.

어린이에게 했던 방식으로 십대를 대하는 부모는 그들이 일찍이 겪었던 것과 같은 결과를 경험하진 못할 것이다. 십대 자녀가 어린아이였을 때 했던 반응을 하지 않으면 이제 부모는 무엇인가 다른 것을 시도하지 않을 수 없게 된다. 적절한 훈련도 받지 않은 채 부모들은 거의 매번 논쟁을 하고, 화를 내고, 심지어 말로 학대까지 하게 되는 변화를 겪는다. 그러한 행동은 제1의 사랑의 언어가 인정하는 말인 십대 자녀에게는 감정적인 참화를 가져다준다. 부모들이 십대 자녀들에게 복종하라고 말로 논쟁하는 것은, 사실은 그들에게 반항을 강요하고 있는 것이다. 이런 사실을 알아차리지 못한 채 부모들은 십대 자녀를 정서적으로 지원하지 못하고 그 대신 언어 전쟁을 하고 있다.

십대 자녀가 보여 주는 변화에 주목하라. 어린아이였을 때 자녀는 부모의 따뜻한 사랑에 안정감을 느꼈지만, 십대인 지금은 폭탄 같은 언어 때문에 영혼이 상처 입고, 사랑의 탱크가 파괴되었다. 부모의 의도는 여전히 선할지 모르나, 그 결과는 절대적으로 나쁘다. 부모들이 그 과정을 바꾸지 않으면 결국 반항적인 십대를 반드시 맞이하게 될 것이다. 그리고 자녀와의 관계 또한 서먹해지게 될 것이다.

그러나 이런 일이 일어나지 않게 할 수 있다. 수많은 부모가 브래드의 부모가 행했던 일들을 했다. 그들은 중도에 수정해야 한다는 것을 인식했고, 이를 곧 행동으로 옮겼다. 브래드의 부모가 택했던 첫 번째 과정은 무슨 일이 일어났었는지를 인식하는 것이었다. 나는 그들에게 다음과 같이 내 의사를 전달했다.

"제 생각에 브래드의 제1의 사랑의 언어는 인정하는 말인 것 같습니다. 그가 어렸을 때는 부모님이 여러 가지 인정하는 말들로 그의 사랑의 탱크를 가득 채워 주셨습니다. 그러나 십대의 대혼란기에는 인정하는 말을 비난하는 말로, 받아들이는 말을 거부하는 말로 대치하면서 브래드의 사랑의 탱크를 분노로 채우는 일만 하신 거죠."

그때 돌파구가 보였다. 브래드의 아버지가 "이제야 무슨 일이 일어났는지 알겠어요. 분명해지는 것 같아요. 그런데 우리가 어떻게 되돌아갈 수 있을까요?"라고 물었다. 배우기를 원하는 부모는 할 수 있기 때문에 그가 내게 묻는 것이 기뻤다.

인정하는 말로 바꾸기

내가 제시한 첫 번째 단계는 불 지르는 일을 금지하기, 즉 비난하는 말과 부정적인 폭언을 금하는 것이었다. 두 번째 단계는 가족회의를 소집해서 그들이 신실하게 부모 역할을 한다고는 했지만 정작 그가 마음으로 관심 있어 하는 것에는 신경 써주지 못했고, 잘못된 방식으로 그를 양육했음을 깨닫고 깊이 후회한다고 브래드에게 솔직히 털어놓으라는 것이었다. 나아가 십대인 그를 키우면서 부모 역할에 대해 많은 것을 배웠고, 또 이를 신실하게 배우길 원했다는 것, 그리고 그 어떤 것보다 중요한 것은 그가 무슨 일을 했든 상관없이 그를 사랑했고 또 앞으로도 언제나 그를 사랑할 것이라는 말을 하라는 것이었다.

"브래드에게 이렇게 말씀하시기 바랍니다. 두 분은 브래드의 안녕을 가장 우선으로 여기고, 앞으로는 비판하고 정죄하고 품격을 떨어뜨리는 거친 말들은 쓰지 않겠다고 말입니다. 그리고 브래드에게 솔직하세요. 두 분이 앞으로 몇 개월 동안 이렇게 하겠지만 완전하지는 못할 거라고 그에게 말하세요. 하지만 두 분이 그렇게 하지 못했을 때는 진심으로 사과하세요. 왜냐하면, 의도적으로 그러신 것은 아닐 테니까요. 이렇게 말씀하실 수 있을 거예요. '우리는 여전히 너의 부모라는 것을 인식하고 있단다. 네가 십대 시절을 잘 통과하여 훌륭한 어른이 되도록 돕고 싶어. 도움이 필요할 때면 우리가 그곳에 있을 것이고, 네게 유익이 되는 지침을 우리는 계속 세워 나갈 것이란다.'"

그러고 나서 나는 이런 지침에 대해 논쟁하지 말길 신신당부했다. "두 분이 그와 솔직하게 의사소통을 하고 협상하면서 함께 헤쳐나가는 법을 배우길 원한다는 것을 알게 하세요. 그에게 말씀하세요. '브래드, 우리는 너를 젊은 청년으로 대하고 싶구나. 네 생각과 감정이 중요하단다. 그렇게 되기까지는 시간이 걸릴 것이고, 그런 과정을 거치면서 때로는 넘어지기도 하겠지만 우리는 네가 바라는 부모가 되기로 했단다.'"

그의 부모는 바로 그렇게 했다. 후에 그들은 내게 가족회의가 브래드와의 관계에 전환점이 되었다는 말을 들려주었다. 그들은 자신들이 변할 수 있다는 가능성에 대해 브래드가 전적으로 낙관적이지는 못했지만, 그래도 그가 자신들의 잘못을 진심으로 용서했다고 느꼈다. 그들은 이를 이해했고, 그렇게 하는 것이 어렵겠지만 자신들의 부모 역할 능력을 신장시키기로 했다.

여러분 가운데 다음과 같이 생각하는 사람도 있을 줄 안다. '하지만 십대 자녀들의 그릇된 행동을 말로 다스리지 않는다면 그들을 어떻게 훈련한단 말인가?'

어떤 어머니는 "채프먼 박사님, 당신은 십대 자녀들이 원하는 것은 무엇이든지 하도록 내버려 두라는 말씀은 확실히 하지 않으시네요?"라고 했다. 나는 "분명 그렇죠."라고 대답했다. 십대들은 테두리가 필요하다. 그들을 사랑하는 부모들은 그들이 테두리 안에서 생활하는 것을 볼 것이다. 그러나 십대들이 나쁜 행동을 할 때 그들을 잔인하고 신랄하고 정죄하는 말로 바로잡는 것보다 동기를 유발하는 더 나은 방법이 있다.

이 문제에 대해서는 12장에서 사랑과 책임감과의 관계를 다룰 때 더 자세히 논의할 것이다. 이 장에서 이야기하려는 것은 십대들의 사랑의 탱크를 어떻게 계속 가득 채워질 수 있게 할 것인가이다. 거칠고 정죄하고 논쟁을 불러일으키는 말들은 분명 하지 말아야 할 방법들이다. 부정적이고 정죄하는 말들은 어떤 십대에게나 해롭지만, 제1의 사랑의 언어가 인정하는 말인 십대에게는 지극히 파괴적이다.

대부분의 십대는 자기 정체성으로 갈등을 겪는다. 그들은 동갑내기 친구들과 신체적, 지적, 사회적 비교를 한다. 많은 십대가 자신을 '능력이 없다'고 간주해 버린다. 많은 아이가 불안해하고, 자존감이 낮고, 자신을 비난하기도 한다. 인간의 발달 단계에서 인정하는 말이 더 많이 필요한 시기가 있다면, 그것은 바로 십대 청소년기일 것이다. 하지만 부모들이 자녀들에게 가장 좋은 것을 하게 하려는 욕심에 종종 부정적인 말을 하는 시기도 바로 이때이다.

부모들이 십대 자녀들에게 인정하는 말을 해야 한다는 것은 아무리 강조해도 지나치지 않다. 십대 자녀의 제1의 사랑의 언어가 인정하는 말이 아니더라도 그 아이는 당신의 인정하는 말들에 몹시 고마워할 것이다. 잠언에서는 "죽고 사는 것이 혀의 힘에 달렸나니"(잠 18:21)라고 했다.

어떻게 인정하는 말을 할 것인가

당신은 십대 자녀와 생활에 관한 이야기를 얼마나 자주 나누는가? 이제부터 십대 자녀의 영혼을 인정하는 말들로 가득 채울 수 있는 방법들을 제시하겠다.

칭찬하는 말

첫째로, 칭찬하는 말이 있다. 십대 자녀가 한 일을 인정하면서 칭찬하는 것이다. 십대들은 어떤 일들은 바르게 한다. 이렇게 갸륵한 행동들을 주목했다가 말로 칭찬해 주라. 십대에게 칭찬하는 말을 해줄 때 두 가지 중요한 요소가 있다.

우선 무엇보다 중요한 것은 신실함이다. 십대와 함께할 때 '어느 구석에도 아첨하는 말이 없게 하라.' 지금의 십대들은 어른들에게서 확실성을 찾고 있다. 그들은 한 입으로 두말하는 정치인들에게 싫증을 느낀다. 그들은 어른들에게서 성실성을 찾고 있다. 아이가 3살이었을 때는 아첨하는 말이 효과가 있었을지 모르지만, 13살일 때는 아무 효과가 없다. 십대 딸에게 "네 방 청소를 참 잘했구나."라고 칭찬해 주라. 그렇지만 딸아이가 청소를 하지 않았는데 이렇게 말하는 것은 딸의 지능(사고력)을 모욕하는 일이다. 당신 아이는 그보다 총명하다. 아이와 머리싸움을 하지 말라.

십대를 칭찬해 주는 두 번째 중요한 요인은 칭찬하되 구체적으로 하라는 것이다. "네 방 청소를 참 잘했구나."와 같이 지나가는 말로 획 한 번 칭찬하는 것은 언제나 진실과는 거리가 멀다. 진실은 구체적인 상황에서 더 잘 발견된다. "카펫에 진 커피 얼룩을 제거했다니 참 잘했구나.", "빨래

통에 빨랫감을 집어넣어 주어 고맙다. 아침에 빨래할 때 정말 도움이 되었단다.", "토요일에 뜰에 떨어진 낙엽을 쓸어 줘서 고마워. 정말 깨끗하더라." 이러한 말들이 십대에게 진실로 들려지는 구체적인 칭찬들이다. 구체적인 것들을 칭찬할 수 있도록 스스로 훈련하라.

보브의 아들 배리는 고등학교 야구팀에서 선수로 활약한다. 근래에 그는 아주 최악의 경기를 했다. 타석과 수비 모든 것이 엉망이었다. 하지만 배리가 완전한 경기를 펼친 한 대목이 있었다. 원아웃에 주자가 1루에 있었고, 그는 3루수였다. 타자가 3루로 빠른 땅볼을 쳤을 때 배리가 허리를 굽혀 그것을 받아 정확하게 2루수에게 던졌고, 2루수는 1루수에게 던져 그 회를 끝냈다. 이것이 배리가 전체 경기에서 유일하게 잘한 부분이었다.

배리는 팀원들과 함께 버스를 탔고, 배리 아빠와 동생은 따로 차를 몰고 집으로 왔다. 그런데 몇 시간 후 배리가 집에 도착했을 때 동생이 현관에서 그를 맞이하면서 "아빠가 그러시는데 지금까지 본 경기 중에서 오늘 한 경기가 최고였대."라고 하는 것이었다.

"너 대체 무슨 말을 하는 거니?"

"형이 잡은 더블플레이 말이야."라고 동생이 대꾸했다.

배리의 아빠가 그들의 대화를 듣고 TV를 끄더니 방으로 들어왔다. "맞아. 내 평생 그 경기는 잊지 못할 거야. 너희 팀이 진 것은 안다. 오늘 저녁 네가 힘들었다는 것도 알고. 하지만 오늘 경기는 내가 본 경기 중에서 가장 멋진 경기였어! 타구가 굉장히 빨랐는데 넌 프로 선수처럼 잡아냈어. 굉장했다고! 아빠는 절대 잊지 못할 거야."

배리는 물을 마시러 부엌으로 갔다. 그의 아빠는 다시 거실로 갔고, 배리는 부엌에서 물 이상의 것을 들이마시고 있었다. 아빠가 들려준 말들을 생각하자 그의 사랑의 탱크가 막 채워지기 시작했다. 배리의 아빠는 십대를 구체적으로 칭찬하는 기술을 완전히 습득하고 있었던 것이다.

부정적인 경향이 있는 부모들에게는 특별한 노력이 필요하겠지만, 어떤 부모라도 자녀에게서 칭찬할 만한 구체적인 행동을 찾아 인정하는 말을 해줄 수 있다.

그런데 칭찬을 할 때 반드시 기억해야 할 것이 있다. 칭찬의 결과를 볼 수 없다고 해도 애써서 칭찬하라는 것이다. 예를 들면, 13살짜리 아들이 잔디를 깎았다고 하자. 잔디는 당신이 전에 깎았던 것만큼 완전하지는 않다. 당신은 그보다 좀 더 경험이 많다. 그렇지만 잔디 대부분이 깎였고, 십대 아들은 잔디를 깎는 데 2시간이나 들였다. 마음을 좀 가다듬고 덜 깎인 잔디를 지적하지 말라. 지금은 이렇게 말할 때다. "네이선, 이제 보니 너의 잔디 깎는 기술도 많이 늘었는걸? 열심히 일해 줘서 정말 고맙구나. 내게 정말 도움이 되었다는 것을 너에게 알리고 싶어. 고맙다." 네이선은 체면을 세우게 되고, 잔디 깎는 일은 보람 있는 일로 여겨진다. 그가 자기 아버지에게 중요하게 여겨지고 자기가 한 일이 주목받는다는 사실을 감지하자 그의 사랑의 탱크는 채워지기 시작했다.

누군가 "그렇지만 잔디를 제대로 깎지 못했다고 내가 지적해 주지 않는다면 그는 영원히 잔디를 제대로 깎지 못하는 사람이 되지 않을까요?"라고 물었다. 나는 "그건 시간문제지요."라고 대답했다. 2시간에 걸쳐서 잔디를 깎았는데 그 일이 제대로 되지 않았다는 말을 듣고 고무될 사람은 아무도 없다. 그렇게 하면 거의 모든 십대가 잔디 깎는 일을 싫어하게 된다. 그가 노력한 것이 칭찬으로 보상받을 때, 인정받았다는 느낌과 함께 다시 잔디를 깎아야겠다는 동기를 부여받는다. 다음에 그가 다시 잔디를 깎으려 할 때, 어떻게 그 일을 더 잘할 수 있는지에 대한 지시를 받게 될 때도 그는 마음을 열고 그 말을 듣는다.

(이 책을 읽고 있는 부모들의 결혼 생활에도 똑같은 원리가 적용된다는 말을 하고 싶다. 이미 매듭지어진 일들에서 결점을 찾아 지적하기보다는 노력한 것에 대해 서로 칭찬하라. 한번 시도해 보라. 분명 효과가 있다. 예를 들면, 남편이 3시간을 들여 차를 닦았는데 아내가 밖으로 나와 보고서는 닦이지 않은 부분을 지적한다면, 남편은 한동안 차를 닦지 않을 것이다. 또는 아내가 남편을 위해 식사를 준비했는데 남편이 식탁에 앉더니 "다진 양배추 샐러드는 빠뜨렸어?"라고 말한다면, 남편은 다음 3개월 동안은 패스트푸드 음식을 사 먹으러 다녀야 할 것이다. 완전한 것이 아니라 노력한 것에 보답하라.)

십대들은 부모에게 칭찬을 들어야 한다. 십대들의 행동에는 항상 칭찬할 만한 것들이 있다. 어떤 부모는 자기 기대에 부응하지 못한 데에 너무 초점을 맞추다 보니 십대들의 긍정적인 행동을 볼 수 없다. 이는 협소하고 부정적인 시야다. 부정적인 것에 집중하는 부모의 올무가 되어 결국 많은 십대 자녀의 사랑의 탱크를 비우는 결과를 초래한다. 십대 자녀에게 일어나는 일들이 당신에게 고통과 실망, 분노를 가져다준다 해도 칭찬할 만한 행동들을 계속 주시하면서 그들에게 인정하는 말들을 해주라.

애정의 말

십대에게 인정하는 말을 표현하는 또 하나의 중요한 방법은 말로 애정을 표현하는 것이다. 칭찬이 십대의 긍정적인 행동에 초점을 맞춘다면, 애정은 십대 자녀 자신에게 초점을 두는 것이다. 이는 한 인격체로서의 십대 자신에 대한 긍정을 말로 표현하는 것이다.

애정을 표현하는 가장 평범한 말은 "사랑해."라는 단순한 한마디다. 십대들이 친구들 앞에서 이런 말을 듣는 것을 원치 않는 시기가 잠깐 있긴 하지만, 이 한마디는 늘 적절하다. 만일 십대 자녀가 그 말을 쓰지 말라고 요구한다면 어떤 경우에도 그것을 존중해 주라. 그러나 그 말이 개인적으로 쓰일 때는 십대의 발달 단계에서 언제나 효과 만점이다.

십대 시절 부모에게서 "사랑해."라는 말을 듣지 못한 사람들은 어른이 되었을 때 종종 깊은 감정의 고통을 느낄 것이다. 나는 지난 몇 년 동안 직업 운동선수들을 위한 결혼 생활 세미나를 인도하는 특권을 많이 가졌다. 그때 한 프로 남자 선수는 눈물을 글썽이면서 "채프먼 박사님, 전 아버지에게서 단 한 번도 사랑한다는 말을 들어 보지 못했습니다."라고 말했다. 나는 그를 팔로 끌어당기면서 말했다. "자, 내가 당신 아버지라고 여기세요. 사랑한다." 나는 사랑한다는 말을 하면서 그를 안아 줄 수는 있었지만(미식축구 선수를 안아 주려니 내 팔로 그를 다 안을 수가 없었다), 이것이 아버지의 말을 대신할 수는 없었다. 아버지와 어머니에게 "사랑해."라는 말을 전혀 들어 보지 못한 사람의 영혼에는 텅 빈 공간이 있다.

어머니들은 보통 십대 아들딸에게 사랑한다는 말을 자주 한다. 그러나 아버지들은 그렇게 하기가 좀 어렵다. 어떤 아버지들은 그런 말을 전혀 들어 보지 못했기에 들어 보지 못한 말을 하기가 힘든 것이다. 그들에게는 그 말이 저절로 나오지 않는다. 당신이 그런 아버지들 가운데 한 사람이라면, 나는 당신이 전통의 사슬을 끊고 십대 아들딸의 눈을 들여다보면서 손을 그들 어깨 위에 올려놓고 "지금 네게 말하는 것은 내게 무척 중요하니 내 말에 주목해 주었으면 해."라고 말하길 권면한다. 그리고 나서 그들의 눈을 바라보면서 "널 무척 사랑한다."라고 말하며 안아 주라. 그 경험이 당신에게 어떤 의미를 줄지는 모르겠지만, 당신이 한 말들은 그들의 가슴에 영원히 새겨질 것이라고 확신한다.

이제 댐이 무너졌다. 사랑의 물줄기가 흘러넘치고 있다. 그 말을 계속 반복하고 또 반복하라. 십대 자녀는 그 말을 듣는 것에 결코 싫증을 내지 않을 것이고, 십대 자녀가 당신에게 같은 말을 들려줄 때 당신의 사랑의 탱크도 다시 채워질 것이다.

물론 말로 애정을 표현하는 다른 방법들도 있다. 『자녀에게 사랑한다고 말하는 101가지 방법』(101 Ways To Tell Your Child I Love You)의 저자인 비키 랜스키는 13살짜리 딸 다나에게 우울할 때를 물었다가 그때 딸을 즐겁게 해주고 싶었다. 랜스키 부인은 "오늘 너와 함께한 시간 정말 즐거웠어." 라고 했다. 왜 그녀가 "사랑한다"는 말보다 "즐겁다"는 말을 했을까? 랜스키는 "사랑한다는 말 대신 즐겁다는 말을 쓰면 정말 차이가 크게 납니다."라고 말했다. 그렇게 말하고 난 후에 몇 번인가 그녀의 딸은 "엄마, 오늘 나와 함께한 시간이 정말 즐거웠어요?"[1]라고 물었다. 당신 자신의 말을 만들어서 십대 자녀에게 이처럼 시도해 보라. 여기 당신이 해볼 수 있는 말들이 있다.

"너와 함께 있는 것이 내겐 기분 좋단다."

"널 아주 좋아한단다."

"널 생각만 해도 자랑스럽다."

"넌 나의 태양이야."

"이 세상에 있는 십대 중에 하나를 꼽으라면 난 널 선택할 거야."

"넌 정말 대단해."

---

1) Anne Cassidy, "Fifteen Ways to Say 'I Love You,'" *Women's Day*, 18 February 1997, 24.

"매일 아침에 일어나면, '네 엄마, 아빠가 된 것이 얼마나 큰 축복인가!'라는 생각을 한단다."

"어제 책상에 앉아서 '내 딸이 정말 보고 싶구나.'라고 생각했어."

"네가 내 옆에 있을 때 난 참 좋단다."

만일 시적으로 성의를 다해 "넌 내 생애 기쁨의 강물이구나."라는 말까지 하면 자녀가 그런 분위기에 젖게 된다는 것을 알게 될 것이다.

이제 당신 자신의 말을 몇 가지 생각해서 노트에 적어 보라. 그리고 '사랑해 목록'이라는 항목에 주기적으로 적어 넣으라. 만일 당신의 십대 자녀가 "사랑해."라는 말을 듣는 것에 이미 익숙해져 있다면, 위의 애정 표현들 가운데 한 가지가 그 아이의 사랑의 탱크를 더 효과적으로 채워 줄 수도 있다.

말로 표현되는 애정은 십대의 몸이나 성격에 다양하게 집중될 수 있다. "오늘 네 머리가 햇빛처럼 윤기가 흐르는구나."라는 표현은 자기 외모에 대해 '그저 그렇다'고 걱정하는 16살 아이에게는 특별하게 인정해 주는 말이 된다. "네 눈은 아름답다."라는 표현은 방금 남자 친구에게 차인 17살 여자아이에게는 가슴으로 받아들여지는 말이 될 수 있다. "너 참 강하구나."라는 표현은 얼굴에 있는 상처들에 대해 지나치게 신경 쓰고 있는 15살 남자아이의 기분을 바꾸어 놓는 말이 될 수 있다. 당신이 말로 칭찬해 줄 수 있는 신체적인 특성들을 살펴보라. 이는 말로 애정을 표현하는 효과적인 방법이 된다.

애정을 표현하는 이런 말들은 십대의 성격에도 적용될 수 있다. "네가 그렇게 외향적인 성격을 가져서 난 참 기뻐. 너는 수줍음을 잘 탄다고 말하지만, 가만히 보니 일단 누군가와 대화를 시작하면 마치 수문이 열린 것처럼 거침없이 말하더구나."

십대 자녀에게 사랑을 나타내 주는 다음과 같은 표현들도 있다.

"넌 참 진지하구나. 말하기 전에 우선 생각부터 하는 점이 내 맘에 쏙 들어."

"발랄한 네 성격이 많은 사람을 행복하게 한단다."

"넌 조용한 성격일지 몰라도 한번 이야기를 했다 하면 대단한 것을 말하지."

"내가 널 정말 좋아하는 이유 가운데 하나는 네가 믿음직스럽기 때문이야. 네가 무슨 말을 해도 난 신뢰할 수 있어."

"널 믿을 수 있어서 난 참 기쁘다. 다른 엄마들은 자기 딸을 믿을 수 없다고 하지만 난 너를 확실하게 믿을 수 있어."

"네가 다른 사람들을 격려하는 걸 난 좋아한단다. 어젯밤 경기가 끝난 후 네가 팀과 이야기하는 걸 들었어. 넌 남을 격려해 주는 특별한 재능을 가졌어."

이러한 애정의 말들은 십대의 내면에 강렬하게 말하는 것이다. 이러한 표현들은 십대 자녀에게 자신이 귀하게 여겨지고, 존중받고, 사랑받는다는 느낌을 준다. 어떤 부모들에게는 이렇게 말로 애정을 표현하는 것이 쉽지 않을 것이다. 잘 기록해 둘 것을 권한다. 위에서 내가 제시한 예들을 기록하고, 그것을 큰 소리로 여러 번 읽으라. 당신 자신만의 애정 표현들을 만들어서 순차적으로 하나씩 십대 자녀에게 들려주라.

가족 앞에서 인정하는 말 표현하기

가족 전체가 있는 가운데 십대 자녀를 인정해 주라. 동생이나 언니, 오빠 앞에서 칭찬과 인정하는 말을 해주라(십대 친구들 앞에서 그렇게 하라는 것은 아니다). 다른 사람들 앞에서 인정하는 말을 해줄 때 종종 더 크게 들린다. 예를 들면, 가족이 다 함께 모여 식사를 할 때, 제레미의 아버지가 말한다. "제레미와 둘이 있을 때 말한 건데, 가족들 앞에서 다시 말하고 싶다. 난 어젯밤 제레미가 참 자랑스러웠어. 심판의 호출에 화를 낼 만도 한데, 화도 안 내고 놀라운 스포츠맨십을 보여 주었단 말이야. 그때 난 그가 무척 자랑스러웠단다." 그러자 동생 엘리가 "네, 우리 모두 제레미 오빠의 얘기를 들어 봅시다."라고 한다. 모두 손뼉을 친다. 제레미는 칭찬받은 것을 감정적으로 느꼈고, 나머지 가족들은 도덕적 품성의 중요성에 대해 다시 생각하게 되었다.

혹은 아빠가 자기 딸에 대해 이렇게 말한다. "오늘 내 딸 메레디스가 경기하는 것을 다 보았지? 파울 라인에서 자유투 두 개를 다 넣어 경기에서 승리했어. 정말 기분 좋더라!" 메레디스는 단지 그 경기에만 만족한 것이 아니다. 그런 만족감을 다시 한 번 느끼면서 가족들의 칭찬을 감정적으로 느끼게 된다. 이렇게 하는 것은 그녀의 아버지가 메레디스와 둘만 있을 때 칭찬해 주는 것보다 그녀의 감정적인 사랑의 욕구를 더 깊이 채워 주는 것일 수 있다.

인정하는 말은 5가지 사랑의 언어 가운데 하나다. 모든 십대에게 인정하는 말이 필요하다. 전환기를 거치면서 불안해하는 십대들에게 인정하는 말은 마치 영혼의 사막에 내리는 비와 같다. 제1의 사랑의 언어가 인정하는 말인 십대들에게는 부모한테서 듣는 인정하는 말보다 더 중요한 것은 없다.

십대들의 목소리

부모들이 인정하는 말을 할 때 사랑을 느낀다고 말하는 십대들은 이렇게 말한다.

매트(17세, 레슬링 선수) : "경기에서 이겼을 때 아버지한테 '내 아들, 참 잘했다.'라는 말을 듣는 것만큼 중요한 건 없어요. 그리고 경기에서 졌을 때도 아버지한테 '넌 지금까지 최고의 경기를 펼쳐 왔다. 다음 경기까지 기다리려무나.'라는 말을 듣는 것보다 제게 도움이 되는 것은 아무것도 없죠."

베타니(13세) : "엄마가 저를 사랑하신다는 걸 알아요. 엄마는 언제나 제게 사랑한다고 말씀하세요. 아빠도 저를 사랑하시는 줄 알긴 하지만 아빠는 그런 말씀은 안 하세요."

라이언(15세) : "저는 아빠가 안 계세요. 하지만 엄마가 저를 사랑하시죠. 엄마는 제가 얼마나 자랑스러운지 모른다고 말씀하시면서 무엇인가 할 수 있도록 격려해 주신답니다."

욜란다(18세) : "몇 달 있으면 저는 대학에 가요. 제 생각에 저는 이 세상에서 제일 행복한 소녀 같아요. 부모님은 저를 사랑하세요. 힘든 십대를 거칠 때도 부모님은 언제나 저를 격려해 주셨어요. 아빠는 '네가 최고야.'라고 말씀하시고, 엄마는 '넌 네가 무엇이 되고 싶든 다 될 수 있어.'라고 하세요. 이렇게 부모님이 저를 도와주신 것처럼 다른 사람들을 도울 수 있었으면 좋겠어요."

쥬디스(14세) : "엄마는 4살 때 저를 떠나셨기에 기억할 수 없어요. 후에 아빠가 재혼하셔서 새엄마가 생겼어요. 저는 새엄마가 진짜 우리 엄마인 줄 알았죠. 때로는 제가 침체될 때가 있는데, 그럴 때 새엄마는 저를 얼마나 사랑하는지 모른다고 말씀하시고 저 자신도 잊고 있었던 저의 좋은 면들에 대해 말씀해 주세요. 새엄마가 안 계시다면 저는 아무것도 할 수 없을 거예요."

위의 십대들뿐만 아니라 수많은 십대에게 '인정하는 말'은 그들 마음 깊은 곳을 울리는 사랑의 언어다. 부모들이 이 말을 규칙적으로 표현하면 십대의 감정의 탱크는 늘 충분하게 채워질 것이다.

04

사랑의 언어 #2 스킨십

사랑하는 사람들과의 스킨십에는 감정의 힘이 있다. 그러기에 부모들은 아기를 껴안고, 얼굴에 뽀뽀를 해주고, 살갗을 비비기도 하는 것이다. 세 살배기를 껴안아 주거나, 무릎에 앉히고 책을 읽어 주는 것은 아이의 사랑의 탱크를 채워 주는 놀라운 힘이 있다. 인생을 마감해 가는 시점에서 스킨십은 감정을 소통시켜 주는 놀라운 역할을 하기도 한다. 양로원에서 휠체어에 앉은 노인들이 손이라도 만져 주길 바라며 팔을 뻗치는 모습을 본 적이 있지 않은가? 결혼 생활에서도 당연히 사랑하는 사람들끼리 안아 주고 키스를 한다. 그렇다면 십대들은 어떨까? 그들은 다를까?

스킨십을 하기에 적절한 시간

고대 히브리 지혜서는 "범사에 기한이 있고……안을 때가 있고 안는 일을 멀리 할 때가 있으며"(전 3:1, 5)라고 말한다. 코치는 선수들에게 "타이밍이 모든 것을 좌우한다."라고 말한다. 이와 비슷하게 십대 부모들도 적절한 타이밍의 기술을 익혀야 한다. 좋은 행동이 적당하지 못한 때에 발생하면 기대에 어긋난 결과를 가져온다. 이는 다음의 두 가지 이유로 어려운 과업이 된다. 첫째, 타이밍은 십대의 기분에 의해 좌우된다. 둘째, 십대의 기분은 항상 분명하지 않다. 때때로 부모들이 '기분을 내서' 십대 자녀에게 사랑스러운 스킨십을 시도했는데, 자녀는 '스킨십을 싫어하는 기분'일 때도 있다. 하지만 '어렵다'는 것이 불가능하다는 것을 의미하지는 않는다.

현명한 부모들은 자기 십대 자녀들에 대해 연구한다. 그들은 자녀의 행동을 보고 아이의 기분을 알아차리는 법을 익힌다. 한 어머니는 이렇게 말했다. "난 아들이 현관 가까이에 들어설 때 그가 스킨십을 원하는지, 아니면 원하지 않는지 알 수 있어요. 만일 현관문을 쾅 닫으면 '날 그냥 내버려 두세요, 엄마.'라는 뜻이랍니다." 또 다른 어머니는 이렇게 말했다. "딸아이는 스킨십을 하는 것이 싫을 때 멀리 서서 이야기합니다. 아이가 방 저편에 서서 이야기하면 이때는 만지는 것을 싫어하는 겁니다. 하지만 내게 가까이 다가서면 사랑의 스킨십을 원하는 것이랍니다."

십대들은 자신의 신체 언어로 기분 상태를 전달한다. 예를 들면, 당신에게 가까이 온다든지, 아니면 팔짱을 끼고 멀찍이 서 있다. 민첩한 부모는 이런 신체 언어를 관찰하여 스킨십을 하기에 적절한 시간이 언제인지를 익힌다. 십대가 '지금 날 건드리지 마세요.' 하는 기분이 왜 드는 것인지, 우리가 그 이유를 이해할 필요는 없다. 무엇보다 중요한 것은 그런 때를 인식하고 존중해 주는 것이다.

십대가 화가 났을 때 스킨십을 시도하는 것은 대부분 적절하지 않다. 예를 들면, 십대 딸이 당신이나 혹은 그 밖의 다른 사람한테 화가 났을 때는 스킨십을 원하지 않을 것이다. 그 아이의 마음에는 '그 사람이 나에게 잘못했어.'라는 생각이 있기 때문에 화가 난 것이다. 분노는 사람들을 서로에게서 멀어지게 한다. 화가 난 십대에게 스킨십을 시도하면 반드시 거절당할 것이다. 스킨십은 화가 난 십대에게는 제재하려는 노력으로 다가온다. 이는 독립을 향한 십대의 욕구에 불을 붙이는 것이다. 그래서 십대는 당신이 만지려고 할 때 몸을 뒤로 뺀다. 십대의 분노를 다스리는 방법에 대해서는 나중에 논의할 것이다. 여기서 말하려는 것은 십대가 화가 났을 때 스킨십이라는 사랑의 언어를 사용하는 것이 항상 적절하지는 않다는 것이다.

반대로 십대와 접촉하기에 적절한 경우가 있다. 그 가운데 하나는 십대 자녀가 중대한 일을 성취했을 때이다. 운동 경기에서 승리하거나 피아노 연주회를 성공적으로 마쳤을 때, 춤 공연이 기대 이상이었거나 중요한 학교 과제물을 완성했을 때는 부모들이 스킨십을 시도할 수 있도록 개방되어 있다. 성취에서 맛보는 전율은 독립과 자기 정체성이라는 길로 그들을 이끈다. 그들이 이룩한 성취에 대해 말로 칭찬하고, 스킨십으로 축하해 주는 것은 그들의 성숙함을 인정한다는 좀 더 분명한 증거로 받아들여질 것이다.

십대 자녀들이 실패를 맛본 순간들도 스킨십이라는 사랑의 언어를 표현할 때이다. 당신의 십대 아들은 미적분 시험에 낙제했거나, 여자 친구가 방금 떠났기 때문에 기분이 울적할 수 있다. 당신의 십대 딸은, 자신의 가장 친한 친구는 주말 저녁에 데이트 약속이 있으나 자기는 그렇지 못해서, 아니면 남자 친구와 방금 헤어졌거나, 헤어진 그가 자신의 제일 친한 친구와 사귀어서 최악의 상태일 수도 있다. 그런 경우 십대들은 스킨십이라는 사랑의 언어에 자신을 개방한다.

십대는 일상의 평범한 생활을 하면서 기분이 좋을 때는 사랑의 표현으로서의 어떤 스킨십에도 자신을 개방한다. 하지만 기분이 나쁠 때는 스킨십에 화를 낼 것이다. 사려 깊은 부모들은 십대 자녀들의 기분 상태를 존중하여 적절한 때에만 스킨십을 시도할 것이다. 우리는 이것을 우리의 실수를 통해서도 배울 수 있다.

여기 한 어머니의 경험담이 있다. "줄리가 막 13살이 되었을 때 저는 그 아이가 마약을 한다고 생각했어요. 그 아이 행동이 갑자기 변했거든요. 그 아이는 어린 시절 내내 '만지는 것을 좋아하는 아이'였어요. 저는 그 아이를 언제나 껴안아 주고, 뽀뽀해 주고, 등을 쓰다듬어 주곤 했어요. 하지만 13살이 되자 저를 멀리하면서 만지는 것을 원치 않는 거예요. 무엇인가 무시무시한 일이 우리 사이에 일어났다는 생각이 들었죠. 하지만 줄리는 정상적인 십대 아이였다는 것을 나중에 깨달았어요. 줄리가 스킨십을 원하는 기분이 들 때가 있고, 그렇지 않을 때가 있다는 것을 이젠 알게 되었답니다.

잠시 그 아이의 기분을 잘못 헤아리고 안았다가 갑자기 뿌리침을 당할 때도 있어요. 그렇지만 대부분 정확한 때를 포착해서 할 수 있어요. 이제 줄리는 15살이 되었어요. 저는 우리 관계가 좋다고 생각해요. 줄리의 제1의 사랑의 언어는 스킨십인 것 같아요. 줄리에게는 스킨십이라는 사랑의 언어가 필요하죠. 줄리에게 그 사랑의 언어가 필요할 때 제가 민감하게 반응할 수 있었으면 좋겠어요."

스킨십을 하기에 적절한 장소

스킨십을 하기에 적절한 때가 있고 하지 말아야 할 때가 있는 것처럼, 스킨십을 하기에 적절한 곳이 있고 하지 말아야 할 곳이 있다. 이는 성적인 부위가 아니라 지리적인 장소를 말하는 것이다. 성적인 부위는 나중에 다룰 것이다.

자녀가 10살 때는 리틀 미식축구 경기가 끝난 후 엄마의 포옹을 반가워할 것이다. 그는 엄마가 서 있는 곳으로 달려가 엄마가 긍정적인 말을 하고 칭찬해 주면서 안아 주기를 기다린다. 하지만 16살이 되면 청소년 축구 경기 후 엄마를 찾지 않고 엄마 또한 자기를 찾지 않았으면 한다. 그는 자신의 독립과 자기 정체성을 팀 동료들이나 친구들과 함께 축하할 것이다. 그를 비롯한 이 십대들은 서로의 등을 찰싹 때리고, 머리를 쥐어박고, 기뻐서 손바닥을 마주칠 수도 있지만, 혹시 자기 어머니가 다가서기라도 하면 머릿속으로 '엄마, 제발 그건 생각조차 하지 마세요.'라고 한다. 대부분의 십대는 공공장소에서 부모들이 사랑의 표현으로 안아 주거나 만지는 것을 원치 않는다.

또래 친구들 앞에서는 더욱 그렇다. 십대의 자기 정체성은 친구들의 자기 정체성과 연합되어 있다. 엄마와 아빠가 그 세상으로 들어가 스킨십을 하려고 할 때 십대의 자기 정체성은 위협을 느끼고, 독립을 향한 열망은 공격당하는 느낌을 받는다. 한 십대 청소년은 "부모님은 아직도 저를 어린아이 취급하세요."라고 했다. 가장 중요한 수칙은 십대 아이가 먼저 스킨십을 할 때를 제외하고는 친구들 앞에서 절대로 먼저 스킨십을 하지 않는 것이다.

때때로 십대들은 할아버지나 할머니 같은 확대 가족들 앞에서 자신을 스킨십에 개방한다. 만일 당신이 십대 자녀가 이룩한 업적을 조부모들 앞에서 자랑할 때라면, 그 자녀의 등을 토닥여 주는 것이 받아들여질 수 있다. 하지만 실제로 그럴 것이라고는 생각하지 말라. 자녀의 반응을 주시하고 혹시 자녀가 '뒤로 빼는' 느낌을 주면 계속하지 말라.

그렇다면 십대 자녀에게 스킨십이라는 사랑의 언어를 표현하기에 적절한 장소는 어디일까? 통상적으로는 남들이 보지 않는 집이나 십대 자녀가 혼자 있는 곳이 적절하다. 스킨십은 남들이 보지 않는 곳에서 하거나, 아니면 직계 가족들 앞에서 할 때 사랑을 효과적으로 전달할 수 있는 매개체가 될 수 있다. 어떤 십대 자녀들에게는 스킨십이 제1의 사랑의 언어라는 것을 명심하라. 이런 십대들에게는 부모들이 사랑을 표현하기에 적절한 시간과 장소를 익히는 것이 상당히 중요하다.

14살인 제이콥은 "저는 아빠와 함께 캠핑하는 것을 좋아해요. 그때 아빠와 가장 가깝게 느껴져요."라고 했다. "아빠랑 캠핑하면 무엇이 가장 좋은데?"라는 물음에 그는 "밤에 모닥불 앞에서 아빠랑 팔씨름할 때에요. 제가 아빠를 이길 때는 특히 신이 나거든요."라고 대답했다. 감정적인 사랑이 스킨십이라는 언어를 통해 제이콥에게 전달되는 것이다. 독립과 자기 정체성은 특히 경쟁에서 이길 경우 더욱 촉진된다.

14살인 제시카의 말이다. "엄마와 저는 매우 가까워요. 엄마가 포옹해 주시지 않는다면 저는 아무것도 할 수 없을 거예요. 이번 학기 학교생활이 참 힘들지만, 집에 오면 언제나 엄마가 저를 포옹해 주신다는 걸 알기에 힘이 나요." 제시카의 엄마는 딸의 제1의 사랑의 언어를 알고 집에서 딸의 사랑의 언어를 표현하고 있는 것이다. 그러나 이러한 사랑의 언어를 표현할 때는 적절한 때와 장소에서 해야 한다는 것을 항상 명심하기 바란다. 그렇지 않으면 사랑으로 받아들여지지 못할 것이다.

적절한 스킨십 방식

융통성을 가지라

스킨십의 종류뿐만 아니라 스킨십의 방식에 관해서도 이야기해 보자. 스킨십으로 사랑을 표현하는 방식들은 무수히 많다. 포옹, 키스, 등 쓰다듬기, 토닥거리기, 마사지, 팔씨름 등 이 모든 것이 십대에게 스킨십이라는 사랑의 언어를 표현하기에 적합한 방식들이다. 하지만 그 과정은 생각처럼 단순하지 않다. 십대 청소년들이 다 똑같은 스킨십을 좋아하는 것은 아니다. 어떤 십대는 등을 쓰다듬는 것을 좋아하고, 어떤 아이는 그렇지 않다. 어떤 아이는 자기 머리카락을 만지는 것을 좋아하고, 어떤 아이는 그렇지 않다. 당신의 십대 자녀는 아주 독특하므로 당신은 그의 사랑의 언어를 익히는 것은 물론, 그가 사랑을 가장 잘 받아들이는 스킨십 방식도 익혀야 한다.

만일 십대 자녀가 등을 쓰다듬어 주는 것을 좋아하지 않는데 단지 당신이 좋아한다고 그런 스킨십을 계속하면 이는 실수하는 것이다. 당신은 자신의 사랑의 언어를 십대 자녀에게 강요해서는 안 되며, 오히려 자녀의 사랑의 언어를 배워야 한다. 부모들을 더 혼란스럽게 만드는 것은 십대 자녀가 어린아이였을 때 늘 하던 스킨십 방식이 십대가 되었을 때는 좋은 것으로 여겨지지 않는다는 것이다. 부모들은 아이의 제1의 사랑의 언어를 발견하여 그것을 어떻게 구사하는지를 익혔다고 생각한다. 그런데 이제 십대가 된 아이는 이전에 자신이 즐겼던 스킨십 방식을 멀리하고 있다. 그 주된 이유는 독립과 자기 정체성을 향한 욕구 때문이다. 자녀가 어렸을 때 하던 스킨십을 계속하면 십대 자녀는 자기가 원하는 것과 정반대의 것, 즉 의존과 불안정의 감정을 자극시키는 것으로 느낄 수 있다. 그러므로 십대는 이러한 '유치한' 사랑 표현을 꺼리는 것이다.

언젠가 나는 부모 역할에 대한 워크숍에서 이런 관점을 피력했다. 그때 브래드의 마음에 번뜩이는 서광을 볼 수 있었다. 그는 쉬는 시간에 내게 다가오더니 이렇게 말했다. "이제 전 알았어요. 제겐 15살짜리 아들 매트가 있는데 저는 그 아이가 어렸을 때 언제나 등을 쓰다듬어 주곤 했어요. 그 아이는 그렇게 해주는 걸 좋아했거든요. 그런데 지난 2, 3년 동안은 그렇게 하도록 내버려 두질 않잖아요. 그 아이가 나를 멀리한다고 느껴지더군요. 왜 그 아이가 그토록 많이 달라졌는지 이해할 수가 없었죠. 등을 쓰다듬어 주는 것이 그 녀석에게는 어린 시절을 상기시켜 준다는 사실을 이제야 깨달았습니다. 그 아이는 독립을 향한 과정에 있으니 어린 시절로 돌아가고 싶지 않은 거지요. 이제 모든 것이 이해됩니다."

나는 브래드에게 육체적인 사랑을 표현하는 새로운 스킨십 방식을 발견할 것을 제안했다. "등이나 어깨를 툭툭 쳐보기도 하고, 당신이 앉아 있는 의자 곁으로 아이가 다가오면 다리를 걸어 보기도 하세요. 아이가 넘어지면 마룻바닥에서 레슬링이라도 해보세요. 아이가 어렸을 때 해주었던 방식으로 대하지 않고 자기를 청년으로 대해 주기 때문에 당신은 아이의 사랑의 탱크가 채워지는 것을 보게 될 것입니다. 이는 고의로 방해한 것이 아니라, 그의 독립심을 길러 주는 것입니다." 브래드는 십대 자녀를 사랑하는 중대한 교훈을 얻었다.

만일 십대 자녀에게 스킨십을 하려고 하는데, 아이가 "그렇게 하는 것이 싫어요."라는 반응을 보인다면 뒤로 물러서서 또 다른 스킨십 방식을 찾도록 하라. '그 아이는 반드시 이걸 좋아할 거야.'라는 생각으로 십대 자녀에게 특정한 스킨십 방식을 강요하지 말라. 5가지 사랑의 언어에 함축된 전반적인 사상은 당신 자신의 사랑의 언어가 아니라 상대방의 사랑의 언어를 표현하는 것을 습득하라는 것이다. 십대 자녀가 사랑받는다고 느끼는 것이 핵심 문제다.

스킨십이 아이의 제1의 사랑의 언어라면 반드시 그 아이에게 사랑을 전할 수 있는 독특한 스킨십 방식을 찾아야 한다. 십대를 사랑하는 과정이 부모들의 선호도에 의해 오히려 복잡해진다. 어떤 부모들은 한 번도 자기 아이에게 '다리를 걸어 넘어뜨려' 보거나 '팔로 툭 쳐' 본 적이 없고, 이것이 사랑을 표현하는 방식이라고는 상상할 수도 없기 때문이다. 모든 십대 자녀가 이런 스킨십을 좋아한다는 뜻은 아니다. 내가 여기서 제안하는 것은 십대 자녀가 가치 있게 여기는 스킨십 방식을 발견하여 그 언어를 규칙적으로 표현하라는 것이다.

스킨십을 시도할 때는 감정적인 상태가 매우 중요하다. 십대 자녀가 화가 났는데 다리를 걸어 넘어뜨리는 것은 사랑의 표현이 아니다. 아이의 행동에 대해 잔뜩 화가 난 상태에서 아이의 등을 탁 친다면 그 아이는 사랑받는다고 느끼지 못할 것이다. 딸아이가 사귀는 친구가 못마땅하여 어머니가 딸을 포옹해 주지 않는다면 딸을 잃게 될 수도 있다. 부모로서 우리는 자신의 태도에 책임을 져야 한다. 십대 자녀가 우리를 기쁘게 할 때만 사랑을 표현한다면, 우리는 조건 없는 사랑이 아닌 '조종'이라는 위험한 세상으로 들어서게 될 것이다.

잘못을 타이를 때 부드러운 스킨십을 하라

스킨십이라는 사랑의 언어의 좋은 점은 십대 자녀의 행동이 마음에 들지 않을 때도 쉽게 표현할 수 있다는 것이다. 십대 자녀의 행동이 만족스럽지 못하더라도 스킨십으로 당신의 사랑을 표현할 수 있다.

마르시아는 십대 딸의 팔을 만지면서 이렇게 말했다. "어젯밤 네가 늦게 집에 들어와서 엄마는 몹시 화가 났어. 네가 친구들과 좋은 시간을 보낸 것은 아는데, 몇 시에 들어올 것인지 알리지 않았잖니. 그게 얼마나 엄마를 화나게 하는지 아니? 지금까지는 늦을 때면 항상 엄마가 걱정하지 않도록 전화를 해주었잖아."

마르시아는 이제 얼굴을 돌려 딸을 바라보면서 양손을 딸의 어깨에 올려놓고는 이렇게 말했다. "난 널 무척 사랑해. 네 인생을 비참하게 만들려는 것이 아니야. 단지 네가 모든 걸 잘하고 있는지 알고 싶은 거야." 마르시아는 매우 효율적인 방식으로 자기 딸을 사랑하면서 동시에 자기 관심사를 주지시키고 있다.

정확한 시간에, 정확한 장소에서 표현되는 스킨십이라는 언어는 십대의 영혼 깊숙이 들린다. 스킨십은 "난 널 중요한 인격체로 인식한다. 난 너와 함께 있을 거야. 내가 돌봐 줄게. 사랑해."라고 말한다. 모든 십대가 스킨십이라는 언어를 표현받아야 한다. 부모에게서 그 언어를 표현받지 못하면 그들은 다른 곳에서 그것을 찾을 것이다.

아버지들에게 전하는 말

이 시대 아버지들은 딸들이 십대가 되면 스킨십을 하지 않으려는 경향이 있는데, 딸들이 사춘기일 때는 더욱 그렇다. 어떤 부모들은 딸들의 신체적인 변화에 어떻게 반응해야 할지 모른다. 어떤 부모들은 딸들이 이제 더 이상 소녀가 아니므로 만지는 것을 원하지 않는다고 생각한다. 자기 딸을 성적 대상으로 만지거나 성적인 학대를 해서 고소당한 아버지들도 있기에 어떤 아버지들은 딸을 만지는 것을 두려워하기도 한다.

하지만 십대 딸은 자신을 여성으로, 그것도 남성에게 매력적인 여성으로 느낄 필요가 있다. 아버지의 역할은 딸에게 이러한 행복감을 주는 것이다. 적절한 스킨십은 이를 위한 매개체가 된다. 아버지가 딸에게 스킨십을 통해 사랑을 표현하지 않으면, 딸은 어릴 때부터 성적인 것에 지나치게 관심을 두기 쉽다.

아버지들이여, 딸들이 십대가 되면 스킨십이라는 사랑의 언어를 계속 표현하길 적극적으로 권하는 바이다. 딸들이 독립심과 여성으로서의 자기 정체성을 발달시켜 나가는 데에는 적절한 스킨십이 필요하다.

부적절한 스킨십

신체적인 학대와 성적 학대라는 용어는 우리 사회에서 그렇게 흔하게 쓰이는 용어가 아니다. 극소수의 십대들은 자기 부모에게서 학대를 경험했다. 비교적 극단적인 경우들을 우리는 뉴스에서 본다. 하지만 그들 가운데 대부분은 조용히 고통을 겪고 있으며, 때로는 아주 가까이 있는 사람들조차 그런 학대를 당하고 있는지 눈치채지 못하기도 한다.

신체적인 학대와 분노

신체적인 학대는 비틀고, 때리고, 발로 차는 것 등으로 신체적인 손상을 입히는 것이다. 그 핵심에는 분노가 있다. 십대 자녀를 둔 어떤 부모들은 분노를 건설적인 방식으로 해소하는 법을 배워본 적이 없다. 그들은 자신의 십대 자녀에게 화가 났을 때 신체적인 폭력을 행사하면서 잔인한 말들을 쏟아붓는다. 때리기, 밀기, 밀어붙이기, 찌르기, 잡아채기, 흔들기 등 이 모든 것이 십대를 학대하는 행동들이다. 이러한 일들이 발생할 때 십대 자녀의 사랑의 탱크는 텅 비게 된다. 그러한 분노의 폭발에 뒤따르는 긍정적인 말들과 스킨십을 통한 사랑의 표현들은 십대의 마음을 후빌 것이다. 또한, 신체적인 학대 후 십대의 마음은 쉽사리 회복되지 못할 것이다.

이렇게 화를 낸 일이 있고 난 후, 자신의 십대 자녀가 사랑받는다는 것을 느끼게 하고 싶다면 반드시 자녀에게 진심으로 정직하게 사과해야 한다. 그리고 이런 파괴적인 행동 양식을 없애고 분노를 긍정적으로 처리하는 기술을 습득해야 한다. 책을 읽거나,[1] 지원 그룹에 참석하거나, 전문적인 상담을 받으면 이런 일들을 가장 잘 해결할 수 있을 것이다.

폭발적인 분노는 시간이 흐른다고 단순히 없어지지 않는다. 부모가 이러한 파괴적인 폭발을 변화시키기 위해 솔선수범을 보여야 한다. 십대의 감정적인 고통은 단지 시간이 지난다고 가라앉지는 않을 것이다. 부모가 진정으로 사과하지 않고 행동 양식을 바꾸지 않으면, 십대 자녀는 자기를 학대한 부모에게 사랑받지 못한다고 계속 느낄 것이다.

아이러니하게도 그들은 자기를 학대하지 않은 다른 한쪽 부모에게서도 사랑을 느끼지 못한다. "날 사랑한다면 내가 학대받도록 이렇게까지

---

[1] 분노를 처리하는 데 실제적인 도움을 받으려면 Gary Chapman, *The Other Side of Love:Handling Anger in a Godly Way* (Chicago:Moody Press, 1999)를 참조하라.

내버려 두지 않으셨을 거야. 날 보호하셨을 거야."가 바로 그 이유다. 만일 지속적으로 학대하는 배우자와 결혼 생활을 하고 있다면, 개인적인 상담을 받아 감정적으로 힘을 얻고, 당신 자신과 십대 자녀를 보호하기 위해 건설적인 단계를 어떻게 세워 나가야 하는지 그 지식을 습득하길 바란다. 그런 학대를 묵인하는 것은 사랑의 요인을 제공하는 것이 아니다. 당신은 훈련된 상담가의 도움을 구해 당신 가정의 적극적인 변화 매개체가 되어야 한다.

성적 학대

성적 학대는 부모 역할이라는 특권을 이용하여 자기의 성적 욕구를 위해 십대 자녀로부터 성적인 호감을 얻는 것이다. 성적 학대는 대부분 아버지, 의붓아버지, 어머니의 애인 등에 의해 자행된다. 그런 학대는 통상 소녀들에게 강요된다. 동성 간의 성적 학대가 핵가족에서 일어나기도 하지만, 이성 간의 성적 학대만큼 보편적이지는 않다. 종종 성적 학대를 하는 부모들은 자녀들에게 성적인 접촉을 시작하면서 이를 십대 자녀를 위한 사랑의 표현이라고 확신시키려 들 것이다. 이러한 메시지는 십대에게 '진실로 들리지' 않을 것이다. 무엇인가 내면 깊은 곳에서 십대는 '이건 옳지 않아.'라고 말한다.

그러나 십대는 학대하지 않은 다른 한쪽 부모나 다른 어른에게 이런 성적인 경험을 털어놓길 꺼린다. 때로는 수치심 때문에 침묵하기도 하지만 대부분은 두려움 때문에 침묵한다. 그들은 종종 학대하는 부모로부터 위협을 받기도 한다. 15살짜리 한 소녀가 다음과 같이 말했다. "아빠는 우리 둘 사이에 계속되고 있는 일을 엄마나 그 밖의 다른 사람에게 말하면 자기는 이를 부인할 것이고, 그렇게 되면 엄마는 자기를 믿지 나를 믿지 않는다고 했어요. 거짓말한 대가로 벌을 받게 할 것이라고 했어요."

17살짜리 한 소녀는 13살 이후부터 의붓아버지에게서 계속해서 성적 학대를 받아 왔다. 소녀는 이 사실을 어머니에게 말하지 않았다. 그 이유를 묻자 소녀는 다음과 같이 대답했다. "엄마한테 말하면 의붓아버지가 저를 죽일 거예요. 그는 저를 없애는 건 쉬운 일이라고 말하곤 했어요. 그가 진심으로 그러는 것이라고 생각했어요. 저는 죽고 싶지 않았어요." 그 의붓아버지가 다른 범죄로 감옥에 가자 비로소 그 소녀는 자기와 의붓아버지 사이에 있었던 일들을 상담가에게 털어놓았다.

부모가 십대 자녀와 나누는 성적 친밀감 모두가 십대에 대한 사랑의 표현은 아니라는 사실을 명백히 밝혀야 한다. 자기만족은 사랑의 정반대라고 할 수 있으며, 십대 자녀는 이에 이용당하고 학대받는다고 느낄 것이다. 수많은 세월에 걸쳐 자행된 학대는 십대에게 비통함, 증오, 우울증 등을 가져다준다. 때로 이런 감정들은 폭력을 유발하여 소녀가 계부를 살해하는 일이 발생하기도 한다. 이처럼 성적인 학대는 감정의 상처와 분노를 낳고, 십대의 정서적, 사회적, 성적 발달에 심각한 영향을 미친다.

성적 학대 처리하기

만일 당신이 함께 살고 있는 십대로부터 성적인 만족을 얻는 일과 관련돼 있다면, 그런 행동의 잘못을 인식하는 것이 첫 번째 단계이다. 두 번째 단계는 전문적인 상담가를 찾아가 그 문제를 털어놓고 십대 자녀와의 관계를 치유하는 과정에 들어가는 것이다. 그렇다. 그런 과감한 단계는 대가를 지불하게 하고, 당황하게 하며, 결혼 생활을 저해하고, 감정적인 스트레스를 가져다줄 수도 있다. 하지만 그렇게 하지 않으면 장기적인 안목에서 볼 때 더 많은 대가를 치르게 될 것이다.

나는 성적인 학대자 대부분이 내가 제시한 충고를 따르지 않는다는 것을 익히 알고 있다. 그러므로 학대하지 않은 다른 쪽 부모가 그 문제를 강요해야 할 것이다. 물론 학대하지 않은 부모 쪽에서는 무슨 일이 진행되고 있는지 모르는 경우가 종종 있기도 하다. 때때로 그들은 단서를 밝히는 데에 눈이 감겨 있고, 십대들이 자기에게 말하려고 하는 데에 귀가 닫혀 있다. 이유가 어떻든 그렇게 예민하지 못한 것은 십대 자녀에게 충실하지 못한 것이다. 자녀들의 말에 귀 기울이고, 자녀가 도움을 간청하는 기미가 조금이라도 보인다면 그 표현을 엄밀하게 조사하길 촉구한다. 배우자와 자녀 사이에 부적절한 행동이 발생하는 것 같은 조그만 기미라도 보이면 계속 주시하길 바란다.

자녀에게 직접 물어볼 경우에는 자녀가 수치심과 두려움 때문에 때로는 부인하리라는 것도 꼭 인식했으면 좋겠다. 자녀의 즉각적인 반응을 그 상황에서의 최종 결과로 받아들여서는 안 된다. 배우자와 자녀 사이에 부적절한 성적 행동이 있다고 의심할 만한 증거가 있다면 직접 전문 상담가를 찾아가라. 그리고 그 증거를 털어놓고 적절한 단계를 밟을 수 있도록 도움을 요청하라.

성적 학대는 십대 자녀의 행복을 파괴한다. 만일 그런 학대를 알고 있으면서도 그 문제를 다루지 않는다면, 십대 자녀는 학대받을 뿐 아니라 당신으로부터도 버림받았다고 느낀다. 그렇다. 학대 문제를 다루는 데는 대가가 따르고, 당신을 당황스럽게 할 것이며, 당신의 결혼 생활이나 학대자와의 관계를 파괴할 수도 있다. 하지만 진정으로 십대 자녀를 사랑한다면 이렇게 하는 것만이 유일한 대안이다.

적절한 상담과 영적인 도움이 있다면 그런 파괴적인 학대 이후에도 치유는 일어날 수 있다. 하지만 그런 정서적, 영적 지도가 없다면 십대 자녀는 절대 건강한 어른이 될 수 없다. 사회에서 문제를 일으키는 젊은이들을 보면 대다수가 십대였을 때 성적 학대를 받았다. 이 모든 학대가 부모들이나 부모 역할을 하는 어른들에 의해 자행되는 것만은 아니다. 이는 종종 확대 가족인 이모, 고모, 삼촌, 작은아버지, 사촌들, 혹은 십대 자녀가 학교, 교회, 그리고 그 밖의 다른 공동체에서 만나는 어른들일 수 있다. 만일 부모들이 그런 학대를 알아차렸다면 그 지역 정신 건강 센터나 사회 복지 기관에 보고해야 한다. 성적으로 문란한 사회에서 십대들 홀로 싸우게 해서는 안 된다. 부모의 사랑은 십대 자녀들이 긍정적인 성적 정체성을 발달시키도록 돕고, 자신의 개인적인 성적 만족을 위해 십대들을 학대하려는 어른들로부터 그들을 방어해 줄 수 있다.

고무적인 뉴스는 대부분의 부모가 십대 자녀들을 신체적으로나 성적으로 학대하지 않는다는 것이다. 그리고 부모 대부분이 스킨십이라는 사랑의 언어를 표현하며 십대 자녀들을 사랑하고 있다는 것이다. 13세에서 17세까지의 미국 십대들에 대한 최근의 조사에 따르면, 그들 중 75%는 적어도 일주일에 한 번 아버지가 십대 자녀를 포옹해 주어야 한다고 생각한다. 그리고 55%는 자기 아버지가 그렇게 한다고 했다.[2]

---

2) *YOUTHviews*, 6, no. 8 (April, 1999):1.; published by The George H. Gallup International Institute, Princeton, N. J.

십대들의 목소리

스킨십은 기본적인 사랑의 언어 가운데 하나다. 십대들이 부모에게서 사랑받는다고 느끼기 위해서는 부모들의 스킨십이 필요하다. 어떤 십대들에게는 스킨십이 그들의 제1의 사랑의 언어다. 다른 4가지 사랑의 언어보다 이 사랑의 언어가 더 깊게, 그리고 더 빨리 사랑을 전달한다. 스킨십이 제1의 사랑의 언어인 다음 십대들의 말에 귀 기울여 보자.

빅토리아(16세, 홀어머니와 산다) : "저는 엄마가 제 등을 문질러 주실 때가 참 좋아요. 엄마가 등을 문질러 주시면 제 모든 문제가 해결되는 것 같아요."

조엘(17세) : "저는 아빠가 항상 저를 사랑하신다는 것을 알아요. 언제나 저를 건드리시거든요. 함께 스포츠 경기를 시청할 때도 팔꿈치로 저를 툭 건드리세요. 옆으로 지나가실 때는 제 어깨를 툭 치며 발을 걸어 넘어뜨리시기도 해요. 때로는 그렇게 하시는 것이 싫을 때가 있어요. 그때는 건드리지 않으시죠. 하지만 다음 날에는 아빠 곁을 스칠 때 또 저에게 달려드세요. 저도 그게 좋아요!"

메리디스(15세) : "아빠는 이전처럼 그렇게 많이 포옹해 주지 않으세요. 아빠는 지금 제가 어른이 된 줄 아시고 제게 그런 것이 필요치 않다고 생각하시는 모양이에요. 하지만 저는 아빠의 포옹이 그립답니다. 아빠의 포옹은 언제나 특별하게 느껴져요."

배레트(수학 공부를 힘들게 했음) : "숙제하면서 제일 좋을 때는 엄마가 곁에 오셔서 어깨를 주물러 주실 때예요. 수학 문제를 모두 까먹었는데도 엄마가 그렇게 해주시면 마음이 편안해져요. 엄마가 그렇게 해주시고 가면 기분이 한결 좋아지고요."

제시카(17세) : "때로는 견디기 힘들어요. 부모님은 제 기분을 맞추느라 많이 참으실 거예요. 제가 십대니까 그러시나 봐요. 하지만 부모님이 저를 포옹해 주시거나 팔을 잡아 주시기만 해도 모든 것이 잘되어 가는 느낌이에요. 마음이 평온해지는 것 같아요. 부모님이 저를 사랑하신다는 걸 저는 알아요."

05

사랑의 언어 #3 함께하는 시간

밤 11시 45분에 아들 방에 들어갔다. 온종일 상담을 하느라 육체적으로, 감정적으로 소진한 상태였다. 나는 아들에게 간단히 "잘 자라. 사랑한다."라는 말을 하리라 생각했다. 그런데 아들이 "아빠, 여자아이들을 이해할 수 없어요."라고 하는 것이었다. 나는 마룻바닥에 주저앉아 침대 모퉁이에 등을 기대고 "무엇 때문에 그런 말을 하니?"라고 물었다.

이것은 2시간 동안이나 계속된 대화의 시작이었다. 데렉은 그때 17살이었다. 그는 지금 31살이다. 그는 아직도 여자들을 이해하지 못한다. 나 역시 마찬가지다. 그러나 우리는 언제나 아주 친밀하게 이야기를 나누었다. 나는 그렇게 하는 것이 중요하다고 생각한다.

십대 자녀와 함께 시간을 보내는 것은 자녀에게 당신 삶의 일부를 주는 것이다. 함께하는 시간은 분산되지 않은 당신의 관심을 주는 것이다. 그 순간 중요한 것은 아무것도 없다. 함께하는 시간은 감정적인 사랑을 전달하는 놀라운 수단이 된다.

불행하게도 함께하는 시간이라는 사랑의 언어는 단 한 가지 이유 때문에 인정하는 말이나 스킨십보다 표현하기가 더 어렵다. 이 사랑의 언어를 표현하는 데에는 더 많은 시간이 필요하다. 의미 있는 스킨십은 1초로도 할 수 있다. 인정하는 말은 1분 안에 할 수 있다. 하지만 함께하는 시간에는 많은 시간이 필요하다. 오늘날과 같이 빠른 세상에서 함께하는 시간이라는 사랑의 언어는 표현하기 힘든 실정이다. 결과적으로 많은 십대의 사랑의 탱크가 텅 비어 있다. 그들은 종종 자신이 부모가 수집하는 물건 가운데 하나에 불과하다는 느낌을 받는다.

비록 바쁘긴 하지만 자녀들이 사랑받는다는 것을 느끼게 하고 싶은 부모라면 반드시 자녀에게 집중된 관심을 보여 주어야 한다. 로스 켐벨은 "집중된 관심이 없다면 십대 아이는 불안이 가속되는 것을 경험합니다. 왜냐하면, 아이는 모든 것이 자기보다 중요하다고 느끼기 때문이죠. 결국, 아이는 안정감이 없어지고, 정서적, 심리적 성장에 손상을 입게 됩니다."[1]라고 했다.

연대감

함께하는 시간의 핵심은 연대감이다. 이는 거리상 가까운 것을 의미하지 않는다. 십대 자녀와 같은 집에 산다고 하여 함께하는 시간을 보내고 있는 것이 아니다. 십대 자녀와 한방에서 가까이 있다고 연대감이 있는

---

1) Ross Campbell, *How to Really Love Your Teenager* (Wheaton, Ill.:Victor, 1983), 33.

것이 아니다. 연대감이란 서로 접촉하면서 함께 있는 것을 말한다.

아버지와 아들이 함께 TV로 스포츠 경기를 시청하거나 직접 경기장에서 경기를 관람한다고 연대감을 경험하는 것은 아니다. 만일 십대 자녀가 외로움을 느끼고, 아빠에게는 스포츠가 자기보다 더 중요한 것 같다고 생각한다면 연대감은 생기지 않은 것이다. 하지만 십대 자녀가 "지금 가장 중요한 것은 너와 함께한다는 거야. 난 우리가 함께 있는 것을 참 좋아한단다."라는 메시지를 받았다면 아버지와 아들 사이가 연결된 것이다. 그러면 그 아들은 사랑받는다고 느끼게 될 것이다. 이 장에서의 초점은 둘이 함께 있을 때 연대감을 경험할 수 있도록 돕는 데 있다.

십대 자녀와 '가까이' 있다는 것은 무엇을 의미할까? 이는 본질적으로 십대 자녀가 당신의 관심 대상이 자기라고 느끼는 것을 말한다. 이것은 십대 자녀와 함께하는 시간을 가질 때마다 깊이 있는 긴 대화를 나누어야 한다는 의미가 아니다. 그러나 부모는 의도적으로 아이 눈을 바라보고, 말을 걸고, 만지고, 신체 언어 등을 통해 그 사건보다 아이가 더 중요하다는 것을 전달해야 한다.

15살인 클린트의 말은 이를 잘 예시해 준다. "아빠는 낚시하러 갈 때 저를 데리고 가시면서 제가 좋아하는 것을 하고 있다고 생각하세요. 아빠는 낚시하는 시간을 '친구와 보내는 시간'이라고 부르시지만, 아빠와 저는 각자에 대한 이야기를 전혀 하지 않아요. 우리 사이의 대화란 낚시와 자연에 대한 것이 고작이에요. 저는 낚시나 자연에 별 관심이 없어요. 오히려 제 문제에 대해 아빠랑 이야기를 나누고 싶은데, 아빠는 그것에 관심이 없으신 것 같아요."

나는 클린트의 아버지를 이해한다. 그는 분명히 낚시하러 가는 데 클린트를 데리고 간 것을 아주 훌륭한 일로 생각했을 것이다. 그들이 '가까이' 있었던 것이 아니라는 생각이 그에게는 없었다.

문제는 그의 관심이 아들보다 활동에 있었다는 것이다. 그는 나중에 상담을 받으면서 그 당시 아들이 낚시 경험을 통해 실제로는 마음이 허전했고, 거부당한 느낌을 받았다는 것을 알고는 충격을 받았다. 클린트의 아버지는 함께하는 시간이라는 사랑의 언어를 표현하는 법을 많이 배워야 했다.

진정한 대화

인정하는 말, 스킨십과 마찬가지로 함께하는 시간이라는 사랑의 언어 또한 많은 방언(그 언어를 표현하는 방법)을 가지고 있다. 가장 흔한 방언 가운데 하나가 진정한 대화다. 진정한 대화란 부모와 자녀가 자신들의 경험, 생각, 감정, 욕구 등을 우호적이고 수용하는 분위기에서 자유롭게 나누는 것을 의미한다. 부모들은 십대 자녀에게 말하는 법보다 십대 자녀와 함께 말하는 법을 배워야 한다.

의사 전달 방식 바꾸기

진정한 대화는 첫 번째 사랑의 언어인 인정하는 말과는 전혀 다르다. 인정하는 말은 말하는 데 관심이 집중되는 반면, 진정한 대화는 듣는 데 관심이 집중된다. 만일 함께하는 시간을 통해 사랑을 전달하고 싶어서 대화하는 데 시간을 할애하려면, 십대들이 말하는 내용을 깨닫고 공감하면서 귀를 기울여야 한다. 질문을 던질 때는 아이를 괴롭히는 태도로 하는 것이 아니라, 자녀의 생각, 감정, 욕구 등을 진정으로 이해하려는 태도로 해야 한다. 이는 의사 전달 방식을 바꾸는 것이기 때문에 모든 부모가 이 점에 유의해야 한다.

자녀들이 어렸을 때는 주로 훈계와 명령을 했는데, 이러한 의사 전달 방식을 자녀가 십대가 되었는데도 계속한다면, 그 십대 자녀는 "엄마, 아빠는 저를 어린아이로 취급해요."라고 말할 것이다. 그 아이 말이 옳다. 이제 우리는 아이가 독립해 간다는 것과 자기 정체성을 발달시킨다는 것을 기억하고 이를 격려하면서 아이를 십대로 대하는 법을 익혀야 한다.

이는 십대 자녀로 하여금 자신의 사고로 생각하고, 자신의 감정으로 경험하고, 자신의 꿈을 갖고 불필요한 간섭 없이 이러한 것들을 우리와 나눌 수 있도록 허용해야 한다는 말이다. 우리는 그들이 자기 생각을 평가하고, 자신의 감정을 이해하면서 자기 꿈을 실현하기 위한 실제적인 단계를 밟을 수 있도록 도와야 한다. 그리고 독백이라는 독선적인 말보다는 우호적이고 격려하는 분위기 속에서 대화를 통해 이렇게 하는 법을 익혀야 한다. 이는 십대들을 양육하는 부모에게 큰 도전이 될 것이다. 많은 부모가 이를 배우는 과정 중에 감정이 폭발하기도 하기 때문이다.

말린은 이렇게 말했다. "십대를 어떻게 양육할지 모르겠어요. 캐티가 16살이 되기 전까지는 부모 역할을 꽤 잘하고 있다고 생각했지요. 그런데 이제야 저는 제가 '실제 세상과는 동떨어진 바보'로서 딸의 인생을 통제하려 했다는 것을 깨닫게 되었습니다. 저는 완전히 좌절감을 맛보았어요. 딸아이는 제게 고마워하지 않아요. 제가 하는 말은 전부 틀렸다고 생각해요. 이제 딸에게 어떻게 말을 걸어야 할지 모르겠어요."

나는 말린과 수년 동안 알고 지냈는데, 그녀의 의사소통 방식은 소위 '재잘거리는 시냇물형'(눈문과 귓문으로 들어온 것은 무엇이든지 간에 곧 입문으로 나가 버리는데, 통상 그렇게 되는 데 60초가 걸리지 않는다)이라는 것을 알았다. 말린은 다른 사람들이 자신의 생각이나 느낌, 인상 등을 듣고 싶어하는지 그렇지 않은지 이를 전혀 고려하지 않고 자신이 보고 듣고 느낀 것을 거침없이 표현한다. 캐티가 어렸을 때는 이를 평범하게 받아들였는데, 이제 그 아이는 자신의 정체성을 발견하고 자기 엄마에게서 일련의 독립을 시도하고 있었다. 캐티는 이제 더 이상 엄마의 말을 '복음'(좋은 소식)으로 받아들이지 않았다. 자신만의 생각을 갖게 되었고, 그것을 자유롭게 엄마에게 표현하게 된 것이다.

나는 말린에게 배움의 길이 꽤 힘들다는 것을 알았다. 하지만 말린이 캐티와 의사소통하는 새로운 방식을 배우지 않으면 어렸을 때 딸과 가졌던 따뜻한 관계를 잃게 될 것이라는 사실 또한 알고 있었다. 말린은 자기 말을 '천천히 흘려보내는' 법을 익혀야 했고, 적극적으로 경청하는 새로운 기술과 공감하는 대화법을 습득해야 했다.

진정한 대화를 위한 안내 지침

훌륭한 경청과 진정한 대화를 위한 8가지 안내 지침이 있다. 처음 5가지는 십대 자녀의 말을 적극적으로 경청하는 것에 관한 것이다. 나머지 3가지는 훌륭한 경청이 선행되어야 한다. 이러한 안내 지침은 말린이 진정한 대화를 익히는 데 도움을 주었다. 이것들을 연습하라. 그러면 십대 자녀와의 대화가 향상될 것이다.

1. 자녀와 이야기할 때는 시선을 자녀에게 고정하라

이는 속으로 다른 생각을 하는 것을 막아 주고, 자녀가 당신의 관심을 충분히 받는다고 느끼게 한다. 싫은 내색으로 눈을 부라리거나, 그들에게 충격을 받았다고 눈을 감아 버리거나, 그들의 머리를 빤히 쳐다보거나, 그들이 말하고 있는데 나가려고 신을 신는 등의 행동을 삼가라.

2. 자녀의 말을 들으면서 동시에 다른 일을 하지 말라

'함께하는 시간'은 누군가에게 전적으로 관심을 집중하는 시간임을 기억하라. 만일 TV를 보거나 독서 또는 그 밖의 다른 것에 관심을 집중하고 있어서 즉시 돌아볼 수 없을 때는 자녀에게 솔직하게 말하라. "네가 내게 말하고 싶어하는 걸 알아. 나도 듣고 싶단다. 10분만 기다려 줄래? 이 일을 다 끝내고 차분히 앉아서 네 말을 들을게."라는 식으로 긍정적으로 표현할 수 있다. 거의 모든 십대 자녀가 이런 요구를 존중할 것이다.

3. 감정에 귀 기울이라

'나의 십대 자녀는 지금 어떤 감정을 갖고 있나?'라는 질문을 당신 자신에게 해보라. 답을 알고 있다고 생각하면 그것을 확인하라. 예를 들면, "내가 ……을 잊어버려서 네가 실망하는 것 같구나."라고 말할 수 있다. 이렇게 하면 아이의 감정을 분명히 하는 기회를 주게 된다. 이는 또한 아이의 말을 당신이 열심히 듣고 있었다는 것을 보여 주기도 한다.

4. 몸짓으로 표현되는 언어를 관찰하라

주먹을 불끈 쥐고, 손을 부들부들 떨면서, 눈물을 흘리고, 인상을 찌푸

리며, 눈을 부라릴 때 십대 자녀의 기분이 어떤 상태인지 짐작할 수 있다. 때때로 입으로 하는 말과는 전혀 다른 언어를 몸짓으로 표현하기도 한다. 아이가 실제로 무엇을 생각하고 느끼는지 분명하게 물어보라.

5. 가로막지 말라

사람들은 평균 17초 정도만 다른 생각에 방해받지 않고 상대방의 말에 귀 기울일 수 있다는 통계 조사가 있다. 때로는 대화가 시작되기도 전에 경청을 방해받기도 한다. 당신이 대화하는 목적은 당신 자신을 방어하거나 십대 자녀를 바르게 세우기 위한 것이 아니다. 십대 자녀의 생각과 느낌, 욕구를 이해하기 위한 것이다.

6. 반영적 질문을 하라

십대 자녀가 말하는 것을 이해한다고 생각하면 반영적 질문을 던지며 점검하라. 예를 들면, "나는 네 말을 이렇게 들었는데, 그게 맞아?", "이런 말이니?" 등의 질문을 던질 수 있다. 반영적 경청은 당신이 오해한 내용이나 십대 자녀가 무슨 말을 하고 있는지 감지한 내용을 분명하게 해준다. '나의 십대 자녀는 지금 무슨 생각을 하고 있을까? 그 아이가 나에게 바라는 것은 무엇일까?' 등의 질문에 대답해 보아야 한다. 이러한 질문들에 대한 대답이 명확해야 비로소 당신의 생각을 나눌 수 있다.

7. 이해한 것을 표현하라

십대 아이는 자신의 말을 부모가 듣고 이해했다는 것을 알아야 한다. 부모로서 당신은 십대 자녀에게 반영적 질문을 할 수 있다. "네 말은 친구 3명과 바닷가에 가고 싶고, 친구들이 운전면허가 없으니 네가 차를 몰고 가야 하는데, 너희는 돈이 충분하지 않으니 연료비와 여관비를 내가 대주었으면 한다는 거지?" 만일 십대 자녀가 "그래요."라고 대답하면 그때는 그들의 요구에 대해 이해한 바를 표현할 수 있다. "아주 괜찮은 생각 같구나. 바닷가에서 정말 좋은 시간을 보낼 수 있을 거야." 이렇게 당신이 이해한 바를 표명하면 당신은 자녀의 가치 감각을 인정하고, 십대 자녀를 욕구가 있는 한 인간으로 대하고 있는 것이다.

8. 자녀의 허락을 받아 당신의 견해를 피력하라

"그 생각에 대한 내 의견 좀 들어 보지 않을래?" 하고 물었는데 십대 자녀가 "좋아요."라고 대답하면 당신의 생각과 견해, 느낌 등을 계속 나누라. 만일 "싫어요."라고 대답하면 대화는 끝난 것이고, 자녀는 바닷가에 가는 일에 당신의 도움을 받지 못할 것이다. 십대의 생각과 느낌, 욕구 등에 대해 당신이 이해한 바를 표명하면 십대 자녀도 마음을 열고 당신의 관점에 쉽게 귀 기울일 것이다. 아이가 당신의 견해에는 동의하지 않더라도 당신의 말에는 귀 기울일 것이다.

좀 더 나은 관계를 위하여

어떤 부모들은 자녀의 허락을 받고 나서 견해를 말하라고 한 것을 불쾌하게 생각한다. "왜 내가 말하는 것도 십대 자녀에게 허락을 받아야 하나요?"라고 어떤 아버지가 물었다. 문제는 부모들이 십대 자녀들에게 말할 권리를 가지고 있느냐 없느냐가 아니다. '당신이 말하는 내용에 십대 자녀가 귀 기울여 주길 원하는가?'가 문제다. 허락을 받는다는 것은 자녀가 하나의 인격체라는 사실을 인지하는 것이고, 자녀가 단지 당신의 말소리를 듣는 것이 아니라 당신의 마음에 있는 것을 들을 선택권이 있다는 것을 인식하는 것이다.

당신은 십대 자녀를 하나의 인격체로 인식하고 있다. 당신은 공감하는 대화 분위기를 창출하고 있다. 부모들은 허락받지 않고도 설교할 자유가 있지만, 십대 자녀들은 자신들의 선택으로 '부모를 무시할' 자유가 있다. 많은 십대가 자신이 어린아이로 취급받는다고 느끼기 때문에 이렇게 할 것이다. 당신의 생각을 피력해도 괜찮으냐고 물으면 십대 자녀는 자기가 성숙해 가는 젊은이로 대우받는다고 느낀다.

부모들은 바닷가로 놀러 가는 경비를 대거나 그 여행을 허락하는 것과 같은 문제에 대해 최후의 결정권을 여전히 가지고 있다. 이는 부모의 권위 문제가 아니라 부모와 십대 자녀 간의 문제다. 혹은 당신의 권위를 어떻게 표현하느냐의 문제가 될 수도 있다. 당신은 십대 자녀에게 언제든지 폭군으로 군림할 수 있다. 하지만 그렇게 하면 십대 자녀에게 거부감이 들게 하고, 자신이 사랑받고 있지 않다고 느끼게 할 것이다. 그와는 달리 당신은 십대 자녀가 성인으로 변화되는 과정에 있다는 것을 인식하고, 자녀가 건강하고 사랑스럽게 변화되길 바라며 자녀와 사랑의 관계를 맺을 수도 있다.

그런 진정한 대화를 하는 데는 분명 시간이 걸릴 것이다. 십대에게 말할 때보다 귀 기울일 때가 시간이 두 배나 들 것이다. 하지만 여기에는 엄청난 기대 이상의 수익이 있을 것이다. 십대 자녀는 모든 부모가 꿈꾸는 대로 존중받고, 이해받고, 사랑받는다고 느끼게 될 것이다. 그런 꿈들은 당신이 할 일을 반드시 한다고 이루어지는 것이 아니다. 이는 십대의 발달 시기에 좀 더 적합한 새로운 대화 방식을 학습함으로 이루어진다.

말하는 법 배우기

십대 자녀와 대화할 때 말하는 것은 의미 있고 중요한 부분이다. 이때 말하는 태도가 매우 중요하다. 효율적으로 말하려면 당신의 생각이나 느낌, 욕구를 십대 자녀에게 강요하는 것이 아니라, 이를 나누는 태도에 초점을 맞춰야 한다. 부모들이 어떤 주제에 대한 십대 자녀의 견해를 비난하면서 말을 시작하면 적대적인 관계가 형성되기 쉽다. 당신의 견해, 즉 당신의 생각이나 느낌, 욕구를 나누는 데 긍정적인 접근 방식을 취하는 것이 훨씬 좋다.

'나'라는 표현 써서 말하기

긍정적인 접근 방식을 배우기 위한 가장 쉬운 방법은 '너'라는 표현보다 '나'라는 표현을 쓰는 것이다. "나는 ……생각한다, 나는 ……느낀다, 나는 ……을 원한다."와 같은 표현들은 자기를 드러내는 것이다. 이러한 표현들은 당신이 마음속으로 무슨 생각을 하고 있는지 그 정보를 십대 자녀에게 준다. 그와 반대로 "너는 틀렸어, 너는 이해 못해, 너는 그 상황을 잘못 해석하고 있어, 너는 비합리적이야, 너는 내 삶을 힘들게 해."라는 표현들은 비난과 정죄의 표현들이다. 이러한 표현들은 대부분 다음의 두 가지 중 한 가지 결과를 가져온다. 십대 자녀의 기본 성격에 따라 다르긴 해도 폭발적인 논쟁을 불러일으키거나, 아니면 뒤로 물러서서 우울증에 빠지게 하는 것이다.

'너'라는 표현은 대화의 흐름을 막는다. 하지만 '나'라는 표현은 더 논의할 길을 터준다. 이런 새로운 대화 방식을 익히는 데는 시간이 좀 걸릴 것이다. 만일 '너'라는 표현을 쓰고 있다면 이제 그만 쓰라. 당신이 말하는 방식을 배우고 있으며, 그 문장을 다시 말하고 싶다고 하라. 그리고 '나'라는 단어를 써서 그 문장을 고쳐 말하라.

예를 들면, 당신도 모르게 "네가 ……할 때 너는 날 힘들게 한단다."라는 말이 나오면 즉각 멈추고 "다시 말해 볼게. 네가 ……할 때 난 힘들어."라고 말하라. 그리고 이렇게 덧붙이라. "왜 내가 이런 새로운 대화 방식을 배우고 있는지 알겠니? 난 널 비난하고 싶지 않아. 널 이해하고 싶은 거야. 동시에 네가 내 느낌과 생각도 이해해 주었으면 하는 거야." 그러면 대부분의 십대가 부모들이 새로운 대화 방식을 애써 배우는 것을 고맙게 여길 것이다.

설교하지 말고 가르치라

십대들에게 말할 때 또 다른 중요한 원리는 설교하지 말고 가르치라는 것이다. 나는 설교자와 교사가 상당히 존경받는 미국 남부 시골에서 성장했다. 설교자와 교사, 이 둘의 차이는 내용에 있지 않다. 학교에서조차 세속적인 것과 성스러운 것이 함께 섞여 있기 때문이다. 그렇다고 지역적으로 차이가 있는 것도 아니다. 설교자는 교회에서 설교하고, 교사는 학교에서 가르치지만, 교사가 교회에서 가르칠 수도 있고, 때로는 설교자가 학교에서 설교하기도 하기 때문이다.

설교자와 교사의 차이는 전달 방식에 있다. 설교자는 전달할 때 힘이 있다. 목소리를 높이기도 하고, 부드럽게 하기도 하고, 울부짖기도, 웃기도 하지만, 설교자는 언제나 열정적이고 독단적이다. 반면, 교사는 대화하는 목소리로 좀 더 '사실적인' 내용을 열의를 갖고 가르치지만, 분명 그 이상은 넘지 않는다고 확신한다. 효율적으로 의사를 전달하고 싶어하는 부모라면 설교자보다는 교사를 열심히 모방해야 한다.

부모가 격앙된 목소리로 연극적인 행동을 하면, 십대들은 다른 곳에서 충고를 얻으려고 할 것이다. 반면, 합리적이고 조용하게 생각을 나누면, 십대들은 종종 부모에게 충고를 받으려고 할 것이다. 나는 부모들 자신이 깊이 믿고 있는 신념들에 대해서 독선적일 수 없다는 것을 말하려는 것이 아니다. 오히려 부모의 독선은 다른 사람들에게 개방시켜 조절되어야 하며, 십대 자녀들에게는 더욱 그렇다.

"그것에 대해 내가 항상 믿고 있는 바를 말해 볼게. 그리고 내가 왜 그것을 최고라고 믿는지 말할 테니 네 의견을 좀 말해 줄래? 난 네 의견에 관심이 있단다." 이런 접근은 부모에게는 강한 자기 의견을 표현하도록 허용하지만, 십대들에게는 비록 자기 의견이 부모 의견과 다르다 해도 쉽게 자기 생각을 표현하게 한다. 부모는 반드시 이런 분위기를 만들어야 한다.

십대들은 추상적이고 논리적으로 사고하기 시작한다는 것을 기억하라. 그들은 성장하면서 지켜본 신념들을 자세히 검토해서 자기 것으로 만들 것인지를 결정한다. 이런 과정에 영향을 주고 싶은 부모들은 설교자가 되기보다는 교사가 되어야 한다.

질문하는 기술을 배우라. 질문하는 방법을 배운 부모들은 십대 자녀들이 계속 말하게 할 것이다. 이것은 "너 어디 갔었어? 얼마 동안 있었지?

누구랑?" 등과 같이 괴롭히는 질문을 하라는 의미가 아니다. 십대들이 사고할 수 있도록 유도하는 질문을 하라. 예를 들면 이렇다. "지난주 대학에서 학생들이 성조기를 태우는 것을 보고 십대들 대부분은 무슨 생각을 했을까?" 이제 자녀의 대답을 잘 들어 보라. 그러면 당신은 자녀가 친구들을 관찰한 바에 대해 말하는 것을 듣게 될 뿐만 아니라, 그 주제에 대한 자신의 생각을 피력하는 것 또한 발견하게 될 것이다. 사려 깊은 질문에 대한 십대의 의견에 깊은 관심을 보이면, 십대 자녀 또한 당신의 견해를 물을 것이다. 질문은 단지 대답만을 촉구하는 것이 아니라 또 다른 질문을 야기한다.

이유를 말해 주라

십대에게 말하는 것에 관한 또 다른 방식이 있다. "내가 그렇게 말했기 때문에"를 "왜 그런지 이유를 말할게"로 대치시키라. 십대들은 이유에 관심을 둔다. 그들은 논리적으로 생각하는 자신의 능력을 발달시키고, 자기 신념이나 의견에 대해 합리적인 이유를 대는 사람에게 반응한다. 이유를 대지도 않고 자신의 생득적인 권위로 되돌아가는 부모는 십대와 공감하는 대화의 흐름을 막게 된다. 그러면 십대 자녀는 부모에게서 거부감을 느끼고, 그의 사랑의 탱크는 텅 비게 된다.

십대에게 효율적으로 말하고 듣는 기술을 습득한 부모는 대부분 감정적인 수준에서 효율적으로 사랑을 전달하는 부모일 것이다. 진정한 대화는 그런 사랑을 전달하는 가장 강력한 방법이 된다.

함께하는 활동들

십대 청소년들은 생동하는 피조물들이다. 그들과 진정한 대화를 많이 나누려면 함께하는 활동을 해야 한다. 그런 활동들 가운데 어떤 것들은 학교생활, 운동, 음악 레슨, 댄스 교습, 연극 활동, 공동체 생활, 교회 생활 등 일상적인 생활의 흐름 가운데 있다. 십대 자녀들과 질적인 시간을 갖고 싶어하는 부모라면 이런 활동 장소들이 많은 기회를 준다는 사실을 알게 될 것이다.

십대 초반에는 이런 활동들을 하기 위해 왔다 갔다 할 때 많은 시간을 함께할 수 있다. 위에서 제시한 말하고 듣는 방법을 위한 8가지 사항을 따르고 있는 부모라면, 차 안에서 논쟁이나 하면서 시간을 허비하지 않을 것이다. 가끔은 행사 자체가 십대 자녀와 질적인 시간을 갖게 하기도 한다. 십대 자녀가 자신이 공연하는 것을 보고 싶어서 부모가 행사장에 왔으며, 자기가 추구하는 것에 부모도 관심이 있고, 자기 부모에게는 자녀들의 행사에 참석하는 것보다 중요한 것이 없다고 이해할 때 이는 자녀에게 큰 의미를 지니게 된다.

14세인 한 십대 소녀가 이렇게 말했다. "아빠는 언제나 제가 출연하는 콘서트에 참석하세요. 아빠는 음악가가 아니시지만 저를 격려해 주세요. 저는 참 행복해요." 반면, 같은 오케스트라에서 활동하고 있는 또 다른 십대 소녀는 이렇게 말했다. "아빠가 저를 사랑하신다는 건 알아요. 하지만 제 콘서트에 참석하신 적은 한 번도 없으세요. 아빠는 친구들과 골프를 치기 위해서는 시간을 내세요. 하지만 저를 위해서는 한 번도 그러신 적이 없어요."

두 번째 소녀는 아빠가 자기를 사랑한다는 것을 머리로는 믿지만, 텅 빈 사랑의 탱크를 안고 살아가고 있다. 십대는 자기가 하는 활동들 가운데 한 가지라도 당신이 시간을 내서 참석하면 당신이 당신 생활의 한 부분을 자기에게 주는 것으로 이해한다. 그러면 당신의 사랑이 그들에게 깊이 전달된다. 하지만 자녀들이 관련된 행사에 시간을 내서 참석하지 못하면 '너는 다른 것들만큼 나에게 중요하지 않아.'라는 메시지를 주게 된다.

십대들은 부모가 일상생활을 하면서 자기들이 하는 일에 참여하면, 십대의 발달 단계에서 나타나는 일반적인 도전들 속에서도 더 잘해 나간다. 5천 명의 성인들에게 "십대 때 부모님에게 가장 섭섭했던 것은 무엇인가?"라는 질문을 했더니, "부모님이 내 생활에 참여하지 않은 것이지요."라는 대답이 가장 많이 나왔다.[2] 십대 자녀들은 부모가 자기 생활에 참여해 주기를 바란다. 부모의 참여는 미래에 추억거리를 만들어 줄 뿐 아니라 현재에도 깊은 사랑의 유대감을 갖게 한다. 숙제하는 것을 도와주고, 활동에 참석하고, 쇼핑몰에 데려다 주고, 함께 쇼핑하는 것 등이 십대와 함께하는 시간을 가질 기회를 만들어 내는 것이다. 부모가 참여하는 것은 곧 "네게 관심 있는 것은 내게도 중요하단다."라고 말하는 것이다.

함께하는 시간을 갖기에 적당한 환경

다람쥐 쳇바퀴 돌듯 평범한 일상생활을 벗어나 야외 행사를 계획하고 이를 실행함으로써 십대 자녀와 함께하는 시간을 마련할 수도 있다. 이

---

2) Gary Smalley and Greg Smalley, *Bound by Honor* (Wheaton. Ill.: Tyndale, 1998), 98.

는 시간과 돈, 노력이 필요하지만 그것이 가져다주는 이익은 엄청나다. 캠핑, 하이킹, 물놀이를 하거나, 먼 곳에서 열리는 스포츠 경기나 음악회, 연극 등의 행사에 참여하거나, 혹은 흥미로운 역사적 장소를 방문하는 것 등은 십대 자녀와 함께하는 시간을 보내기에 알맞은 환경을 만들어 주기도 한다.

십대가 좋아하는 행사를 선택하라

성공적인 환경을 만들기 위한 핵심은 십대 자녀가 흥미를 갖고 있는 것에서 시작하는 것이다. 자녀가 흥미로워하는 것보다 당신의 관심에 근거해서 여행 계획을 세우는 것은 좋지 않다. 십대 자녀의 관심 사항을 찾아내라. 그리고 그들이 당신과 함께하는 시간을 가지도록 동기가 유발되는 계획적인 환경을 만들어 내라.

나는 아들 데렉이 17살 때, 비행기 사고로 죽은 1950년대 가수 버디 홀리의 노래를 배우려 애썼던 것을 기억한다. 나는 도서관에 가서 버디 홀리에 관한 글을 찾을 수 있는 대로 다 찾아 읽었다. 그의 서정시도 읽었다. 후에 데렉과 버디의 서정시에 대한 대화를 나누게 되었다. 내가 그의 서정시까지 알고 있다는 것에 데렉은 깜짝 놀랐다. 그 이후 나는 텍사스 포트워스에서 결혼 생활 세미나를 인도하는 일정이 잡혔을 때 데렉에게 같이 가고 싶지 않은지 물었다. 나는 "세미나가 끝나면 차를 몰고 러벅으로 가서 버디 홀리의 뿌리를 찾을 거란다."라고 했다. 데렉은 "오, 아빠! 저도 그렇게 하고 싶어요."라고 대답했다. 나는 그때의 데렉의 눈을 결코 잊지 못할 것이다. (포트워스에서 러벅까지 시간이 얼마나 걸릴지 난 전혀 알지 못했다!) 우리가 가졌던 함께하는 시간에 관해 말해 보겠다.

텍사스 서쪽을 쭉 가로질러 가면서 우리는 러벅에서 찾게 될 것에 관해 이야기를 나누었다. 우리는 데렉의 인생 여정에 관한 이야기를 나누었고, 그의 미래에 일어날 일들에 관해서도 이야기했다. 우리는 대부분 대화를 했고, 간간이 차를 멈추고 밖으로 나와 서부 텍사스의 고요함을 느껴 보기도 했다.

러벅에 도착했을 때 상공회의소에 들러 버디 홀리에 관한 4쪽짜리 안내 책자를 받았다. 우리는 버디 홀리가 태어난 집으로 갔다(실제로 그 집은 없어졌다. 하지만 우리는 그 집이 있었던 자리에서 사진을 찍었다). 다음에는 버디 홀리의 최초의 곡이 방송을 탔던 라디오 방송국으로 차를 몰았다. 우리는 그곳에서 그의 첫 번째 레코드가 돌아갔던 턴테이블도 보았다. 그러고 나서 우리는 버디 홀리가 첫 번째 레코드를 녹음할 때 살던 집으로 갔다. 앞마당에서 나는 데렉의 사진을 찍었다. 그 집주인이 밖에서 들어오더니 우리에게 인사를 했다. 그녀에게 상황을 설명했더니 그녀는 "괜찮습니다. 언제나 다들 그렇게 합니다."라고 말했다.

우리는 버디 홀리가 처음으로 재즈 연주를 했던 클럽도 갔다(지금은 중고차들을 주차해 놓은 곳이지만 '코튼 클럽'〈Cotton Club〉이라고 쓰인 낡은 간판은 여전히 걸려 있었다). 버디가 다닌 고등학교에 가서는 벽돌 건물을 배경으로 데렉의 사진을 찍었다. 그리고 그다음에는 버디 홀리가 결혼식을 올린 곳이자 후에는 그의 장례식이 거행되었던 작은 침례교회로 갔다. 그곳의 젊은 관리인은 버디 홀리가 살아 있을 당시에는 자기 아버지가 교회의 관리인으로 있었다고 말했다. 지금은 그 관리인이 결혼식과 장례식에 관한 모든 것을 알려 주고 있었다.

우리는 교회를 방문하고 나서는 버디 홀리의 무덤이 있는 읍내 변두리로 차를 몰았다. 무덤에는 대리석과 동으로 만든 기타가 장식되어 있었다. 나는 데렉에게 개인 시간을 주려고 저만치 떨어져 혼자 걸었다. 그리고 천천히 걸어가 차를 몰고 나왔다. 백미러에 비치는 러벅을 뒤로하고 우리는 버디 홀리에 대해 의견을 주고받았다. 버디가 그토록 젊은 나이에 비행기 사고로 죽지 않았다면 어떻게 되었을까? 버디는 어떤 신앙을 가졌을까? 어떤 사람들은 젊은 나이에 죽는데, 삶에서 중대한 일들이란 어떤 것일까? 우리는 포트워스로 돌아오는 내내 이야기하고 또 이야기했다. 그것은 우리 둘 가운데 누구도 잊은 적이 없는 함께하는 시간의 경험이었다.

몇 년 후 데렉과 나는 런던에서 또 함께하는 시간을 보냈다. 우리는 그곳에서 '버디'의 뮤지컬을 발견하고 얼마나 놀랐는지 모른다. 모든 배우가 영국 사람이었는데 전부 텍사스 억양을 쓰고 있었다. 정말 놀라운 일이었다! 그리고 나서 얼마 후 데렉은 브루스 스프링스틴에 열중했고, 우리는 이번엔 프리포트, 뉴저지로 가서 브루스의 뿌리를 찾았다.

함께하는 시간을 위한 환경을 만들라

데렉이 십대일 때 나는 그의 흥밋거리를 찾아 매년 여행을 계획했다. 나는 십대 자녀와 함께하는 시간을 마련하고 싶다면 여행을 택하라고 적극 권한다. 지금도 데렉은 가끔 지난날을 돌이켜 보면서 우리가 같이 여행하며 함께하는 시간을 보냈던 일을 회상한다. 우리는 함께하는 시간을 보냈던 기억들로 영원히 끈끈하게 연결될 것이다.

나는 가능하다면 십대 자녀와 함께하는 시간을 경험하는 기회를 만들어 보길 권장한다. 런던이나 러벅이나 프리포트처럼 반드시 비용이 많이 들고, 시간이 오래 걸리는 여행일 필요는 없다. 십대 자녀가 관심 있어 하는 것을 함께 경험하러 집에서 비교적 가까운 곳으로 비용을 별로 들이지 않고도 간단하게 여행할 수 있다. 계획된 활동들은 함께하는 시간이라는 사랑의 언어를 실천할 기회를 준다. 십대 자녀의 사랑의 언어가 함께하는 시간이 아니더라도 그런 활동들은 자녀를 더 잘 알 수 있게 하고, 의미 있는 추억거리를 만들어 내며, 자녀가 당신이 자기를 사랑한다는 것을 알게 해주는 기회가 될 것이다.

"나의 십대 자녀는 말을 안 해요"

부모들의 공통된 불만 사항 가운데 하나는 자녀가 십대가 되면서 말을 하지 않는다는 것이다. "우리 애는 말을 안 하는데 어떻게 진정한 대화를 하라는 것입니까?" 청소년들이 어린아이들보다 비밀이 많아지는 것은 사실이다. 부모들과는 다른 자신만의 생각과 느낌이 든다는 것 자체가 독립되어 간다는 의미다. 이때는 바로 십대들이 어떤 일을 스스로 헤쳐나가고 싶어서 말하고 싶지 않은 것이다. 그런 경우 그들에게 말을 하라고 강요해서는 안 된다. 이는 현명하지 못한 행동이다. 우리는 그저 십대 자녀들이 말하고 싶을 때면 언제든지 그들의 말을 들어줄 수 있다는 것을 알리면 된다.

때로는 십대들이 부모와 말하고 싶어하지 않을 때가 있는데, 그것은 기분이 상했거나 아니면 거절당한 경험이 있어서일 수도 있다. 부모로서 우리는 무엇을 어떻게 말하고 있는지 우리 자신의 목소리에 귀 기울여야 한다. 십대 자녀가 학교에서 낙제하여 낙담한 마음으로 집에 온다. 그것을 부모에게 털어놓고 싶은데, 정작 부모는 "이번에는 무슨 잘못을 한 거니?"라고 말한다. 대화는 이미 끝난 것이다. 십대 자녀는 이해받지 못했다는 느낌을 받고 휙 지나간다.

때로는 부모들이 쓸데없는 장담을 한다. "다음 주 이맘때가 되면 넌 오늘 무슨 일이 있었는지조차 기억하지 못할 거야." 어떤 때는 부모들이 너무나 서두르기에 제대로 충고를 하지 못한다. "걸레질하는 게 아무 도움이 못 된다. 조깅이나 하러 가지 그러니?"

이러한 반응은 의사소통의 흐름을 막는다. 이것은 "하나를 보면 열을 안다"는 태도를 나타내며, 그 순간 십대 자녀가 느끼는 것에 대해 감정이입이 안 되었음을 보여 준다. 어떤 십대들은 자기가 이런 식의 반응을 얻게 될 것을 알기 때문에 아예 말하지 않는다.

십대들의 기분에 민감해지면 의사소통의 문을 여는 데 도움이 된다. "힘든 하루를 보낸 것 같구나. 그 이야기를 해줄 수 있니?" 하는 말은 많은 십대가 받아들일 수 있는 말이다. "오늘 밤 기분이 좋아 보이는구나. 오늘 무슨 좋은 일이 있었니?"라는 말은 십대 딸이 더 쉽게 말할 수 있게 한다. 공감하며 경청하고(앞에서 논의한 것), 위협적이지 않은 질문을 던지면 십대 자녀들은 더 쉽게 이야기하게 된다. 십대 자녀는 자신의 생각과 느낌을 스스로 간직할 권리가 있다는 것을 기억하라. 그들은 때때로 선택을 할 것이다. 이런 경우 그들에게 말하라고 강요하는 것은 그들의 인격을 무시하는 것이고, 당신으로부터의 독립을 부인하는 것이다. 자녀가 원할 때는 아무 때나 말할 수 있고, 당신이 이를 들을 수 있다는 것을 그들에게 알리라.

십대들은 말하고 싶은데 부모들은 말하고 싶지 않을 때도 있다. 때로는 십대들이 자기 편리만 생각하고 말할 때가 있다. 종종 늦은 밤 자기 방에서 그렇게 하기도 하고, 아니면 모두 잠자리에 든 후 서재에서 그렇게 하기도 한다. 사려 깊은 부모라면 그들이 이렇게 다가오는 기회를 놓치지 않을 것이다. 2시간 덜 잔다고 부모의 행복에 큰 차이가 생기는 것은 아니다. 십대 자녀와 2시간 동안 함께하는 시간을 가지면 오히려 자녀가 외로움과 거부감이 아닌 사랑의 감정을 갖고 잠자리에 드는 변화가 생길 것이다.

"나의 십대 자녀는 나와 시간을 보내려 하지 않아요"

자녀에게는 친구들이 필요하다는 것을 인식하라

질적인 시간을 유지하려고 할 때 들리는 또 다른 불만의 목소리는 "제 아이는 저와 시간을 보내려고 하지 않습니다."이다. 당신의 아들딸은 십대 시기를 보내면서 친구들과 깊은 우정을 키울 것이다. 사회학자들은 이를 '십대 또래 그룹'이라고 말한다. 이스트우드 에트워터 박사는 또래 그룹을 "나이, 학년, 독특한 상황 때문에 서로 동등하게 여기는 사람들"[3]이라고 정의한다. 그는 또래 그룹이 십대의 생활에 4가지 중요한 역할을 한다고 말한다.

1. 또래 그룹은 사회적, 감정적 지지 그룹을 지원해 줌으로써 십대에서 성인으로의 전이를 도와준다.

---

[3] Eastwood Atwater, *Adolescence* (Englewood Cliffs, N. J.:Prentice Hall, 1996), 198.

2. 또래 그룹은 십대들이 자신의 행동과 경험을 판단하는 데 이용할 수 있는 기준을 제공한다.
3. 또래 그룹은 사람들과의 관계를 발전시키고 사회적 기술을 발달하게 하는 기회를 제공한다.
4. 또래 그룹은 십대가 자신만의 자기 정체성을 발달시킬 수 있는 장을 마련해 준다.[4]

교회, 학교, 그 밖의 활동을 하면서 친구들과 어울리고, 영화를 보러 가고, 쇼핑몰에 가고, 같이 밤을 지새우고, 전화로 이야기하고, 이메일을 주고받는 것 등은 어린아이가 십대가 될 때 자동으로 증가하는 활동들이다. 상담가 게리 스멀리는 "청소년들이 새롭게 찾은 또래 그룹은 필요한 친구와 재미를 충족시켜 주고, 아울러 감정적인 지지, 이해, 친밀감을 제공한다. 그들은 여전히 가족들이나 다른 어른들에게서도 이런 것들을 필요로 한다. 하지만 친구들로부터 이런 것들을 받는 것이 그들의 발달에 지극히 중요하다."[5]라고 말한다.

부모들은 청소년들이 친구에게 굉장한 관심이 있는 것을 가족에게 관심이 없는 것으로 오해하기도 한다. 15살짜리 아들이 아버지와 등산하는 것을 원하지 않고, 어머니와 쇼핑 가는 것을 싫어하고, 가족이 함께 소풍 가는 것을 싫어한다고 간주해 버린다. 그러나 대부분의 십대가 지금보다 부모와 더 많은 시간을 보내고 싶어하지, 결코 더 적은 시간을 보내고 싶어하는 것이 아니다.[6]

---
4) Ibid., 201-202.
5) Smalley and Smalley, *Bound by Honor*, 107.
6) Lawrence Steinberg and Ann Levine, *You and Your Adolescent* (New York:Harper & Row, 1990), 13.

계획을 세울 때 십대와 상의하라

부모들은 때로 십대 자녀를 개입시키지 않고 활동 계획을 세우곤 한다. 그러면 결국 십대 자녀는 또래 그룹과 계획한 흥미진진한 일이 있으니 부모와 같이 가고 싶어하지 않게 된다. 부모들은 이를 거부하는 것으로 해석하거나, 아니면 가족들과 같이 있고 싶은 마음이 없는 것으로 해석한다. 그렇지만 십대 자녀를 하나의 인격체(독립심과 자기 정체성을 가진)로 인식하고, 계획하는 단계에서 자녀와 상의하면 십대 자녀들은 가족과 함께 가는 것에 매우 흥미를 보일 것이다. 하지만 십대 자녀들을 독립적인 인격체로 대하지 않고 어린아이로 취급하며 계획을 세운다면, 자녀가 가족과 함께 있고 싶어하지 않는다는 인상만 받게 될 것이다.

17살인 브랜든의 말이다. "부모님은 여행 계획을 세웠는데 제가 가고 싶어하지 않기 때문에 상처를 받는다고 말씀하세요. 문제는 부모님이 제 일정을 전혀 고려하지 않으신다는 거예요. 부모님은 여행 계획을 미리 세워 두셨다가 가기 전날 저에게 통보하세요. 저는 이미 친구들과 계획한 일들이 있거든요. 친구들과의 계획을 깨고 싶지 않아 여행을 따라갈 수 없다고 하면 부모님은 제게 몹시 화를 내세요."

십대의 관심 사항을 고려하라

때로 십대들이 부모가 계획한 일들을 따르기 싫어하는 또 하나의 이유는 부모들이 십대들의 관심 사항을 고려하지 않기 때문이다. 다음과 같은 일상을 반복하지 않는 부모가 있을까?

엄마 : "우리는 토요일 밤에 삼촌 집에 갈 거야. 너도 같이 가자."

십대 자녀 : "저는 가기 싫어요."

엄마 : "왜?"

십대 자녀 : "거긴 지루해요. 할 일이 아무것도 없어요."

엄마 : "네 사촌과 놀 수 있잖니. 재미있을 거야."

십대 자녀 : "그 앤 어리잖아요. 저는 십대예요. 어린애가 아니라고요."

십대들의 관심 사항에 조금만 관심을 기울이면 그들이 흥미를 느낄 여행을 계획할 수 있을 것이다. 친척 집을 방문할 때 십대들에게 같이 가자고 강요하지 말라는 것이 아니다. 강요하면 함께하는 시간에 대한 경험을 기대할 수 없다는 것이다. 십대들의 관심과 일정을 더 고려해 함께 활동 계획을 세우는 것이 당신과 자녀 모두에게 더 의미 있는 일이 될 것이다.

십대들의 목소리

이 장 첫 부분에서 언급한 내용을 다시 반복하겠다. 함께하는 시간이라는 사랑의 언어는 인정하는 말이나 스킨십보다 실천하기가 더 힘들다. 하지만 함께하는 시간도 5가지 사랑의 언어 가운데 하나다. 어떤 십대들에게는 이것이 제1의 사랑의 언어다. 함께하는 시간이 없다면 부모들이 아무리 다른 사랑의 언어를 표현한다 해도 그들은 사랑받는다고 느끼지 못할 것이다. 이런 십대들에게는 반드시 집중된 관심을 보여 줄 시간을 마련해야 한다. 함께하는 시간이 자신의 제1의 사랑의 언어인 십대들의 말에 귀 기울여 보라.

마르시아(14세, 자칭 어부) : "저는 아빠가 낚시하러 갈 때 저를 데려가시는 걸 좋아해요. 솔직히 말하면요, 실은 그렇게 고약한 냄새는 싫어요. 하지만 아빠랑 있는 게 좋아요. 우리는 온갖 이야기를 다 해요. 그리고 아침 일찍 일어나는 것이 좋아요. 이때가 아빠랑 같이하는 가장 좋은 시간이거든요."

카일(16세, 운전면허를 취득한 것을 자랑스러워함) : "이제 저는 운전할 수 있어요. 부모님의 도움 없이 어디든 갈 수 있어 좋죠. 하지만 저는 부모님과 함께하는 일이라면 다 좋아해요. 아빠와 제가 함께할 수 있는 일을 할 때가 참 좋죠. 제 친구 중에는 아빠가 안 계신 아이들도 있는데, 저는 정말 행운아인 것 같아요."

모니카(14세, 어머니와 둘이 살면서 가끔 아버지를 만남) : "엄마가 좋은 것은 우리 둘이서는 무슨 이야기든 할 수 있다는 거예요. 우리는 비밀이 없어요. 저는 엄마와 정말 가까워요. 엄마는 제가 문제를 해결하는 데 많은 도움을 주세요. 고민거리가 생기면 언제나 엄마에게 말씀드리는데, 그럴 때마다 엄마는 저를 도와주세요."

제니퍼(18세, 대학 진학을 앞둔 상태) : "대학에 가면 부모님과 함께 이야기를 나누지 못하는 것이 가장 아쉬울 거예요. 때로는 부모님과 밤늦도록 오랜 시간 함께 있었는데, 그것은 언제나 저를 위한 일이었음을 알아요. 이제 그럴 시간이 없을 거예요. 전화로 할 수는 있겠지만 전 같진 않겠지요."

06

사랑의 언어 #4 봉사

"제가 가장 사랑받았다고 느끼는 것은 부모님이 저를 도와주시기 위해 열심히 일하신 것이라고 생각합니다." 마크는 이제 직장을 갖게 되었고 곧 결혼할 계획도 있다. 그는 십대 시절을 다음과 같이 자세하게 회상하고 있다. "엄마는 직장 생활을 하시면서도 언제나 음식을 손수 만들어 주시곤 했어요. 그 음식이 모두 기억나요. 16살 때는 중고차를 살 수 있도록 아빠가 도와주셨어요. 큰일이든, 작은 일이든 그분들은 모든 일에 저를 많이 도와주셨어요."

지금 24살인 마크는 계속 회상했다. "저는 그때보다 지금 더 잘 알 것 같아요. 하지만 그때도 그분들이 저를 돕기 위해 일을 열심히 하셨다는 것을 알았고, 저는 그것을 고맙게 여겼어요. 저도 언젠가는 제 자식들을 위해 부모님처럼 열심히 일할 겁니다."

마크는 '봉사'라는 사랑의 언어를 표현했던 부모님에 대해 말하고 있다. 부모 역할은 봉사가 중심된 일이다. 아기를 갖기로 결정한 날은 장기 봉사를 하겠다고 등록하는 날이다. 자녀가 십대가 될 때까지 당신은 13년 동안이나 봉사라는 사랑의 언어를 계속 표현해 왔다. 만일 자신에게 정말 좋은 감정을 품어 보고 싶다면, 잠깐 시간을 내서 당신이 갈았던 기저귀, 빨아서 개고 다림질했던 옷가지들, 상처 난 곳에 붙여 주었던 반창고, 고장 나서 고쳐 준 장난감들, 정리해 준 침대보들, 머리를 감겨 주고 빗질해 주었던 일 등의 횟수를 다 헤아려 보라. 십대 자녀에게는 이 목록을 절대로 보여 주지 말고 침실에서 혼자 큰 소리로 읽어 보라. 특히 부모 역할을 잘하지 못했다고 느껴지는 날에는 꼭 그렇게 하라. 당신이 지금까지 이 아이를 사랑해 온 반박할 수 없는 확고한 증거가 거기 있을 것이다.

그러나 이제 당신의 아이는 십대가 되었으므로 봉사라는 사랑의 언어를 효율적으로 표현하려면 새로운 방언들을 배워야 한다. 더 이상 갈아 주어야 할 기저귀는 없다 해도, 달아 줄 단추와 만들고 수선해 주어야 할 옷, 만들어 줄 음식들, 갈아 주어야 할 자전거 바퀴들, 빨아서 다림질해야 할 옷가지들, 표백해야 할 유니폼들, 개인 기사가 되어 해주어야 할 운전 (미국의 거의 모든 주에서는 적어도 16살이 될 때까지 부모가 운전을 해주어야 한다) 등 수많은 것이 남아 있다.

봉사라는 설득력 있는 언어

그런 봉사 행위들이 십대 자녀에게 사랑을 전달하는 설득력 있는 언어라고 이해되면 이 모든 일이 숭고한 차원에서 이루어진다. 어떤 부모들은 의무감에서 이런 일상적인 봉사를 반복한다고 말한다. 그들은 나무만

보고 숲은 보지 못한다.

역사 속에는 봉사라는 사랑의 언어의 표현 방법을 배운 사람들이 수없이 많다. 마더 테레사를 모르는 사람이 있을까? 그녀의 이름은 봉사와 동의어라고 해도 될 정도다. 아프리카에는 알베르트 슈바이처가 있고, 인도에는 마하트마 간디가 있다. 1세기 기독교 신앙의 창시자인 나사렛 예수의 생을 자세히 공부한 사람들은 예수님의 삶이 제자들의 발을 씻긴 단순한 행위로 요약될 수 있다는 것에 대부분 동의한다. 예수님 자신도 "인자가 온 것은 섬김을 받으려 함이 아니라 도리어 섬기려 하고 자기 목숨을 많은 사람의 대속물로 주려 함이니라"(마 20:28)라고 하셨으며, 제자들에게도 "너희 중에 누구든지 크고자 하는 자는 너희를 섬기는 자가 되고"(마 20:26)라고 교훈하셨다.

진정한 위대함은 봉사에서 나타난다. 부모가 십대 자녀에게 아낌없이 주는 봉사는 진정한 감정적인 사랑의 표현이다.

아낌없이 주는 봉사

아이에게 봉사하는 것은 오랜 세월 지속되고, 그 밖의 다른 많은 의무감과 더불어 하게 된다. 그래서 부모들은 자신이 행하는 일상적이고 평범한 일들이 장기간 효력을 발휘하는 사랑의 표현이라는 사실을 망각할 수도 있다. 때때로 부모들은 배우자나 자녀들, 그 외 다른 사람들로부터 자신을 사랑의 종으로 느끼기보다는 노예로 느낄 수도 있다. 하지만 부모가 이런 태도를 보이면 십대 자녀는 사랑을 거의 느끼지 못할 것이다.

사랑의 봉사는 노예의 일이 아니다. 노예는 외부의 강요로 억지로 행동한다. 사랑의 행위는 자기 에너지를 다른 사람에게 전달하려는 내면의 동기로 이루어진다. 사랑의 행위는 선물이지 필수품이 아니다. 이는 아낌없이 주는 것이지 강압으로 이루어지는 것이 아니다. 부모들이 십대 자녀들에게 비탄과 비통의 마음으로 봉사하면, 십대의 육체적인 욕구는 충족될지 모르나 감정의 발달에 있어서는 상당한 손상을 입게 될 것이다.

봉사는 매일 일어나는 것이므로 아무리 훌륭한 부모라도 잠깐 멈춰 서서 현재의 자기 태도를 점검해 보고, 자신의 봉사 행위가 사랑을 전달하고 있는지 확인해야 한다. 나는 카메론이 나에게 다음과 같이 말했던 것을 기억한다. "아빠는 제가 원하면 숙제를 도와주세요. 하지만 언제나 괜히 부탁했다는 느낌이 들게 하세요. 그래서 저는 아빠의 도움을 구하지 않아요." 아버지의 이런 봉사 행위는 사랑을 전달하지 못한다. 어머니들도 봉사를 하면서 사랑을 전달하지 못할 수 있다. 고등학교 1학년인 줄리가 말했다. "학교 과제물을 할 때 엄마가 도와주세요. 하지만 엄마는 너무 바쁘셔서 제가 여쭈어 볼 때 짐 하나를 벗듯이 후딱 해치우시려는 것 같아요." 부모의 봉사 행위가 십대의 영혼에 사랑의 소리로 들리게 하려면 아낌없이 봉사해야 한다.

조종은 사랑이 아니다

다음과 같이 십대 자녀를 조종하기 위해 봉사라는 사랑의 언어를 이용할 수도 있다. "네 방을 청소하면 친구를 만나러 쇼핑몰에 갈 때 데려다 줄게." 이는 십대 자녀와 계약을 맺으려고 거래를 시도하는 것이다. "네가 ……하면 내가 ……해줄 거야." 내 말은 십대 자녀와 절대로 계약을 맺지 말라는 것이 아니다. 이를 사랑의 표현으로 보지 말라는 뜻이다. 자녀를 자동차로 쇼핑몰에 데려다 주는 것은 마땅히 그들이 한 일, 즉 방을 청소하는 것에 대한 대가로 주어지는 봉사다. 이는 당신이 바람직하다고 생각하는 것들을 자녀로 하여금 하게 하는 일종의 물물교환 방식이지 사랑의 표현이 아니다.

만일 당신의 봉사가 자녀로 하여금 당신이 바라는 것을 하게 하는 것과 항상 연결된다면, 당신은 조종하는 기술을 실습하고 있는 것이다. 조종은 절대 사랑의 표현이 아니다. 사랑은 일한 대가로 얻는 것이 아니다. 사랑은 값없이 주는 선물이다. 우리는 십대 자녀들을 조건 없이 사랑해야 한다. 그들의 모든 행동이 우리를 기쁘게 하지는 않을 것이다. 하지만 우리는 여전히 봉사라는 사랑의 언어를 표현할 수 있다. 자녀는 당신의 사랑이 조건 없는 사랑이라는 것을 알면 그 사랑을 더 깊이 느낄 것이다.

자녀들이 무언가를 해주길 원할 때 부모가 바라는 것들을 이행하면 들어주겠다고 하며 자녀의 행동을 애써 바꾸려는 방식을 심리학자들은 '행동 수정'이라고 부른다. 이는 부모들이 생각하기에 십대 자녀가 착한 행동을 하면 자녀가 바라는 것을 해줌으로써 자녀에게 상을 주는 것이고, 부모가 바라는 것을 자녀가 하지 못했을 때는 무엇인가를 자녀에게서 빼앗는 것이다. 이런 부모 역할 방법은 1970년대에는 보편적이었다. 그러나 이는 자녀 양육 방법으로서 그다지 건전하지 않은 것 같고, 십대들과 관계를 맺는 데에도 최상의 방법은 아닌 것 같다.

행동 수정을 부모 역할 방식으로 절대 사용하지 말라는 말이 아니다. 자녀들의 몸에 밴 무책임한 습관들을 고칠 때는 이 방법이 특히 도움이 될 수 있다. 평상시에는 십대들이 행동을 바꿔야겠다는 동기를 얻지 못하다가 포상으로 인해 행동을 바꾸려는 충분한 동기를 얻을 수도 있다. 하지만 계속해서 상을 주지 않는다면 이런 행동의 변화는 영구적이지 못할 것이다(12장에서 사랑과 책임감에 관해 이야기하면서 이를 더 상세히 다룰 것이다).

이와 반대로 십대 자녀들도 봉사라는 행위로 때로는 부모들을 조종하려 든다는 사실에 주의해야 한다. 그들도 당신이 해주었으면 하는 어떤 것이 있으면 당신이 과거에 그들에게 요구했던 것을 알고 이를 요구할 수도 있다. 16살인 브래들리는 이렇게 말했다. "제가 엄마한테 무엇인가를 해달라고 하려면 먼저 제 방 청소를 해야 해요." 브래들리는 자기 엄마를 조종하는 법을 알고 있는 것이다. 엄마는 브래들리가 요구한 것이 그를 위해 좋은 것이라는 느낌이 들면 그가 제시한 계약에 동의할 것이다. 그러나 십대 자녀는 단지 자기가 바라는 것에 동의하는 것이므로 부모는 현명하지 않다고 생각되면 동의해서는 안 된다.

어떤 십대들은 조종의 대가들이다. "만일 당신이 날 사랑한다면……." 이라는 말은 십대들에게는 조종을 위한 궁극적인 표현이 될 수 있다. 훌륭한 부모가 되고 싶어하는 부모의 바람을 자기가 원하는 바를 동의하게 만드는 수단으로 이용할 수 있는 것이다. 훌륭한 부모는 "난 널 무척 사랑해. 하지만 네가 아무리 그것을 원해도 내 생각에 그건 너에게 해로운 거야."라고 반응한다. 조종은 사랑과 아무런 관계가 없다. 조종은 모두 통제와 관계된다. 이는 부모와 십대 자녀 간에 좋은 접근 방법이 아니다.

보답하는 사랑

역할 모델과 지도하기

의식 있는 부모들이 바라는 것 중에 두 가지 중요한 것이 있다. 그것은 사랑하기와 사랑받기다. 우리는 자녀들의 사랑의 탱크가 계속 가득 차도록 그들이 우리의 사랑을 느끼길 바라지만, 다른 사람들을 어떻게 사랑하는지도 배웠으면 한다. 부모들은 종종 "내가 만일 십대 자녀에게 계속해서 봉사해 준다면 자녀가 스스로 하는 일을 언제 배우고, 다른 사람에게 봉사하는 법을 어떻게 배울 수 있습니까?"라는 질문을 한다. 그 질문에 대한 대답은 역할 모델과 지도하기에서 찾을 수 있다. 자녀들을 위한 우리의 행동이 유익하다고 믿는 한, 자녀들이 우리에게 원하는 것을 할 때 우리는 조건 없는 사랑의 역할 모델을 하는 것이다.

하지만 우리는 이런 봉사 행위를 현명하게 선택해야 한다. 그렇지 않으면 우리는 받기만 하고 주지는 못하는 의존적인 십대 자녀를 길러 내게 될 것이다. 예를 들면, 음식을 만들어 주는 것은 봉사 행위지만, 십대 자녀에게 음식 만드는 법을 가르치는 것은 더 큰 봉사 행위가 된다. 십대 자녀에게 음식을 장만하는 방법을 가르치는 것보다는 당신 자신이 요리하는 것이 분명 훨씬 더 수월할 것이다. 하지만 어떤 것이 더 위대한 사랑의 행위인가?

가장 좋은 법칙은 십대 자녀들이 스스로 할 수 없는 것을 당신이 봉사해 주는 것이다. 어렸을 때는 그들의 옷을 세탁해 주었지만 십대가 되었을 때는 어떻게 옷을 빠는지를 가르쳐 준다. 이런 구별법의 차이를 익히지 못한 부모들은 사랑이라는 이름으로 십대의 성숙을 저해할 것이다.

그들의 옷을 절대 세탁해 주지 말라는 것이 아니다. 대신 당신의 십대 자녀를 독립적인 행동과 성숙으로 인도해 주는 그 이상의 역할 모델을 하라는 의미다.

바른길로 지도하기

나는 십대들이 무엇을 해야 할지 부모들이 그들에게 말로 설명해 주는 것이 도움이 된다고 생각한다. 13살인 패트릭의 엄마는 아들에게 이렇게 말했다. "이제 너도 십대가 되었으니 엄마는 너와 개인적인 생각들을 나누고 싶구나. 네가 어렸을 때 엄마는 널 무척 사랑해서 널 위해 많은 것을 해주었지. 끼니마다 음식을 장만했고, 빨래, 네 방 청소 등 모든 것을 다 해주었어. 네가 고등학교를 졸업할 때까지 이 모든 일을 엄마가 계속해 줄 수도 있어. 하지만 그러는 것만이 사랑은 아닌 것 같구나. 나는 널 여전히 사랑하기 때문에 이 모든 것을 너 스스로 할 수 있도록 가르치려는 거야. 이 모든 일을 너 스스로 꾸리지도 못한 채 그대로 고등학교를 졸업하고 대학에 가게 하고 싶진 않구나. 패트릭, 여기 네게 가르치고 싶은 목록들이 있다. 더 배우고 싶은 것이 있으면 목록에 첨가해라. 배우고 싶은 순서는 네가 정했으면 해. 네 능력의 한계 이상을 강요하지는 않을 거야. 하지만 네가 준비되는 대로 이 기술들을 가르쳐 주고 싶구나."

패트릭의 어머니는 봉사의 행위를 통해 그를 사랑하려는 계획을 설명했다. 그리고 패트릭은 어머니가 자기에게 배우고 싶은 것을 선택하라고 했고, 배우고 싶은 순서도 정하라고 했기 때문에 긍정적인 계획을 세우면서 반응할 것이다. 패트릭의 아버지도 그에게 가르치고 싶은 비슷한 목록을 만들 수 있었고, 패트릭도 아버지에게 배우고 싶은 목록을 만들 수 있었다.

자녀에게 이렇게 접근하는 부모를 둔 십대는 사실 행운아라고 할 수 있다. 이런 십대는 부모에게 사랑받는다고 느낄 뿐 아니라 자신을 어떻게 돌봐야 하는지, 봉사라는 행위로 다른 사람을 어떻게 사랑해야 하는지를 아는 책임 있는 어른으로 성장할 것이다.

이런 접근은 부모들이 봉사라는 사랑의 언어를 표현하고 있을 뿐 아니라, 십대 자녀들이 다른 사람들을 효율적으로 섬기는 데 필요한 기술들을 익히도록 지도하고 있는 것이다. 이런 지도에는 가르침과 훈련이 있어야 한다. 헬라어에서 '가르침'(teaching)은 말로 가르치는 것을 강조하는 말이고, '훈련'(training)은 행동으로 배우는 것을 강조하는 말이다. 헬라어의 의미로 볼 때 부모 역할에는 이 두 가지가 다 필요하다. 이런 접근법을 따르는 부모들은 특별한 기술에 관해 말로 가르친다. 그리고 그것을 어떻게 하는지 설명해 주고 자녀가 직접 해보도록 가르친다.

예를 들면, 자기 아들에게 가족이 타는 차와 나중에 아들이 갖게 될 차를 닦는 법을 가르치고 싶은 아버지는 처음에는 말로 가르친다. "언제나 기억해야 할 것 가운데 하나는 모래 부스러기들을 제거하려면 호스로 물을 뿌려야 한다는 거야. 그러면 비누칠할 때 차에 흠집이 나지 않는단다. 일단 그 일을 끝내면 차에 비누칠을 할 때는 차 지붕에서 시작해서 후드, 트렁크, 옆 부분 등을 한 번에 한 부분씩 칠하고 물로 빨리 씻어 내도록 해라. 그렇게 해야 비누가 말라붙지 않고 얼룩도 생기지 않는단다." 그리고 나서 아버지는 자기가 말한 대로 시범을 보여 주면서 아들이 이를 돕도록 한다.

아마 그들은 몇 주간 차를 함께 닦을 수도 있고, 아니면 아버지가 혼자 닦거나 아들 혼자 닦을 수도 있다. 아들이 차를 혼자 닦았을 때 아버지는 칭찬과 고맙다는 표현을 한다. 십대 아들은 차를 닦는 법뿐만 아니라 아버지를 사랑하는 법까지 배우게 된다.

십대가 정체성과 독립심을 기르는 것을 도와주기

오늘날과 같이 신속한 세상에 살면서도 어떤 부모들은 삶을 유지하는 근본적인 기술을 십대 자녀들에게 가르치지 못한다. 결국, 많은 십대가 어떻게 옷장을 정리하는지, 어떻게 진공청소기로 마루를 청소하는지, 어떻게 요리를 하는지, 어떻게 세탁기를 돌리는지 등을 모르고서 결혼하게 된다. 그들은 서로를 섬기는 기본적인 기술면에서는 완전히 서투르다. 그들의 부모들이 봉사라는 사랑의 언어를 어떻게 표현하는지 전혀 가르치지 못한 것이다.

어린아이일 때는 다 해주다가 십대가 되어 어떻게 하는지 가르쳐 주려 할 때는 분명 많은 시간과 에너지가 필요할 것이다. 그러나 십대의 감정적, 사회적 안녕보다 더 중요한 것은 없다.

십대 아이가 봉사하는 것을 배우면 그 아이는 자신에 대해 좋게 느낄 것이고, 자기 정체성이 강화될 것이다. 십대 아이가 가족 외의 다른 사람에게 봉사할 때 그는 긍정적인 반응을 얻을 것이다. 모든 사람이 다른 사람을 섬기는 사람을 좋아한다. 그러므로 십대의 자기 정체성은 더욱 강화될 것이다. 더욱이 그런 기술을 익히면서 그 십대 아이는 자신을 위한 삶을 보전할 수 있고, 상당한 독립심을 기를 수 있을 것이다. 부모들이 십대의 성장 발달에 굉장한 공헌을 하는 것이다.

하지만 이렇지 못한 부모들은 자녀들의 삶을 지루하게 만들고, 성취감을 거의 느끼지 못하게 할 것이다. 또한, 자존감을 낮게 하고, 사회적인 관계 속에서 갈등하게 할 것이다. 부모들이 이렇게 하지 않으면 십대들은 부모에게 아무것도 배운 것이 없다고 느낄 것이다. 사랑은 자녀들이 어렸을 때는 그들을 먹이는 것이지만, 십대가 되었을 때는 스스로 먹을 수 있도록 가르치는 것이다.

봉사에 관심 집중시키기

효과적인 가족 게임

나는 『사랑의 가정을 위한 5가지 암호』에서 가족의 '봉사하는 태도'를 기르기 위한 실제적인 방법으로 2가지 게임을 제시했다.[1] 이 게임들은 모든 가정에서 매일 놀이로 할 수 있다. 나는 십대들이 이런 게임에 긍정적으로 반응한다고 믿는다.

첫 번째 게임은 '난 그렇게 해준 것에 대해 정말 고마워합니다.'라는 게임이다. 이 게임은 가족 관계에서 이미 실재하는 봉사 행위를 인정하는 것으로 당신이 이를 시작하도록 돕는다. 테이블 주변이나 작업실에 둘러앉아 식구들이 다음 문장을 매듭짓는다. "오늘 내가 당신을 섬길 한 가지 방법은 ……이다." 이 문장은 "요리하는 것, 접시를 닦는 것, 청소기로 마루를 청소하는 것, 쓰레기를 치우는 것, 잔디를 깎는 것, 우편물을 가져오는 것" 등의 말로 완성될 수 있다. 식구들이 한 사람씩 이렇게 문장을 완성할 때 섬김을 받을 사람은 다음과 같이 대답할 것이다. "난 그렇게 해

---

1) Gary Chapman with Derek Chapman, *The Five Signs of a Loving Family* (Chicago:Northfield, 1997), 35-36.

준 것에 대해 정말 고마워합니다." 이 게임은 이미 가정에서 행해지고 있는 가족들의 봉사를 다시 상기시켜 주는 긍정적인 방법이다. 이는 또한 고마움을 표현함으로써 봉사를 인정하는 방법이다.

두 번째 게임은 '당신은 내가 하고 싶은 것이 무엇인지 아시나요?'라는 게임이다. 이 게임을 하면서 가족들은 각자 다른 가족에게 "당신은 내가 무엇을 하고 싶은지 아시나요?"라는 식의 질문을 하고 세세한 봉사 목록을 말한다. 예를 들면, 엄마가 "이번 토요일에 팬케이크와 소시지를 구워 주었으면 한다."라고 할 때, 그 요청을 받은 줄리는 "기억했다가 해드릴게요."라고 대답한다. 주목하라! 봉사를 요청받은 사람은 그렇게 한다고 약속한 것이 아니라 기억하도록 애쓰겠다고 약속했다. 그러므로 본인이 그것을 할 것인지, 아니면 하지 않을 것인지를 선택한다. 진정한 봉사는 값없이 주는 것임을 기억하라. 강제로 한다든지, 혹은 조종하려는 것은 사랑이 아니다.

이 2가지 게임은 십대 자녀들뿐만 아니라 어린 자녀들과도 할 수 있다. 가족들이 재미있게, 정죄하거나 요구하지 않는 태도로 이런 놀이를 한다면 아이들은 가정 안에서 봉사하는 태도를 기를 수 있다.

스코트의 사랑의 탱크 채우기

어떤 십대 자녀에게는 봉사가 제1의 사랑의 언어일 수 있다. 부모들이 봉사로 사랑을 표현할 때 그 십대 자녀의 사랑의 탱크는 빨리 채워질 것이다. 스코트는 그런 십대 아이였다. 그의 16번째 생일에 부모는 그에게 차를 선물했다. 그들의 표현대로라면 '자기들이 해줄 수 있었던 것 가운데 가장 나쁜 선물'이었다. 6개월 후 스코트는 내 상담실에 찾아왔다. 그는 상담받으러 가지 않으면 그의 부모가 차를 뺏겠다고 위협했기 때문에 온 것이었다(이는 완전한 조종의 한 예이긴 하나, 스코트가 나를 만나게 할 수 있는 유일한 방법이었다).

스코트의 부모는 그 일주일 전에 나를 찾아와 고민을 털어놓았다. 차를 소유한 이후로 스코트는 완전히 무책임하게 행동했다. 그는 속도위반으로 이미 두 번이나 경고장을 받았고, 자동차 사고도 한 번 냈다.

그의 부모는 자기들을 대하는 스코트의 태도가 '너무 호전적'이라고 지적했다. "그 애는 자기 차가 있기 때문에 더 이상 집에서 시간을 보내려 하지 않아요. 그 애는 자동차 연료비를 벌기 위해 매일 2시간씩 패스트푸드점에서 일해요. 그리고 남은 오후 시간과 저녁 시간 내내 친구들과 어울리면서 시간을 보냅니다. 식당에서 식사를 해결하기 때문에 저녁을 먹으러 집에 들어올 필요가 없는 거죠. 우리는 차를 빼앗겠다고 위협했지만 그렇게 해야 하는 건지는 모르겠어요. 사실 어떻게 해야 할지 전혀 모르겠어요. 그래서 선생님을 찾아왔습니다."

스코트의 부모는 둘 다 상당히 의욕적인 사람들이었다. 그들은 훌륭한 직장인들이었고, 스코트는 외아들이었다.

그다음 몇 주간에 걸쳐 스코트와 대화하면서 나는 그가 부모를 존경하지 않는다는 것을 알았다. 스코트는 이렇게 불만을 토로했다. "두 분 모두 직장 일에만 바쁘세요. 저는 전혀 돌보지 않으신다고요." 그의 부모는 퇴근 시간이 늦었다. 스코트는 자기 차를 갖고 시간제 일을 하기 전에는 통상 3시 30분이면 집에 와서 숙제를 하고 친구들과 전화를 하곤 했다. 부모가 퇴근해서 집에 오면 저녁을 함께 먹었다. "부모님은 대부분 퇴근하면서 음식을 사 가지고 오세요. 엄마는 요리하는 것을 싫어하시고, 아빠는 어떻게 하는지도 모르시죠. 저녁을 먹은 후 부모님은 제가 숙제를 했는지 점검하세요. 그러고 나서 아빠는 사업상의 일을 처리하시거나 TV를 보세요. 엄마는 책을 읽으시거나 전화를 거시죠."

스코트는 계속해서 말했다. "보통 저는 제 방으로 가서 인터넷에 빠져들거나 친구들과 전화 통화를 해요. 따분해요. 나를 위한 일이 없잖아요."

스코트와 더 대화하면서 나는 그가 학교에서 내주는 여러 가지 과제를 하면서 수없이 부모님께 도와달라고 부탁했을 법도 한데 '부모님은 시간이 전혀 없다'는 생각으로 그렇게 하지 않았음을 알게 되었다. 그는 계속해서 이렇게 말했다. "13살 때 아빠한테 수상 스키 타는 법을 가르쳐 달라고 부탁드렸더니 아빠는 너무 위험하고, 또 제가 너무 어리다고 하셨어요. 기타 치는 법을 물었을 때는 제게는 아무런 음악적 재능이 없으니 그건 돈 낭비라고 하셨고요. 엄마에게 요리하는 법을 물은 적도 있는데, 엄마는 자기도 배워 본 적이 없다고 하셨어요."

스코트는 부모가 자기를 사랑하지 않는다고 느끼는 것이 분명했다. 그들은 그에게 먹을 것을 주었고, 살 집을 제공했고, 입을 옷을 사주었지만, 사랑의 필요는 채워 주지 못했다. 그의 제1의 사랑의 언어는 봉사였지만, 그의 부모는 그의 사랑의 언어를 어떻게 표현해야 하는지 한 번도 배워 본 적이 없었다. 그들은 기본적인 물질적 필요를 공급해 주었지만, 그의 관심 사항에는 민감하지 못했고, 이런 관심 사항을 개발하는 데 필요한 기술들을 육성하기 위해 아무런 노력도 기울이지 않았다. 결과적으로, 스코트는 거부당하고 사랑받지 못한다고 느꼈다. 그의 행동은 이러한 감정들에 대한 단순한 반영이었다.

나는 스코트와 그의 부모를 위해 모든 일이 빨리 회복될 것이라고 말하고 싶었다. 하지만 실질적으로는 좋아지기는커녕 더 나빠지고 있었다. 나는 내가 관찰한 바를 스코트의 부모에게 털어놓으면서 그들이 이를 이해하고, 스코트와 교류하려고 신실하게 애쓸 것이라고 생각했다. 하지만 스코트가 반응을 보이지 않았다. 그들의 노력은 대부분 저지되었다. 그들이 스코트에게 하는 일들은 이미 너무 늦었고 소용없는 듯했다.

일 년이 채 못 되었을 때 엄청난 일이 터졌다. 스코트가 자동차 사고로 엉덩이뼈와 다리가 부러지고, 발목이 으스러진 것이다. 나는 그가 입원한 병원을 방문했다. 그때 그는 고등학교 졸업반 새 학기를 막 시작한 상태였다. 그런데 회복 기간에 스코트는 마침내 부모와 감정적으로 재결합하게 되었다. 그들은 어렸을 때 그의 필요를 충족시켜 주지 못한 것을 사과했고, 스코트는 부모에게 자신이 거부당한다고 느꼈기 때문에 그들에게서 자기 삶을 분리했던 것을 시인했다.

이런 감정적인 재결합으로 그다음 몇 년 동안 사태가 상당히 호전되었다. 스코트가 깁스를 한 동안 그의 부모는 봉사로 사랑을 표현할 많은 기회를 가졌다. 그러나 더 중요한 것은 스코트의 현재 관심 사항을 발견하여 그가 이런 관심 사항을 개발하도록 도움을 주는 단계까지 접어들었다는 점이었다. 스코트의 고등학교 마지막 해는 그의 표현대로 '인생 최악의 해이자 최고의 해'였다. 그는 신체적인 고통을 많이 겪긴 했지만 자기 부모와 감정적으로 가까워진 것을 재발견했다.

그 후 2년 동안 스코트는 집에서 지내면서 집 인근에 있는 대학에 다녔다. 그의 부모는 아들에게 봉사할 많은 기회를 얻은 것이다. 스코트의 아버지와 그는 주말에 많은 시간을 호숫가에서 보냈다. 스코트는 이제 더 이상 수상 스키에는 관심이 없지만 아버지에게 보트를 운전하는 법을 배웠고, 제트 스키의 달인이 되었다. 대학에서 스코트의 관심 사항은 확장되었고, 그의 부모는 계속 그의 관심 사항에 접촉해서 그가 그것을 탐구하는 데 도움이 필요할 때마다 봉사할 기회를 얻게 되었다. 스코트는 지금 27살이고, 결혼했으며, 자기 아들에게 봉사라는 사랑의 언어를 표현하고 있다.

다른 많은 부모처럼 스코트의 부모는 매우 신실했다. 그들은 아들을 대단히 사랑했지만 아들의 제1의 사랑의 언어를 발견하여 표현하지 못했다. 마침내 이를 발견해서 표현하려고는 했지만 스코트가 즉각적인 반응을 보이지 않았다. 이는 십대 아이가 혼자라고 느끼고, 오랫동안 거부당했다고 느낄 때 보이는 전형적인 태도다. 그러나 절대 포기하지 말아야 한다. 계속해서 십대 자녀의 제1의 사랑의 언어를 표현하려고 노력하면 그 사랑이 점진적으로 십대 자녀의 감정적인 고통을 어루만져 다시 감정적으로 연결될 수 있다.

십대들의 목소리

십대 자녀의 제1의 사랑의 언어를 표현하려고 계속 노력하면 자녀와 감정적으로 다시 연결되고, 자녀와의 관계에 전환점이 올 것이다. 제1의 사랑의 언어가 봉사인 십대들의 말에 귀 기울여 보자.

그레이(13세, 아버지는 그레이가 7살 때 집을 나가고, 어머니, 여동생과 함께 살고 있음) : "엄마가 저를 사랑하시는 것을 알아요. 엄마는 제 더러운 옷을 빨아 주시고, 매일 저녁 식사를 마련해 주시고, 요청하지도 않았는데 숙제를 도와주시니까요. 엄마는 간호사이신데, 정말 열심히 일하세요. 그래서 우리는 음식과 옷을 살 수 있어요. 아빠도 저를 사랑하신다고는 생각하지만, 아빠는 저를 많이 도와주지 않으세요."

크리스탈(14세, 네 명의 자녀 가운데 맏이) : "우리 가족들은 저를 위해 많은 일을 해요. 그래서 가족들이 저를 사랑한다는 것을 알아요. 엄마는 치어리더 연습이 있을 때나 경기가 있을 때마다 저를 데려다 주세요. 아빠는 숙제를 많이 도와주시는데, 특히 제가 싫어하는 수학 숙제를 도와주세요."

토드(17세, 여름 내내 잔디를 깎아 자기 차를 처음으로 갖게 되었음) : "아버지는 이 세상에서 제일 멋진 분이세요. 잔디 깎는 일로 돈 버는 법을 가르쳐 주셨거든요. 그래서 저는 차를 살 수 있었죠. 지난주에는 자동차 점화선을 어떻게 바꾸는지 시범을 보여 주셨어요."

크리스티(13세) : "엄마는 제게 모든 것을 가르치기 위해 시간을 내주세요. 그래서 저는 엄마가 저를 사랑하신다는 것을 알지요. 지난주에 우리는 뜨개질을 시작했어요. 올 크리스마스 선물은 저 혼자서 만들 거예요."

07

사랑의 언어 #5 선물

독일 가일렌키르헨 나토 공군 기지에서 결혼 생활 세미나를 인도하다가 잠깐 쉴 때였다. 대부분의 부대는 적어도 2년 동안 배우자와 자녀들이 함께 기지에서 생활하게 되어 있다. 그날 오후 나는 알렉스라는 13살짜리 아이가 소풍용 탁자에 앉아 숙제하고 있는 것을 주목했다. 상고머리에 청바지, 색 바랜 초록색 스웨터를 입은 그 아이는 전형적인 미국의 십대로 보였다. 나는 그가 나 때문에 방해받는다고 생각하는 것 같지 않아 나에 대해 소개하면서 그와 대화를 시도했다. 적당한 때에 나는 그가 목에 걸고 있는 성 크리스토퍼 초상화가 그려진 큰 메달에 대해 언급했다.

"지난 3월, 13번째 생일날 아빠가 선물로 주셨어요. 아빠가 근무 때문에 집을 떠나셔야만 할 때 이 목걸이를 보면서 아빠 생각을 하라고 하셨어요."

"성 크리스토퍼가 누군데?"

"확실하진 않지만 훌륭한 일을 많이 한 교회의 성인일 거예요."

나는 그것은 종교적인 중요성이 거의 없는 메달이라고 알렉스에게 말할 수도 있었다. 하지만 감정적인 수준에서 볼 때 그것은 무한한 가치가 있었다. 아버지의 사랑을 계속 상기시켜 주는 것이었기 때문이다. 나는 30년 후에 다시 알렉스를 만나도 그의 목에는 여전히 성 크리스토퍼 메달이 걸려 있을 것이란 느낌을 받았다.

선물을 선물 되게 하는 것

선물은 눈에 보이고 손으로 만질 수 있는 사랑의 증거가 된다. 중요한 것은 선물의 본질을 이해하는 것이다. 영어의 선물이라는 단어는 헬라어 '카리스'(charis)에서 유래했다. 그 본질적인 면에서 볼 때 선물은 십대들이 받아 마땅한 그 무엇이 아니다. 선물은 부모가 십대 자녀에게 조건 없는 사랑을 주고 싶기 때문에 주는 것이다. 어떤 부모들은 이를 잘 인식하지 못한다. 그들은 실질적으로 십대들이 마땅히 받아야 하는 봉사를 하고 있으면서 그것을 선물을 주고 있는 것이라고 생각한다. 이런 경우 그들은 사실 선물이라고 불리는 사랑의 언어를 표현하고 있는 것이 아니다.

예를 들면, 베벌리는 15살인 딸 어맨다에게 이렇게 말했다. "만일 네 방을 청소하면, 저녁 식사가 끝나는 대로 쇼핑몰에 가서 네가 원하는 치마를 사줄게." 실제로 그녀는 어맨다를 조종하려는 것이거나 어맨다와 거래를 협상하고 있는 것이다. "만일 네가 ……하면 너에게 치마를 사줄게." 아니면 치마를 사달라는 어맨다의 괴롭힘에 질려 치마를 사주긴 하겠지만 어맨다를 약간 애먹이려는 그녀의 방법일 수도 있다. 어떻든 그

치마는 선물이 아니다. 그것은 어맨다가 자기 방을 청소한 대가다. 이는 베벌리가 만들어 낸 방법이었다. 그녀는 어맨다에게 치마를 사주면서 사랑을 표현하고 있다고 생각할 수 있지만, 어맨다는 그것을 선물이 아니라 자기가 당연히 받아야 하는 것으로 받아들일 것이다.

어떤 부모들에게는 선물이 십대 자녀들을 조종하기 위한 것이거나, 그들이 원하는 것과의 거래 조건이거나, 십대 자녀의 노동에 대한 단순한 대가가 된다. 어떤 십대에게는 유일하게 선물을 받는 때가 크리스마스와 생일이다. 그 이외의 부모의 선물은 선물이 전혀 아니다. 이 말을 오해하지 말기 바란다. 부모들이 십대 자녀들의 봉사의 대가를 지불하지 말아야 한다는 것이 아니다. 나는 단지 이런 대가로 지불되는 것은 선물이 아니라고 말하는 것이다. 십대 자녀는 길거리에서 만난 아무 어른과도 이와 비슷한 거래를 할 수 있다. 만일 그들이 길거리에서 얻을 수 있는 것보다 부모가 그들에게 더 나은 거래를 제공할 수 있다 해도 그것은 거래지 선물이 아니다.

스스로 이런 질문을 해보는 것이 도움이 될 것이다. '내가 십대 자녀에게 마지막으로 준 진정한 선물은 무엇인가?' 일단 마음속에 선물을 떠올렸다면 '내가 그 선물을 주기 전에 십대 자녀에게 무엇을 요구했었나?'라는 질문을 자신에게 던져 보라. 그리고 그것을 표시해 두라. 왜냐하면, 그것은 선물이 아니기 때문이다. 처음부터 다시 시작하라. 그리고 십대 자녀에게 마지막으로 준 선물을 기억해 보라. 어떤 부모들에게는 그것이 지난해 크리스마스 선물이거나 혹은 지난번 생일 선물일 것이다.

십대들은 자기 부모와 이렇게 거래를 협상하는 것에 반대하지 않는다. 사실 많은 십대가 거래하는 것을 좋아한다. 이는 그들이 원하는 것을 얻는

데 익숙해진 방법이다. 만일 부모를 졸라 원하는 것을 얻을 수 없다면, 그들은 '거래 협정을 맺음으로써' 그것을 얻을 것이다. 이는 많은 가정에서 사용하는 보편적인 방법이지만 선물과는 아무런 관계가 없다.

선물과 형식

선물의 또 다른 주요 요소는 어느 정도 형식을 갖춰서 주어야 한다는 것이다. 당신이 과거에 받은 중요한 선물을 돌이켜 생각해 보라. 그 선물은 어떤 것이었는가? 누가 주었는가? 어떻게 포장되었는가? 어떻게 당신에게 증정되었는가? 그 선물이 말, 스킨십, 혹은 그 밖의 다른 사랑의 표현과 함께 증정되었는가? 되도록이면 선물을 주는 사람이 포장하여 전해 줄수록 당신은 더 많은 사랑을 느끼게 된다. 선물의 목적은 단지 한 사람의 손에서 다른 사람의 손으로 물건이 넘어가는 것이 아니다. 그 목적은 감정적인 사랑을 표현하는 것이다. 우리는 누구나 다른 사람이 '내가 돌봐 줄게, 난 너를 중요한 사람이라고 생각해, 널 사랑해.'라는 메시지를 깊이 느껴 주길 바란다. 이런 감정적인 메시지는 형식을 갖춰 선물을 줄 때 그 효과가 강화된다.

십대 자녀를 둔 부모는 이것을 기억해야 한다. 형식을 간소화하면 선물이 주는 감정적인 힘은 줄어든다. 조니가 테니스 신발을 사달라고 한다. 엄마와 아빠가 조니를 쇼핑몰에 데리고 가서 신발을 사준다. 조니는 방금 산 신발을 신고 신발 가게를 나선다. 그것이 전부다. 만일 모든 선물이 이런 식으로 주어지면 십대의 마음에는 자격 부여라는 심리 상태가 생길 것이다. '난 십대야. 내가 원하는 것이 무엇이든 부모님이 사주시는 것은 당연한 거야.' 십대 자녀 입장에서는 선물에 대한 감사의 마음과 감정적 의미가 거의 없는 것이다.

그러나 신발을 집으로 가지고 와서 독특한 방식으로 포장하고, 다른 식구들이 보는 앞에서 인정하는 말과 스킨십을 곁들여 선물을 주면 그 선물은 갑자기 사랑의 강력한 전달 수단이 된다. 만일 지금까지 형식을 갖추지 않고 선물을 주었다면, 이제는 가족들에게 좋은 일이 있으면 좀 더 크게 축하해 주고, 선물을 줄 때도 새로운 방식으로 줄 것이라고 알리라. 그러면 십대 자녀는 웃을 수도 있고, 행동 양식을 바꾸려는 당신의 태도에 처음에는 화를 낼 수도 있지만, 곧 다른 측면에서 당신의 선물을 보게 될 것이다. 그리고 자녀 역시 선물이라는 사랑의 언어를 어떻게 표현하는지 배우게 되어 어른이 된 후에 이런 일을 잘하게 될 것이다.

선물과 물질주의

신실한 부모들은 이런 질문을 하곤 한다.

"십대 자녀에게 너무 많은 선물을 주면 우리 문화에 팽배해 있는 물질주의를 심어 주게 되지 않을까요?"

이는 분명 우리 사회에 현존하는 실질적인 문제다. 우리 문화는 광범위한 물질주의 사회다. 자동차 뒤에는 '최상의 장난감을 갖고 죽는 자가 승리한다.'라는 스티커가 붙어 있다. 만일 우리가 최신, 최고, 최상의 기술적 발전을 했다면 우리는 성공한 것이다. 어른들은 좀 더 크고 좋은 집, 좀 더 비싼 자동차, 좀 더 좋은 가구, 최신형 컴퓨터 등을 장만하고, 십대 아이들은 유명 상표 옷과 신발, 최신 유행 제품들을 산다. 우리는 모두 똑같은 박자에 발맞추어 행진하며 단지 다른 장난감들을 수집하고 있는 것이다.

부모로서 우리는 '이것이 내 십대 자녀에게 가르치고 싶은 것인가?'라는 질문을 던져 보아야 한다. 그리고 '이것이 내 인생에서 내가 원하는 바인가? 하찮은 물건들을 수집해서 갖고 노는 것보다 인생에 좀 더 중요한 것은 없을까?' 하고 자문해야 한다. 그런데 대부분 무엇인가 있다고 믿기는 하지만, 그것이 무엇인지는 스스로 윤곽을 그리지 못한다.

나는 그 해답이 다음 두 가지에 있다고 믿는다. 첫째로는 평범한 것을 즐기는 법을 배우는 것이고, 둘째로는 그것을 다른 사람들과 나누는 법을 배우는 것이다. 수천 년 동안 사람들은 산업 혁명과 기술 혁명으로 생산이 가능해진 '장난감'-수천 가지의 생산품-없이도 살았다. 이런 장난감 없이 사람들은 먹고, 자고, 일하고, 음악, 예술, 자연과 교류하며 일상의 삶을 즐겼다. 그리고 그들은 이런 일상의 삶을 다른 사람들과 함께 즐겼다. 거기에는 확대 가족과 연결된다는 의미뿐만 아니라 이웃과 공동체 생활을 한다는 의미도 있었다. 하나님은 실존하는 모든 것의 창조자시요, 유지자시요, 인간과 인간 사이의 관계를 규정해 주는 도덕법의 근원이 되셨다.

서구 세계의 물질주의는 인간이 자신의 노력으로 유토피아를 이룩할 수 있다고 믿으면서 시작되었다. 산업과 기술의 발전은 인간에게 이제 더 이상 법이 필요하지 않고, 도덕적인 법은 하나님의 법이 아니므로 인간에 의해 조종될 수 있다는 확신을 심어 주었다. 인간의 이성이 하나님을 대신했고, 인간의 손으로 만들어진 생산품들이 인간의 우상이 되었다. 물질주의는 이런 우상들을 섬기는 것이다. 우상 숭배의 가장 근본적인 약점은 우리에게 그것들이 필요할 때 그것들은 정작 거기에 없다는 것이다. 비인간적인 모습 때문에 인간관계가 깨질 때, 이혼으로 결혼 생활이 파괴되고, 질병으로 몸이 상하게 될 때, 우리가 주변에 수집해 놓은 장난감들은 한마디의 위로도, 한마디의 의미 있는 말도 해주지 못한다.

많은 사람이 물질주의에 대해 이렇게 생각한다. 물질주의는 일상의 평범한 부분들을 즐기고 이런 즐거움을 다른 사람과 나누는, 지극히 필수적인 것들을 조잡한 것으로 대치시킨 것이라고 말이다. 많은 사람이 삶의 궁극적인 의미를 발견하기 위해 물질적인 것이 아닌 영적인 것을 다시 찾고 있다. 당신도 이런 생각을 한다면 선물의 과용이나 오용이 자녀에게 물질주의 정신을 갖게 한다는 데에 관심을 가져야 할 것이다. 이는 우리가 기계와 기술 세계를 피할 수 있다는 말이 아니다. 좀 더 심오한 진리에 헌신할 때, 선물을 선택하고 이를 전달하는 방식에 영향을 줄 것이라는 의미다.

부모들이 선물이라는 사랑의 언어를 표현할 때 명심해야 한다고 생각되는 것 두 가지가 있다.

돈을 주는 것

돈의 가치

첫 번째는 돈을 주는 문제다. 서구 사회의 십대들은 수백만 달러를 소비하는 매우 중요한 소비자들이다. 광고업주들은 십대들을 목표로 많은 광고 자금을 쓴다. 십대들은 돈을 어디서 구하는 것일까? 대부분의 돈은 부모들에게서 나온다. 선물이 사랑의 언어 가운데 하나이고, 부모들이 이 모든 돈을 십대 자녀에게 준다면 자녀의 사랑의 탱크가 분명 충분히 채워질 것이라 생각할 수도 있다.

그러나 이런 추론에는 몇 가지 문제점이 있다. 우선 대부분 그 돈은 선물로 주어진 것이 아니라는 점이다. 이는 가정 경제가 운영되는 방식에 기인해 이루어진 일이며, 단지 십대 자녀가 이를 기대한다는 것이다. 둘째로, 십대 자녀가 돈을 벌기 위해 일한 것이 아니기 때문에 그 십대 자녀는 돈에 대한 가치 감각이 거의 없다. 그러므로 부모에게서 돈을 받는 것은 감정의 깊은 차원에서 사랑을 전달받는 것이 되지 못한다. 그렇다면 부모들이 십대 자녀들에게 돈을 주는 문제를 어떻게 다루어야 할까?

나는 두 가지 방식으로 이 문제에 접근할 수 있다고 믿는다. 하나는, 십대 자녀들에게 돈을 벌려면 일을 하라고 권하는 것이다. 이는 십대들에게 돈의 가치를 알게 하는 유일한 방법이다. 만일 자녀가 50달러를 벌어 유명 상표 옷을 사려고 한다면, 그 아이는 그것을 얻는 데 들인 노력을 생각할 것이다. 이는 십대에게 '이 물건이 내 노력에 견줄 만한 값어치가 있나?'라고 질문하게 할 것이다. 그 결과 십대 아이는 식별할 줄 아는 소비자가 된다. 돈을 벌기 위해 일을 해야만 한다면 이는 또한 십대 아이에게 물질을 선택하게 할 것이다. 어차피 모든 것을 다 가질 수 없다면 가장 바람직하다고 판단되는 것을 식별해서 가져야 하기 때문이다. 그리고 이것은 어른들이 살아가는 실제 세상을 십대에게 준비시키는 것도 된다.

요점은 자녀들을 물질주의의 위험으로부터 보호하려면 부모들이 무제한으로 돈을 주어서는 안 되고, 십대 자녀 또한 이를 기대해서는 안 된다는 것이다.

특별한 목적을 위해 돈을 주라

두 번째 접근 방법은 부모들이 돈을 줄 때 스포츠 캠프나 교회 캠프, 콘서트 참가, 사진이나 미술용품, 기타 특별한 목적에 드는 비용의 지출 방식을 선택하는 것이다. 그러면 위에서 제시한 안내 지침-조건 없이 주고, 형식을 갖추어 주고, 칭찬하는 말과 함께 스킨십을 곁들여서 주고, 가능하면 다른 가족들 앞에서-을 따르면서 그것을 선물로 줄 수 있다.

십대 자녀는 일을 했기 때문에 이제는 돈의 가치를 알고, 돈이라는 선물에 대해 감정적인 수준에서 고마움을 느낄 수 있다. 십대 자녀는 부모가 자기에게 지금 선물로 주고 있는 돈을 벌기 위해서 얼마나 많은 시간을 일했는지도 생각하게 된다. 그러므로 감정적인 수준에서의 진정한 감사가 있을 수 있다.

부모들이 효율적으로 선물을 주는 안내 지침을 따르지 않고 돈을 쉽게 주면 자녀들은 돈이라는 선물에 감사하는 마음을 거의 갖지 않을 것이다. 그리고 부모들은 자녀들의 감정적인 사랑의 욕구를 충족시키지 못하게 된다. 나는 대부분의 부모가 돈이라는 선물을 어떻게 사랑을 효율적으로 전달하는 수단으로 만드는지 한 번도 배운 적이 없다고 확신한다. 위에서 제시된 사항들은 부모들이 이런 일들을 좀 더 효율적으로 하는 데 도움이 될 것이다.

선물을 주는 것

십대의 행복을 생각하라

돈이 아닌 선물을 줄 때는 때를 고려해야 한다. 선물의 목적은 십대 자녀에게 '난 너를 사랑한다.'라는 의사를 전달하는 것이다. 그러므로 부모는 '이 선물이 십대 자녀의 행복을 위한 것이라는 확신이 드는가?'라는 질문을 해보아야 한다. 그 대답이 '아니다.'이면 부모는 양심상 그 선물을 자녀에게 줄 수 없다.

미국 중산층에서는 16살이 되면 자동차를 선물로 사주는 것이 흔한 일이 되었다. 나는 이것이 십대 자녀에게 반드시 나쁘다고 말하는 것이 아니다. 내가 제시하는 바는 부모들이 이런 질문을 할 필요가 있다는 것이다. '내 십대 자녀에게 자동차라는 선물이 좋은 것일까?'

그 질문에 대답하는 데에는 여러 요소가 작용한다. 하나는 십대 자녀 자신의 성숙도와 책임감이다. 어떤 십대들은 16살이 되어서도 감정적으로 자동차를 가질 준비가 되어 있지 못하다. 어떤 십대들은 그 밖의 다른 영역에서 자동차를 받기에 합당할 만큼의 충분한 책임감을 보여 주지 못한다.

자동차 자체가 십대들에게 좋을 수도 있다고 생각한다면 다음과 같은 두 번째 질문을 해보아야 한다. '십대에게 차를 사주는 것이 최고의 방법인가? 만일 그 아이가 일을 해서 차를 사는 데 드는 비용의 일부, 혹은 전부를 내겠다고 하면 그것이 더 낫지 않을까? 그렇게 하는 것이 그냥 차를 사주는 것보다는 책임감을 길러 주지 않을까?' 사려 깊은 부모라면 이런 질문들에 대답해 볼 것이다. 모든 부모와 십대에게 다 들어맞는 최상의 방식이란 없다. 하지만 이런 질문을 고려해 보지 않은 부모들은 자녀들에게 차를 사줄 것인지 말 것인지에 대해 현명하지 못한 결정을 내리기 쉬울 것이다.

십대 자녀의 대학 진학 문제에 대해 이야기할 때도 이와 유사한 질문들이 제기된다. 부모가 등록금을 댈 능력이 있다고 하여 십대 자녀의 대학 교육비를 대는 것을 단순히 부모의 책임이라고 생각해야 할까? 질문을 바꿔 보면 '십대 자녀에게 최선이 무엇인가?'이다.

부모들은 사랑을 베푸는 일, 즉 십대 자녀의 관심 사항을 돌보는 일을 하고 싶어한다. 십대 자녀 자신이 대학 생활을 하는 데 필요한 비용의 일부분을 책임지고 지불하도록 하는 것이 더 사랑을 베푸는 것일까? 만일 부모들이 대학 교육비를 전부 지불하기로 했다면, 그 십대 자녀에게서 무엇을 기대할 수 있고, 무엇을 기대해야 할까? 우리는 조건 없는 선물이라는 측면에서 생각해야 할까, 아니면 십대 자녀에게 책임감을 가르친다는 측면에서 생각해야 할까? 이때는 4년 동안 해마다 4만 달러를 조건 없이 선물로 주어야 하느냐는 문제로 고심할 시기가 아닐 수 있다. 이때는 선물이라는 사랑의 언어를 표현할 때가 아니라 십대 자녀들이 봉사라는 사랑의 언어를 배워야 할 때인지 모른다. 혹은 두 가지 사랑의 언어를 혼합해야 할 수도 있다. 중요한 것은 우리가 무엇을 하고 있고, 왜 그것을 하고 있는지를 아는 것이다.

십대 자녀에게 조건 없이 선물을 주는 것을 선택한다면-그들이 어떤 반응을 보이든지 상관하지 않고 모든 비용을 지불하겠다거나, 혹은 처음 1년간의 비용만 지불하겠다고 결정한다면-그것은 바로 자신의 선택이다. 하지만 나라면 조건 없는 선물로 대학 4년간의 비용을 지불하기보다는 십대 자녀가 교육을 받는 과정에서 반응하는 것을 관찰하면서 1년간의 비용을 대겠다는 선택을 할 것이다.

부모로서 내가 무엇을 하고 있고, 왜 그것을 하는지 이해하면 덜 실망하게 될 것이다. 그러나 아무 생각 없이 자동차나 대학 진학 문제를 다룬다면 스스로 실망하게 될 것이다. 얼마나 많은 부모가 후에 이런 말들을 하는가. "나는 대학 4년 동안 아이가 도통 연락을 하지 않기에 그를 포기했어요. 그는 나의 선물에 고마움을 거의 느끼지 않는다고요." 그런 선물을 주면서 양심적인 사고의 원리를 어기는 부모들도 아마 있을 것이다.

때로는 이렇게 이유를 대는 십대 자녀들도 있다. "저는 대학에 갈 필요가 없었어요. 부모님이 가라고 해서서 간 거예요. 그랬기 때문에 지겨워서 진탕 놀았죠. 부모님 때문에 제가 이렇게 된 건데 왜 그분들이 화를 내시죠?" 십대 자녀는 부모가 대학 등록금을 애써 전부 지불한 것을 전혀 고마워하지 않을 뿐더러 부모로부터 거부당했다고 느끼기까지 한다. 그의 사랑의 탱크는 텅 비었고, 부모의 선물은 아무 효과가 없는 것이다.

십대의 관심 사항을 고려하라

십대 자녀에게 선물을 줄 때 또 하나 고려해야 할 사항은 그들이 관심을 갖고 있는 영역이다. 당신이 과거에 누군가에게 선물을 받았는데, 당신이 원하지 않는 것이어서 거의 사용한 적이 없었던 경험을 한번 돌이켜 보라. 선물을 준 사람은 그 선물을 사는 데 상당한 돈을 썼을 것이다. 당신을 생각해서 그 선물을 마련한 것은 고마웠지만, 선물 자체는 쓸모가 없었다. 우리도 이와 유사한 선물을 십대 자녀에게 줄 수 있다. 선물이 십대 자녀에게 사랑을 전하는 데 감정적인 효과가 있길 바란다면, 십대 자녀의 관심 사항을 고려해야 한다. 당신의 취향에 맞는 것이 아니라 십대 자녀의 취향에 맞는 것을 왜 사지 못하는가?

이는 공공연하게 이루어질 수 있는 일이다. 십대 자녀에게 단순하게 말하라. "이번 달에 네게 선물을 준다면 뭘 받고 싶은지 두세 가지 정도 적어 줄 수 있겠니? 가능하면 상세하게 적으렴. 상표, 색상 같은 것 말이야." 모든 십대가 이런 일은 행복해 할 것이다(대부분의 아내는 자기 남편이 정기적으로 이런 질문을 해주었으면 한다). 만일 십대 자녀가 준 정보가 모호하다면, 어떤 것을 받고 싶은지 직접 쇼핑몰에 데려가서 갖고 싶은 것을 보여달라고 해도 괜찮다. 그런 다음 나중에 다시 가서 그것을 사고, 앞에서 논의한 안내 지침대로 포장해서 주라. 십대 자녀가 한 번도 듣지 않을 CD를 사고, 한 번도 입지 않을 셔츠를 사고, 소름 끼치도록 싫어하는 드레스를 산들 무슨 효과가 있겠는가?

개인적인 선물과 귀한 선물

모든 선물을 가족들 앞에서 줄 필요는 없다. 어떤 선물은 개인적으로 줌으로써 그 가치가 높아질 수 있다. 딸 셀리가 16살이었을 때, 나는 셀리에게 올드 세일럼(우리가 사는 도시에 재건된 모라비안 마을)으로 같이 산책하러 가자고 했다. 산책은 우리에게 특별한 것은 아니었다. 우리는 종종 마을로 함께 산책하러 가곤 했기 때문이다. 하지만 이날 나는 산책을 하다가 작은 연못가에 앉아 금줄이 달린 천국의 열쇠를 딸한테 선물로 주었다. 그리고 딸아이가 내게 얼마나 귀한지, 딸아이와 함께 있는 것이 얼마나 행복한지 모른다는 말을 해주었다. 나는 딸아이에게 이 열쇠는 그녀의 마음과 몸의 열쇠라고 말하면서 내가 바라는 것은 그녀가 자신을 순수하게 지켜 앞으로 만나게 될 남편에게 그 열쇠를 주는 것이라고 했다.

그 시간은 우리 두 사람 모두에게 특별한 순간이었다. 유감스럽게도 몇 년 후 딸은 천국의 열쇠를 잃어버렸다. 그러나 내가 준 선물에 대한 추억은 딸에게 영원히 남았다. 물질적인 선물은 없어졌지만 선물 이면에 담긴 뜻은 딸의 가슴에 오래도록 간직되었다. 이제 내 딸도 딸을 키우고 있다. 손녀도 언젠가 자기 아빠에게 천국의 열쇠를 받을지도 모른다.

개인적인 선물뿐만 아니라 귀한 선물도 있다. 가정마다 이런 것들을 조금씩 가지고 있는데, 이는 매우 기념할 만한 것으로 보이지 않더라도 가족에게는 의미가 있기에 귀한 것이 된다. 그 보화는 반지, 목걸이, 칼, 책, 펜, 성경책, 우표 수집책, 부모에게 특별히 중요한 의미가 있는 그 밖의 다른 것들일 수 있다. 이러한 것들은 조상 대대로 전해 내려오는 것일 수도 있고, 십대 자녀에게 줄 목적으로 산 것일 수도 있다. 이는 우리가 감정적인 가치를 부여하는 일종의 '선물'이 된다.

그런 선물들은 개인적으로, 혹은 다른 가족들 앞에서 주어질 수 있다. 선물을 줄 때는 반드시 선물의 중요성과 상징을 나타내는 말을 해주어야 한다. 그리고 십대 자녀를 향한 따뜻한 말과 함께 스킨십을 동반하는 것이 좋다.

이렇게 귀한 선물들은 앞으로 수년 동안 사랑의 상징들이 될 것이다. 십대 자녀가 감정의 격변기를 지날 때 이런 선물들은 부모의 진정한 사랑을 상기시켜 주며 그들의 마음에 자리 잡게 된다. 십대 자녀가 그 선물을 쳐다볼 때마다 종종 부모의 인정하는 말들이 기억나고, 따뜻한 사랑이 되살아날 것이다. 모든 십대에게 이런 귀한 선물들이 약간씩은 필요하다.

사이비 선물

십대에게 필요하지 않은 선물이 있다. 소위 '사이비 선물'이라는 것인데, 이것은 진정한 사랑의 자리를 빼앗는다. 바빠서 때로는 집을 비우는 부모들, 즉 함께하는 시간, 봉사, 인정하는 말, 스킨십 등의 사랑의 언어를 표현할 시간이 거의 없는 부모들이 자녀들에게 이런 선물을 주곤 한다. 그들은 십대 자녀에게 선물-때로는 비싼 선물-을 주면서 부족한 부분을 메우려 한다.

혼자 아이를 키우는 한 어머니가 내게 말했다. "16살짜리 딸아이는 자기 아빠를 만나고 올 때마다 매번 선물을 가방 가득히 담아 가지고 옵니다. 아이 아빠는 아이의 병원비나 치과 치료비를 지불하는 데는 전혀 도움을 주지 않으면서 선물 사는 데는 돈을 잘 씁니다. 딸에게 전화도 자주 하지 않고 단지 여름 방학 동안 두 주간만 함께 지내는 정도랍니다. 그러나 어쨌든 그는 선물이면 모든 것이 다 해결되는 줄 압니다." 아이를 키우지 않는 부모 편에서는 보편적으로 이렇게 선물을 준다. 십대 자녀는 선물을 받고 고맙다는 말을 하긴 하지만, 텅 빈 사랑의 탱크를 가지고 집으로 돌아온다. 선물이 진정한 사랑을 대신해서 주어지면 십대 자녀는 그 선물을 얄팍한 사이비 선물로 여긴다.

이런 현상은 비단 부모들이 이혼했을 때만 발생하는 것이 아니다. 부모가 십대 자녀와 함께 같은 집에서 살고 있을 때도 일어난다. 이런 일은 대부분 부모가 둘 다 직장 생활을 할 때 발생한다. 그들은 돈에 파묻혀 살지만 시간은 없다. 십대 자녀는 스스로 아침을 만들어 먹고, 학교에 가고, 빈집으로 돌아온다. 그리고 부모가 에너지가 고갈된 채 집에 오기까지 자기가 하고 싶은 일들을 한다. 가족들은 음식점에서 사온 즉석 음식으로 저녁을 해결하고, 각자 자기 컴퓨터 앞으로 간다. 그리고 내일도 이런 과정은 반복될 것이다.

이런 가정들에서 사이비 선물이 정기적으로 전달되곤 한다. 돈이 충분하니 선물을 신속하게 살 수 있고, 십대 자녀는 자기가 원하는 것을 다 갖게 된다. 하지만 그런 사이비 선물은 외로운 십대 자녀의 사랑의 탱크를 결코 채워 줄 수 없다. 부모는 무관심한 부모라는 죄책감을 영원히 벗어 버리지 못할 것이다.

처음 5가지 사랑의 언어에 대해 논의할 때 언급한 내용을 다시 말하기 적당한 시점인 것 같다. 십대 자녀들은 부모에게서 5가지 사랑의 언어를 통해 사랑받아야 한다. 제1의 사랑의 언어만 표현하고, 나머지 4가지 언어는 무시하라는 말이 아니다. 십대 자녀의 제1의 사랑의 언어를 더 깊게 표현하면 자녀의 사랑의 탱크가 더 빨리 채워진다는 것이다. 하지만 다른 4가지 사랑의 언어도 표현하면서 이를 보충해 주어야 한다. 제1의 사랑의 언어를 통해 충분한 사랑을 받는다면 다른 4가지 사랑의 언어들은 더 의미 있게 될 것이다. 반면, 자녀의 제1의 사랑의 언어를 무시하면 다른 4가지 사랑의 언어는 자녀의 사랑의 탱크를 채워 주지 못할 것이다.

십대 자녀의 제1의 사랑의 언어가 선물을 받는 것이라면, 이 장에서 말하는 원리들은 당신에게 매우 중요할 것이다. 여러 면에서 볼 때 이 사랑의 언어는 사랑의 언어들 가운데 가장 힘든 것이 될 수도 있다. 실제로 이 사랑의 언어를 유창하게 표현하는 부모들은 거의 없다. 많은 부모가 사랑을 전달하기 위해 십대 자녀들에게 선물을 주며 서투른 솜씨로 노력한다. 비록 십대 자녀의 제1의 사랑의 언어가 선물이라는 것이 의심스럽더라도 이 장을 다시 읽어 보면서 배우자와 철저히 논의하고, 당신이 과거에 선물을 주었던 방식을 평가해 보길 바란다.

십대들의 목소리

당신이 선물을 주는 방식의 단점들을 찾아 이 장에 나와 있는 몇몇 긍정적인 제안들로 보강하면 선물이라는 사랑의 언어를 효율적으로 표현할 수 있을 것이다. 다음 장에서는 십대의 사랑의 언어를 발견하는 방법에 대해서 살펴볼 것이다. 그 전에 우선 자기의 제1의 사랑의 언어가 선물이라고 말하는 십대들의 말에 귀 기울여 보자.

미셸(15세) : 자기 부모가 자기를 사랑하는 줄 어떻게 아느냐고 질문했더니, 주저 없이 자기가 입고 있는 블라우스, 치마, 신발 등을 가리키면서 이렇게 말했다. "제가 갖고 있는 것은 모두 부모님이 사주신 거예요. 그게 사랑인 것 같아요. 부모님은 제게 필요한 것뿐 아니라 그 이상을 사주세요. 실은 제가 받은 선물을 형편이 어려운 친구들과 나누어 가지기도 해요."

서리너(고등학교 졸업반) : "저는 방을 둘러보면 부모님의 사랑이 끊임없이 생각나요. 책, 컴퓨터, 가구, 옷 등은 모두 지난 몇 년간 부모님이 제게 사주신 것들이랍니다. 저는 부모님이 컴퓨터를 사주시던 날 밤을 아직도 기억해요. 아빠는 이미 컴퓨터를 다 설치해 놓으셨고, 엄마는 금색 종이로 그것을 포장해 놓으셨어요. 리본을 자르니 컴퓨터 스크린에 '생일 축하한다, 서리너. 우리는 널 사랑해.'라는 글씨가 보였어요."

라이언(14세) : "부모님이 저를 사랑하신다는 것은 그분들이 제게 아주 많은 것을 주셨다는 것으로 알 수 있어요. 부모님은 제가 갖고 싶어하는 것을 아시고 그것들을 주셔서 종종 저를 놀라게 하세요. 주신 선물이 중요하다기보다는 선물을 주시는 방법이 저를 놀라게 한다니까요. 우리 가족은 선물을 아주 중요하게 여겨서 생일이 아니어도 선물을 받을 때가 많아요."

제프(17세, 특별한 차를 가진 것을 자랑스러워함) : "이 차는 우리 가족의 수집품이랍니다. 아빠와 제가 돈을 반반씩 내고 차를 샀지만, 그 밖의 다른 비용은 선물로 받았지요. 차 깔개는 여동생이 차 산 것을 축하한다며 선물로 주었어요. 엄마와 아빠는 제 17번째 생일 선물로 스테레오를 사주셨고요. 엄마는 4주 동안 매주 차 덮개를 하나씩 사주셔서 저를 깜짝 놀라게 하셨어요."

신(15세, 많은 신체적 어려움이 있어 학교를 자주 빠짐) : "제게 많은 문제가 있다는 것을 알아요. 제 또래 남자아이들은 다양한 구기 종목을 즐겨요. 저는 다른 친구들보다 한 학년 늦답니다. 하지만 가만히 생각해 보니 저는 정말 행운아인 것 같아요. 부모님은 서로 사랑하시고, 저를 사랑하시고, 제 여동생을 사랑하세요. 그분들은 언제나 무엇인가로 저를 놀라게 하세요. 저는 컴퓨터광인데, 어떻게 된 일인지 저보다 빨리 아빠가 새 프로그램을 찾아내시곤 하세요. 식탁에 촛불이 밝혀진 것을 보면 저녁 식사 후에 무슨 축하할 일이 있다는 뜻이에요. 보통은 아빠가 저를 위해 새 프로그램을 사시는데, 우리는 파티를 열고 그것을 축하한답니다."

08

십대의 제1의 사랑의 언어 발견하는 방법

"그 아이의 제1의 사랑의 언어를 어떻게 식별해야 할지 모르겠어요." 무리얼이 14살짜리 딸 케일라에 대해 말했다. "사랑의 언어가 매일 변하는 것 같아요. 어제는 이것 같았는데, 오늘은 달라요. 너무 변덕스러워서 종잡을 수가 없어요." 십대들의 제1의 사랑의 언어를 발견하는 일은 어린 자녀의 사랑의 언어를 발견하는 일만큼이나 어렵다. 십대들은 케일라와 마찬가지로 급속한 변화 상태에 있다. 한 개인이 변화 상태-생각이나 느낌, 욕구 등 그의 내면세계가 불균형을 이루고, 그의 외부 세계 모든 것이 변하고 있는 상태-에 있을 때 그는 다양한 반응을 보인다.

긴 여행을 떠나기 전날 밤 당신의 상태가 어떤지 생각해 보라. 당신이 배우자와 자녀의 평범한 행동에 어떻게 반응했는지 생각해 보라. 아마 당신은 아주 짧게 반응했을 것이다. 당신은 마음이 동요되거나 감정이 격해졌을지도 모른다. 이런 것들은 평상시 당신이 반응하는 패턴이 아닌

데, 그때 만일 누군가 당신의 제1의 사랑의 언어를 식별하려고 한다면 당신의 그런 반응을 보고 잘못 생각할 수도 있다.

도전

변덕스러운 십대들

　대부분의 십대가 몇 년 동안 이런 불균형 상태에 빠진다. 이런 감정적 불안정은 때때로 다른 시기보다 더 심해질 수 있다. 그런 이유로 우리는 그들이 주어진 상황에 어떻게 반응할지 예측할 수 없다고 말하게 된다. 어른으로서 우리는 직장 상사가 지난달 자신의 등을 톡톡 쳐주면서 긍정적인 반응을 했다면 이번 달에도 이와 유사한 반응을 할 것이라고 추측한다. 이런 일은 보통 어른들에게는 이치에 맞는 일이지만 십대들에게는 그렇지 않다. 십대들의 반응은 자기 기분에 상당한 영향을 받는다. 이런 변덕스러운 기분은 하루에도 몇 번씩이 요동친다. 아침 식사 후에는 받아들였던 사랑의 표현을 저녁 식사 후에는 거부할 수도 있다.

　십대는 변화하는 감정에 휘몰려 태도가 재빨리 바뀌며, 원하는 것도 상당히 요동친다. 십대 자녀에게 어제 세상에서 가장 중요한 일은 특정 상표가 붙은 농구화를 얻는 것이었다. 너무 고집을 부리기에 농구화를 사 주었는데 이틀 후 그 아이는 새 농구화 대신 낡은 농구화를 신고 농구장으로 갔다. 당신은 머리를 내저으면서 "저 아이를 도대체 이해할 수가 없단 말이야."라고 혼자 중얼거리고 있다. 케일라에 대한 무리얼의 경험은 십대와의 관계 속에서 맛보는 전형적인 좌절감이라고 할 수 있다. 이런 십대는 전혀 정상적인 것 같지 않지만 정상인 게 맞다.

독립적인 십대들

부모는 십대의 변덕스러운 기분, 욕구, 행동 때문에 그들의 제1의 사랑의 언어를 발견하는 데 애를 먹는다. 독립심의 발달도 이를 발견하는 데 어려움을 겪게 하는 또 하나의 이유가 된다. 이는 앞에서 여러 차례 시사한 바 있다. 청소년기의 정상적인 과정은 부모에게서 분리되어 개인의 정체성을 수립하는 것이다. 청소년기라는 단어는 '이탈하다'라는 의미가 있다. 케일라는 더 이상 무리얼의 딸이고 싶지 않은 것이다. 그 아이는 자기 부모에게서 분리되어 정체성을 수립하려 애쓰고 있다.

독립을 쟁취한다는 것은 이러한 자기 정체성을 발달시켜 나가는 것이다. 자기 정체성 또한 형성되는 과정 중에 있기에 케일라는 지금 '농구 스타 케일라, 우등생 케일라, 상냥한 친구 케일라, 금발의 짧은 머리 소녀 케일라, 무용수 케일라' 등으로 알려지고 싶어서 애쓰고 있다. 케일라는 어떤 정체성을 얼마만큼 만들지 결정하지 못했기 때문에 종종 자기 정체성을 만들어 가는 특성들 가운데 한 가지에 변덕을 부리기도 한다. 자신을 농구 스타 케일라로 생각할 때 그 아이는 어머니와 함께하는 시간을 원하지 않을 것이다. 하지만 자신을 상냥한 친구 케일라로 생각한다면 함께하는 시간에 더 많은 반응을 보일 것이다. 이처럼 십대들이 점점 독립해 가고 자기 정체성을 발달시켜 나가는 것은 그들의 제1의 사랑의 언어를 발견하는 일을 어렵게 만든다.

움츠리거나 화를 내는 십대들

때로 십대는 모든 사랑의 표현으로부터 움츠리는 것 같다. 인정하는 말을 하면 "감상에 빠지지 마세요." 혹은 "저를 당황스럽게 하시는군요."

라고 대꾸한다. 포옹하려고 하면 가시 돋친 선인장처럼 손가락을 내민다. 선물을 주면 "고마워요."라는 기계적인 말 외에는 아무 반응이 없다. 저녁 외식이라도 시켜 주려고 하면 "친구랑 저녁 약속 있어요."라는 반응뿐이다. "점퍼 단추를 달아 줄까?" 하고 물으면 "필요 없어요."라고 반응한다. 5가지 사랑의 언어를 전부 시도하지만 모두 거부당하는 것이다.

십대들은 때로 부모와 해소되지 못한 분노가 있기 때문에 부모의 사랑으로부터 물러서려고 한다(9장에서 이를 논의할 것이다). 하지만 부모의 사랑을 모두 거절하는 경우는 대부분 변덕스러운 기분, 생각, 욕구, 독립심의 발발, 자기 정체성의 발달 등의 맥락으로 설명될 수 있다.

다행스럽게도 대부분의 십대가 건강한 정신을 지니고 부모의 사랑 표현에 반응한다. 사랑의 언어를 결정할 수 있는 근거가 없어진 것이 아니다. 당신은 십대 자녀의 제1의 사랑의 언어가 무엇인지 판단할 수 있다.

자녀의 사랑의 언어는 바뀌는가

나는 이 책을 읽고 있는 많은 부모가 『자녀의 5가지 사랑의 언어』 역시 읽었을 것이라고 생각한다. 십대 자녀가 어렸을 때 당신은 아이의 제1의 사랑의 언어가 무엇인지 발견했고, 몇 년 동안 그것을 잘 표현했을 것이다. 그러나 지금 당신은 "내 아이의 사랑의 언어가 바뀐 것일까?"라며 의아해하고 있다. 희소식은 자녀의 제1의 사랑의 언어는 아이가 십대가 되어도 바뀌지 않는다는 것이다. 몇몇 사람은 이렇게 말할 것이다. "나는 아이가 어렸을 때와 똑같이 대했는데 아이가 지금은 반응을 보이지 않는다고요." 나는 이것을 이해한다. 그래서 지금 이 순간 그 실제에 대해 말하는 것이다. 하지만 우선 제1의 사랑의 언어는 십대가 되어도 바뀌지 않는다는 사실을 확실히 해두자.

왜 십대의 제1의 사랑의 언어가 바뀌는 것처럼 보일까

부모들은 때로 십대 자녀의 제1의 사랑의 언어가 바뀌는 것으로 생각하는데, 여기에는 여러 가지 이유가 있다. 첫째로, 십대 자녀는 이전에 자기의 사랑의 탱크를 채워 주던 사랑의 언어를 거부한다. 이런 저항은 방금 우리가 앞에서 논의한 이유들-변덕스러운 기분, 생각, 욕구, 독립심의 발발, 자기 정체성의 발달-로 설명될 수 있다. 그런데 사실 십대는 자기의 제1의 사랑의 언어뿐만 아니라 모든 사랑의 표현에 대해서도 일시적으로 거부하는 반응을 보인다.

둘째로, 한 개인이 제1의 사랑의 언어로 사랑을 충분히 받고 있을 때는 제2의 사랑의 언어가 더 중요하게 된다. 15살인 재리드는 스킨십을 좋아하는 아이다. 그의 부모는 그가 10살 때 그의 제1의 사랑의 언어가 스킨십이라는 것을 발견했다. 그의 부모는 어려서부터 그 언어를 표현하는 것이 수월하다는 것을 알고 계속해서 재리드의 제1의 사랑의 언어를 표현해 왔다. 그런데 최근에 재리드가 불만을 터뜨렸다. "엄마, 아빠는 제가 요즘 얼마나 열심히 일하는지 아세요? 그런데 고맙다는 말씀은 아무도 하지 않으시는군요."

재리드는 인정하는 말을 원하고 있다. 그런데 이런 불만을 듣는 것이 이번이 처음은 아니다. 재리드의 부모는 그의 사랑의 언어가 바뀐 것이 아닌가 의아해하고 있다. 사실 재리드의 제2의 사랑의 언어는 인정하는 말이었던 것이다. 그의 사랑의 욕구를 효과적으로 충족시켜 주려면 그의 제1의 사랑의 언어인 스킨십을 계속 표현해 주면서 제2의 사랑의 언어인 인정하는 말도 표현해 주어야 한다.

셋째로, 부모들이 애초에 자녀의 사랑의 언어를 잘못 알았을 수도 있다. 부모들은 자녀의 시각보다는 자신의 시각으로 보기 때문에 이럴 가능성이 없는 것도 아니다. 부모 자신의 언어가 스킨십이면 아이도 그럴 거라고 생각하기 쉽다. 우리는 아이의 관점에서 보지 않고 우리가 믿고 싶어하는 것을 믿으려 한다. 어린아이일 때는 5가지 사랑의 언어 전부로 사랑을 표현하면 그 자녀는 자기의 제1의 사랑의 언어로 충분히 사랑받고, 사랑의 탱크가 가득 찬 상태로 지낸다. 하지만 자녀들이 십대가 되면 부모들은 자녀들에게 거부당한다고 느끼며, 자녀의 제1의 사랑의 언어에 관심을 쏟아야 하는 것을 알면서도 실제로는 그 사랑의 언어뿐 아니라 다른 사랑의 언어도 제대로 표현하지 못한다. 이런 경우 십대의 제1의 사랑의 언어가 바뀐 것이 아니다. 문제는 정확하지 못한 진단에 있다.

새로운 방언을 배울 때

이제 "하지만 저는 아이가 어릴 때와 똑같이 해주는데도 아이가 반응하지 않습니다."라고 말하는 부모에 관해서 말하겠다. 팻시의 경우가 이러했다. "저는 지금까지 테디의 제1의 사랑의 언어가 인정하는 말인 줄 알았어요. 그런데 14살이 되더니 '엄마, 그런 말은 하지 마세요. 전 그 소리가 듣기 싫어요. 그런 말이 저를 혼란스럽게 해요!'라고 하는 거 있죠."

나는 "테디에게 했던 인정하는 말들을 제게 들려주세요." 하고 팻시에게 요청했다.

"저는 '넌 최고로 훌륭해, 난 네가 자랑스럽다, 넌 참 영리해, 넌 정말 잘생겼어.'와 같은 말들을 합니다. 저는 항상 이렇게 말했어요."

여기에 문제가 있었다. 팻시는 아들이 어렸을 때 했던 것과 똑같은 말들을 했던 것이다. 어렸을 때 듣던 말들을 똑같이 듣고 싶어하는 십대는 거의 없다. 이런 말들은 어렸을 때 들었던 것이기 때문에 그에게 어린 시절을 연상시킨다. 십대 자녀는 독립하려고 노력하고 있고, 어린아이처럼 취급받는 것을 더 이상 원하지 않는다.

십대 자녀가 사랑받는다고 느끼게 하고 싶다면 반드시 새로운 방언들을 배워야 한다. 나는 팻시에게 수년간 계속 표현해 온 그 방언들을 하지 말고 "인종 간의 평등을 강하게 주장하는 너를 존경한다, 힘들게 잔디를 깎아 주어 고맙구나, 네가 다른 사람들의 권리를 존중한다는 것을 알기에 너를 신뢰한다."와 같이 좀 더 어른스러운 말로 자주 사랑을 표현하라고 조언해 주었다. 이런 표현들은 십대 자녀를 높여 주면서도 어린 시절을 연상시키지 않는다. 나는 또한 아들을 테디라고 부르는 대신 테드로 부를 것을 제안했다. 그녀는 충격을 받은 듯 "당신은 알고 계셨군요. 테디도 똑같은 말을 제게 줄곧 했어요. 하지만 계속 테디라고 불러 왔기에 테드라고 하기가 힘들어요."라고 했다. 나는 팻시가 힘들어했으리라는 것을 짐작했지만, 그녀가 바꾸리라는 것도 확신했다.

로저가 십대 아들의 반응을 내게 털어놓았을 때, 그 역시 새로운 방언을 배워야 함을 시사해 주었다. "지금까지 저는 브래드의 사랑의 언어가 봉사인 줄 알았어요. 브래드는 어렸을 때 장난감을 고쳐 달라고 제게 가져오곤 했어요. 그 아이는 제가 무엇이든지 할 수 있는 사람이라고 생각했죠. 그가 고쳐진 장난감을 들고 나갈 때, 혹은 제 도움으로 끝낸 과제물을 들고 나갈 때, 저는 반짝이는 그의 눈을 보며 그가 사랑을 느낀다고 생각했습니다. 하지만 십대가 된 후로는 제 도움을 그리 구하지 않아요. 그저께는 자전거를 고치고 있기에 도와주겠다고 했더니 '아빠, 고맙지만 저도 할 수 있어요.'라고 말하지 않겠어요? 이젠 숙제할 때도 거의 도움을 요청하지 않아요. 이제 그 아이와 가깝게 느껴지지 않는답니다. 그도 저를 가깝게 느끼지 않는지도 몰라요."

만일 브래드의 제1의 사랑의 언어가 봉사라면 지금은 전에 느꼈던 만큼 아버지의 사랑을 느끼지 않을 수도 있다. 그러나 분명한 것은 그가 어렸을 때 로저에게 원했던 것만큼 바라지는 않는다는 것이다. 그는 스스로 하는 일, 즉 독립심의 발달과 자기 정체성의 성숙을 익히고 있다.

로저는 봉사라는 사랑의 언어의 새로운 방언들을 배워야 한다. 나는 로저에게 브래드가 아직 할 줄 모르는 것들을 찾아내어 그것들을 어떻게 하는지 가르쳐 주라고 말했다. 분명한 것은 브래드 혼자 힘으로 해보게 한다는 것이다. 그렇게 할 때 그는 자신이 성숙해졌다는 느낌을 더 많이 받게 될 것이다. 만일 로저가 브래드에게 차 카브레타를 어떻게 청소하는지, 점화선을 어떻게 갈아 끼우는지, 브레이크를 어떻게 재정비하는지, 책장을 어떻게 만드는지 등 브래드가 관심을 나타내는 그 밖의 다른 것들을 가르쳐 주겠다고 하면, 그는 즉시 마음을 열고 그 봉사를 받아들일 것이다. 그러면 브래드와의 친밀감이 강화되고, 그는 아버지의 사랑에 안정감을 느낄 것이다.

새로운 방언을 배우는 것은 힘들 것이다. 우리는 모두 습관을 따르는 피조물들이다. 아이가 어렸을 때 하던 식으로 계속해서 사랑을 표현하는 것이 우리에게는 아주 자연스럽다. 그것이 우리에게 편안하다. 새로운 방언들을 배운다는 것은 노력과 시간이 드는 것을 의미한다. 하지만 십대 자녀들이 사랑받는다는 것을 느끼게 하고 싶다면, 기꺼이 새로운 방언들을 배우는 데 정성을 기울여야 한다.

십대의 제1의 사랑의 언어 찾기

만일 이 책을 통해 사랑의 언어라는 개념을 처음으로 접하며-당신은 자녀가 어렸을 때 자녀의 제1의 사랑의 언어가 무엇인지 살펴보지 못했을 것이다-지금 자녀가 십대인데 그의 사랑의 언어가 무엇인지 모른다면, 다음의 세 단계를 제시하고 싶다. 즉, 질문하고, 관찰하고, 실험하라는 것이다. 단계마다 접근 방법은 다음과 같다.

1. 질문하라

십대의 마음속에 무슨 일이 일어나고 있는지 알 방법 가운데 하나는 질문하는 것이다. "그런 말씀은 하지 마세요. 제가 무슨 질문을 하든지 돌아오는 대답은 '난 몰라요.', '오케이.', '아무거나요.' 이 세 가지 가운데 하나라니까요." 한 아버지가 한 말이다. 나는 이 아버지가 느낀 실망을 이해한다. 십대들이 말은 하지 않고 툴툴거리기만 할 때가 있는 것은 사실이다. 하지만 그런 생각과 느낌을 드러내면 그가 무슨 생각을 하고 있고, 무엇을 느끼고 있는지 확실히 알 수 있다.

십대들은 질문을 받으면 더욱 쉽게 자신을 드러낸다. 대부분의 십대는 "제 생각 좀 말해 볼게요, 제 느낌을 말해 볼게요."와 같이 말하며 대화를 주도하지는 않는다. 오히려 그들은 "제가 원하는 것은요."라고 말하기가 더 쉽다. 십대들은 자기 생각과 감정보다 욕구를 더 쉽게 털어놓는다. 부모가 정확한 질문을 할 때까지 이런 것들은 마음속에 단단히 갇혀 있다.

십대의 제1의 사랑의 언어를 찾기 위해서는 질문하는 것이 가장 좋은 방법일 수 있다. 마고는 15살인 딸 커스틴에게 이렇게 물었다. "부모 역할에 대한 책 몇 가지를 읽었단다. 그런데 엄마는 완전한 부모가 못 되더구나. 언제나 좋은 엄마가 되고 싶었는데 때로 너에게 상처를 주는 말과 행동을 했어. 그런데 엄마는 네가 날 필요로 할 때마다 내가 네게 도움이 된다고 느끼는지 확신이 안 서. 심각한 질문을 하나 할게. 우리 관계를 더 좋게 하기 위해서는 어떻게 해야겠니?"

마고는 커스틴의 대답을 잊을 수 없었다. "엄마, 정말 알고 싶으시다면 말씀드릴게요. 하지만 화내지 마세요. 제가 엄마에게 무슨 말을 하려고 할 때마다 엄마가 제 말을 제대로 듣지 않으신다는 생각이 들어요. 엄마는 언제나 바느질을 하고, 책을 읽고, 청구서를 정리하고, TV를 보고, 빨래를 하는 등 항상 무슨 일인가를 하고 계시잖아요. 제가 말을 걸면 엄마를 방해하는 거라고 느껴져요. 그래서 때로는 엄마가 아무 일도 하지 않고 앉아서 저랑 대화하셨으면 좋겠다는 생각을 해요."

마고는 질문을 했고, 질문에 대한 대답을 들었다. 그녀의 질문으로 커스틴의 제1의 사랑의 언어가 드러났다. 커스틴은 집중된 관심 속에서 함께하는 시간을 갈망하고 있었던 것이다.

마고의 남편 마크는 16살인 아들 윌에게 다른 질문을 했는데, 윌도 커스틴처럼 솔직하게 마음을 열고 대답했다. 어느 날 밤 마크는 윌과 운동 경기를 보러 차를 타고 가면서 이렇게 말했다. "아빠는 요즘 변화가 좀 있어야 한다고 생각했다. 좀 더 자세히 말하자면 엄마한테는 더 좋은 남편이 되고, 너와 커스틴에게는 더 좋은 아빠가 되어야겠다는 거지. 그래서 네 생각도 반영하고 싶은데, 아빠가 바꿨으면 하는 것이 뭐가 있니?"

월이 잠깐 생각하는 시간이 마크에게는 영원처럼 느껴졌다. 마침내 월은 이렇게 말했다. "여러 면에서 아빠는 훌륭하세요. 열심히 일하시고, 제게 무언가 해주시는 것에 대해 감사하게 생각하고 있어요. 하지만 어떤 때는 제가 아빠를 전혀 기쁘게 해드리지 못하는 것 같아요. 열심히 하는 것과 상관없이 저는 언제나 아빠에게 비판받거든요. 제가 최선을 다하길 원하신다는 것을 알아요. 하지만 아빠가 계속 저를 비판하시면 저는 포기하고 싶어져요."

다행히도 마크는 질문을 던지는 데 신중했고, 경청하고 있다는 느낌을 주었다. 그가 "네 말은 내가 너무 비판하고, 네가 힘든 일을 해내도 칭찬하지 않는다는 거구나."라고 하자, 월은 "네, 아빠. 제 말은 저를 전혀 비판하지 마시라는 뜻이 아니에요. 가끔 제가 한 일에 대해 아빠가 만족해하시는 모습을 봤으면 좋겠다는 말이에요."라고 답했다. 마크는 "말해 줘서 고맙구나. 아빠가 생각 좀 해보고 그렇게 하도록 노력할게."라고 대답했다. 곧 경기장 주차장에 도착했고, 마크는 월의 어깨를 툭 쳐주었다.

그 이후 '비판'이라는 말이 마크의 머릿속에서 떠나지 않았다. 그는 자신이 월을 그렇게 많이 비판하는 줄은 몰랐다. 사실, 그렇게 말하는 것을 비판으로 여기지 않았다. '난 월이 잘못하는 것을 바로잡아 준 건데……. 월이 차를 닦을 때 나는 빠뜨린 부분을 지적해 주었어. 그리고 길가에 있는 분리수거용 바구니를 가져다 놓으라고 했지. 그런데 비판이라고?' 마크는 월과 함께 경기를 관람하면서 머릿속으로 혼자 대화하고 있었다. '비판이라……. 월이 들은 것이 전부 비판이라니……. 그 아이가 나를 만족하게 해준 적이 한 번도 없다고? 그 아이가 제대로 한 일이 한 번도 없다고?' 마크는 윌의 사랑의 언어를 발견하기 위해 어떤 단서라도 얻었으면 해서 질문을 던졌던 건데 그 본래 의도를 잊을 뻔했다.

그런데 갑자기 윌이 자기의 사랑의 언어인 인정하는 말을 드러냈다는 생각이 번뜩 들었다. 마크는 감사하고 싶었다. "내가 긍정적인 인정하는 말이 아닌 부정적인 비판하는 말들만 했단 말인가. 때로는 윌이 나와 함께 있는 것을 싫어한다고 느끼기도 했지만 아무런 의심을 하지 않았지." 마크는 혼자서 중얼거렸다. 그리고 아내 마고에게 자기가 윌에게 비판하는 말을 하면 이를 상기시켜 주고, 또 말로 칭찬하는 법을 익히도록 도와 달라고 하리라고 마음먹었다.

마크는 눈에 눈물이 고이는 것을 느꼈다. 그는 눈물을 닦고 주변에 있는 관중들이 함성을 지르자 윌을 향해 "윌, 사랑해. 너와 함께 있는 것이 좋구나."라고 말해 주었다. 윌은 아빠의 어깨를 툭 치고는 미소를 지으며 "아빠, 고마워요."라고 했다.

한 번의 질문으로 마크는 십대 아들의 제1의 사랑의 언어를 발견했다. 부모들은 십대들이 자기의 사랑의 언어를 표출하도록 여러 질문을 할 수 있다. 만약 "너하고 제일 친한 친구가 누구니?"라고 질문했는데 "폴이요."라고 대답하면 "폴이 어떤 아이기에 너하고 제일 친한데?"라고 물어볼 수 있다. 그러면 십대 자녀는 "폴은 제가 이야기할 때 제 말에 귀 기울이고 이해하려고 해요."라고 대답할 수 있다. 이때 십대 자녀는 자기의 제1의 사랑의 언어가 함께하는 시간이라는 것을 즉시 드러낸 것이다.

딸에게 이렇게 물어볼 수도 있다. "네가 할머니를 정말 사랑한다는 것을 어떻게 보여 주겠니?" 이런 질문은 십대의 제1의 사랑의 언어를 드러내게 할 수 있다. 그리고 부모와 십대 자녀 간에 더 진지하게 의사소통할 수 있는 분위기를 만들어 내기도 한다.

나는 십대 자녀에게 5가지 사랑의 언어를 다 설명해 주고 나서 "너의 제1의 사랑의 언어는 무엇이니?"라고 물으라고 하는 것이 아니다. 그런 질문은 십대 자녀와 놀이를 할 때 떠오를 수 있다. 십대는 성실함과 신실함을 추구한다는 것을 기억하라. 그들은 게임에만 몰입하는 것이 아니다.

십대 자녀가 사랑의 언어라는 개념을 실제로 이해하고 있다면, 아이는 당신의 행동을 조종하는 데 이것을 이용할 수도 있다. 우리는 "저를 사랑하신다면 ……해주세요."라는 십대 자녀의 말을 줄곧 들어 오지 않았는가? 십대 자녀가 요구하는 것이 때로는 그 아이의 제1의 사랑의 언어를 드러내기도 하지만, 순간적인 욕구를 위한 것일 수도 있다. 일단 부모의 승낙이 떨어지면 십대 자녀는 사랑을 덜 느낄 것이다. 그러므로 그 어떤 질문도 "너의 제1의 사랑의 언어는 무엇이니?"라는 질문보다는 훨씬 나을 것이다.

2. 관찰하라

의식적으로 십대 자녀의 행동을 관찰하라. 그들이 다른 사람에게 어떻게 사랑과 감사를 표현하는지 살펴보라. 그리고 관찰한 바를 기록하라. 지난달 자녀가 5차례나 누군가에게 선물을 했다면, 그의 제1의 사랑의 언어가 선물이라는 사실을 알 수 있다. 대부분의 사람이 자신의 사랑의 언어로 남에게 사랑을 표현하려고 한다. 그들은 다른 사람들이 자신에게 해주길 바라는 것을 남에게 한다. 하지만 반드시 그런 것만은 아니다. 예를 들면, 어떤 십대 아들은 자기 아버지가 평소 선물을 강조했기 때문에 사랑의 표현으로 선물을 줄 것이다. 그는 여자를 기쁘게 하려면 꽃을 사주라고 한 아버지의 말을 기억하고는 자신의 사랑의 언어 때문이 아니라 자기 아버지에게 그 사랑의 언어 표현법을 배웠기 때문에 꽃을 선물로 줄 수도 있다.

십대 자녀의 불평 또한 관찰하라. 사람은 보통 자신의 불만 사항을 통해 자신의 제1의 사랑의 언어에 대한 단서를 제공한다. 이것은 앞에서 살펴본 대로 윌이 자기 아버지에게 반응할 때 드러났다. "어떤 때는 제가 아빠를 전혀 기쁘게 해드리지 못하는 것 같아요. 열심히 하는 것과 상관없이 저는 언제나 아빠에게 비판받거든요. 제가 최선을 다하길 원하신다는 것을 알아요. 하지만 아빠가 계속 저를 비판하시면 저는 포기하고 싶어져요." 윌은 불만 사항을 통해 그의 사랑의 언어가 인정하는 말임을 드러냈다. 그는 아버지가 자기를 비판하는 것뿐 아니라, 자기를 거의 칭찬하지 않는 것에 대해서도 불만을 토로하고 있다.

십대들이 불만 사항을 토로하면 부모들은 보통 방어하게 된다. 십대 아이가 "제 방에 들어와서 물건을 치울 권리가 없으시잖아요. 저는 아무것도 찾을 수 없단 말이에요. 저의 개인 영역을 존중하지 않으시는군요. 이건 옳지 않아요."라고 불평한다. 그러면 부모는 "네가 방 청소를 잘한다면 네 방에 들어갈 필요가 없지. 하지만 방 청소를 하지 않으면 난 또 들어갈 거다."라고 반응한다. 대화는 논쟁으로 불거지거나 중단되며, 아무 말 없이 각자 제 갈 곳으로 가버린다.

하지만 십대들의 이런 불만 사항을 관찰하면 그것들이 일정한 양상을 띤다는 사실을 발견하게 될 것이다. '내 물건들을 옮기는 문제'에 대한 불만이 처음이 아니라면 이 십대 자녀의 제1의 사랑의 언어는 아마 선물일 것이다. 십대들의 방 안에 있는 물건들은 대부분 선물로 받은 것이라는 사실을 명심하라. 이런 십대들에게는 선물마다 특별한 위치를 차지한다. 만일 누군가 그 선물을 옮긴다면 이는 사랑의 표현을 옮긴 것과 같다고 할 수 있다.

이때 불만 사항의 양상을 살피는 것이 중요하다. 여러 불만 사항이 같은 범주에 속하면 십대는 자기의 제1의 사랑의 언어를 드러낼 것이다. 다음의 불만 사항들을 살펴보라. "이젠 더 이상 숙제를 도와주시지 않는군요. 그래서 제가 점수를 낮게 받은 거예요. ……그 경기에 저를 데려다 주셨다면 친구들을 사귀었을 것이고, 내내 집에 틀어박혀 있지 않았겠죠. ……책상 옮기는 걸 도와주시지 않아서 책상 뒤쪽 청소를 할 수 없었잖아요. ……자전거를 고쳐 주셨다면 학교에 타고 갈 수 있었을 거예요." 이 십대 아이의 제1의 사랑의 언어는 아마 봉사일 것이다. 불만 사항 하나하나가 부모에게 무엇인가 해달라고 요청하는 것이기 때문이다.

십대 자녀의 요청도 관찰하라. 각자 요청하는 것이 그의 제1의 사랑의 언어를 나타낸다. 레니는 자기 어머니에게 "엄마, 오후에 저랑 오솔길을 따라 산책하지 않으실래요? 호숫가에 핀 꽃들을 보여 드리고 싶어요."라고 말한다. 레니는 함께하는 시간을 요청하고 있다. 만일 레니가 종종 어머니와 둘이서 하는 활동을 요청한다면 그의 사랑의 언어는 함께하는 시간일 것이다. 이와 비슷하게 13살인 피터는 다음과 같은 식으로 그의 제1의 사랑의 언어가 함께하는 시간임을 드러낸다. "아빠, 언제 우리 또 캠핑 가죠?", "언제 다시 낚시하러 가나요?", "지금 함께 공놀이할 수 있으세요?"

이처럼 십대 자녀가 다른 사람들에게 어떻게 사랑과 감사를 표현하는지, 가장 자주 드러내는 불만 사항이 무엇인지, 가장 자주 요청하는 것이 무엇인지 등을 관찰한다면 그들의 제1의 사랑의 언어를 발견할 수 있을 것이다.

3. 실험하라

십대 자녀의 제1의 사랑의 언어를 발견하기 위한 세 번째 방법은 매주 5가지 사랑의 언어 중 하나를 택해 그것에 관심을 집중하게 하고, 자녀의 반응을 관찰하는 것이다.

한 주간은 평상시보다 더 많은 스킨십을 시도하라. 하루에도 몇 번씩 그렇게 하라. 그다음 주에는 스킨십을 중단하고 인정하는 말만 하라. 매일 밤마다 자녀에게 해줄 인정하는 말들을 생각해 내라. 그다음 주에는 당신이 할 수 있는 만큼 봉사를 하라. 특별히 자녀가 제일 좋아할 것 같은 일들을 하라. 특별한 음식을 만들어 주고, 다리기 힘든 셔츠를 다려 주라. 수학 공부를 좀 더 도와주라. (적극적으로) 자녀가 돌보는 개를 목욕시켜 주라. 아들딸에게 할 수 있는 대로 많은 일을 해주라.

그다음 주에는 함께하는 시간을 가지라. 함께 이야기하고, 공놀이를 하라. 자녀가 요청하는 것들을 하라. 될 수 있는 한 많은 시간을 함께 보내라. 십대 자녀가 허락하는 한도까지 심도 있게 많은 대화를 나누라. 그리고 마지막 주간에는 열심히 선물을 주라. 목록을 정해 자녀가 요청하는 중요한 품목 몇 가지를 사라. 그것들을 포장지로 포장해서 가족들 앞에서 주며 대단한 것으로 만들고, 저녁마다 파티를 하라.

십대 자녀의 제1의 사랑의 언어를 표현하는 주간에 당신은 당신을 대하는 자녀의 표정과 태도에 변화가 생기는 것을 볼 것이다. 사랑의 탱크가 채워져서 자녀는 평상시보다 더 따뜻하게 당신에게 반응할 것이다. 아마 십대 자녀는 당신에게 무슨 일이 일어난 것은 아닌지-왜 당신이 그토록 평상시와 달리 행동하는지-의아해하기도 할 것이다. 자녀에게 그에 대해 다 설명할 필요는 없다. 단지 좀 더 나은 부모가 되려고 애쓰는 중이라는 말만 하라.

또 한 가지 실험은 십대 자녀에게 2가지 가운데 하나를 선택하라고 해서 그 선택한 것을 기록하는 것이다. 예를 들면, 아버지가 13살인 아들에게 "오후에 아빠가 2시간의 여유가 있단다. 함께 연을 날리러 갈까, 아니면 네 새 카메라에 넣을 충전기를 사러 갈까?"라고 묻는다. 함께하는 시간과 선물 사이의 선택인 것이다. 아버지는 아들이 함께하는 시간을 선택하든, 선물을 선택하든 그가 선택한 것을 하고 이를 기록해 둔다. 3, 4일 후 아버지가 아들에게 또 다른 선택의 기회를 준다. "오늘은 우리 둘만 집에 있구나. 외식을 할까(함께하는 시간), 아니면 네가 제일 좋아하는 피자를 만들어 줄까(봉사)?" 그다음 주에는 아버지가 "네가 실망스러워하는 것 같구나. 네 기분 좀 살려 주고 싶은데, 어떤 것을 원하니? 너의 긍정적인 면들을 글로 적어 줄까, 아니면 포근하게 널 안아 줄까?"라고 말한다. 인정하는 말과 스킨십 사이의 선택인 것이다.

십대가 선택한 것들을 기록해 보면 그들이 제1의 사랑의 언어를 드러내는 일정한 양상을 발견할 것이다.

십대 자녀의 제1의 사랑의 언어를 발견했다면 당신은 할 수 있는 한 더 많은 방언(그 언어를 표현하는 다른 방법들)을 배우고 싶을 것이다. 그리고 십대 자녀가 때로는 자기의 사랑의 언어로부터 움츠러든다는 사실을 마음에 새기고 규칙적으로 이 사랑의 언어를 표현하고 싶을 것이다. 십대들의 소원을 존중하라. 자녀가 원하지 않을 때 강제로 사랑의 표현을 해서는 안 된다. 예를 들면, 십대 자녀의 제1의 사랑의 언어가 스킨십이어서 등 뒤에서 안아 주려고 하는데, 자녀가 갑자기 휙 몸을 빼는 경우는 푹 안아 줄 때가 아닌 것이다. 이때는 자녀가 스킨십을 원하지 않는다는 사실을 존중하여 조용히 물러서야 한다.

다음 날에는 다른 스킨십을 시도하라. 자녀가 스킨십을 좋아하는 기분이라면 이를 퍼부어라. 자녀가 긍정적으로 당신에게 반응하면 마룻바닥에서 뒹굴며 한바탕 레슬링을 해도 좋다. 십대 자녀가 당신으로 하여금 자기의 사랑의 언어를 표현하도록 허용하고 있으므로 이를 계속 표현하면 그의 사랑의 탱크는 사랑으로 채워질 것이다. 하지만 자녀에게 거절 당하는 멋쩍은 상황이 일어날까 봐 스킨십을 그만둔다면 십대 자녀의 사랑의 탱크는 텅 비게 되고, 그 자녀는 부모에게 분개할 것이다. 십대 자녀를 효율적으로 사랑하기 위해서는 자녀의 제1의 사랑의 언어를 규칙적으로 표현해야 한다. 그리고 무슨 방언이든지 그것을 통해 십대 자녀에게 사랑을 전달해야 한다.

5가지 사랑의 언어 모두 표현하기

십대에게 주는 유익

앞에서 말한 내용을 다시 강조하겠다. 나는 십대의 제1의 사랑의 언어만 구사하라고 하지 않았다. 십대들은 모든 사랑의 언어로 사랑받아야 하며, 모든 사랑의 언어를 표현하는 법도 배워야 한다. 그들은 부모들이 보여 주는 모범을 통해 가장 잘 배울 수 있다. 내가 제안하는 것은 십대의 제1의 사랑의 언어를 능숙하게 표현할 뿐만 아니라, 가능하면 다른 4가지 사랑의 언어도 동시에 표현하라는 것이다. 만일 제2의 사랑의 언어가 분명하게 드러난다면 부모는 그 사랑의 언어 역시 자녀에게 퍼붓고 싶을 것이다. 부모들이 자녀들에게 5가지 사랑의 언어를 모두 표현하면 자녀들도 그것을 다른 사람들에게 표현하는 법을 배우게 된다.

이는 십대 자녀들이 맺게 될 인간관계에 매우 중요한 역할을 한다. 앞으로 십대 자녀들은 사랑과 감사를 표현할 이웃, 직장 동료, 친구, 데이트 상대, 그리고 배우자와 자녀들을 갖게 될 것이다. 만일 십대들이 5가지 사랑의 언어를 모두 유창하게 표현한다면 사람들과의 관계는 상당히 강화될 것이다. 반대로 한두 가지 사랑의 언어를 표현하는 데 국한된다면 그들의 인간관계는 그만큼 축소되고, 감정적으로 관계를 맺지 못할 사람들도 생길 것이다. 5가지 모든 사랑의 언어로 사랑을 주고받는 것을 배우는 것은 십대 자녀들에게 분명히 이득이 된다. 사랑의 언어를 유창하게 표현하는 법을 배운 자녀는 미래의 인간관계에 있어 유익을 얻고 들어가는 것이다.

아직 5가지 사랑의 언어를 다 배우지 못한 부모들에게 이것은 분명 만만치 않은 도전일 것이다. 5가지 사랑의 언어 각각에 대해 설명한 부분, 특히 당신이 표현하기 힘든 언어 부분을 다시 읽어 보기 바란다. 각각의 사랑의 언어를 어떻게 표현하는지 그 개념을 메모하고, 이를 십대 자녀뿐 아니라 다른 가족들에게도 표현하는 연습을 하라. 당신은 점진적으로 각 사랑의 언어를 표현하는 법을 배울 것이다. 누군가를 사랑할 때 감정의 욕구를 충족시켜 주는 언어로 사랑을 표현하는 것보다 더 가치 있는 일은 없다.

결혼 생활에 주는 유익

십대 자녀들을 더 효율적으로 사랑하려는 부부들은 자신들의 결혼 생활이 다시 시작되는 것을 깨닫는다. 그들은 너무 오랫동안 서로의 제1의 사랑의 언어를 표현하지 못했음을 깨닫게 된다. 배우기에 너무 늦었다는 말은 할 필요가 없다. 배우자의 제1의 사랑의 언어를 표현하는 법을 배운 부부들은 단시일에 갑자기 자신들의 결혼 생활에서 감정적인 기류가 바뀌는 것을 보게 된다.

한 남편이 내게 이런 말을 했다. "채프먼 박사님, 우리는 결혼한 지 33년이 되었습니다. 지난 25년간의 결혼 생활은 정말 비참했습니다. 한 친구가 박사님이 쓴 『5가지 사랑의 언어』라는 책을 주었는데, 그걸 읽자 서광이 비치는 것을 느꼈어요. 오랜 세월 동안 저는 제 아내의 사랑의 언어를 표현하지 못했고, 아내 역시 제 사랑의 언어를 표현하지 못했습니다. 저는 아내와 그 책을 읽고 논의하여 각자의 제1의 사랑의 언어를 표현하기로 합의했습니다. 누군가가 우리의 결혼 생활이 두 달 만에 그렇게 완전히 바뀔 거라고 말했다면 저는 절대 믿지 못했을 겁니다. 그러나 두 달 만에 아내에게 따뜻한 감정을 갖게 되었고, 아내 역시 제게 따뜻한 감정을 갖게 되었습니다. 우리의 결혼 생활은 완전히 바뀌었습니다. 저는 이것을 결혼한 우리 애들에게 알리고 싶어 참을 수 없는 지경이랍니다."

사랑은 우리의 가장 기본적인 감정의 욕구다. 다른 사람들에게서 이런 욕구가 충족되면 우리는 따뜻한 감정을 갖게 된다. 가족 구성원들이 서로의 제1의 사랑의 언어를 배워 표현하면, 결혼 생활과 가정생활 분위기는 상당히 강화될 수 있다.

09

사랑과 분노 : 부모들을 위한 조언

　십대들은 부모에게 화를 내고, 부모들도 십대들에게 화를 낸다. 때때로 우리는 서로 깊은 상처를 주는 말과 행동을 한다. 암브로스 비어스는 이렇게 말했다. "화가 치밀 때 이를 말로 표현해 보라. 그러면 당신은 영원히 후회하게 될 가장 지독한 말을 하게 될 것이다."

　부모들과 십대들 대부분은 비어스가 묘사한 말들을 약간씩 하면서 산다. 우리는 내뱉은 말을 다시 입에 집어넣었으면 한다. 남에게 고통을 안겨 준 행동을 취소했으면 한다. 잘못 발산된 분노의 이면에는 부모들과 십대들 사이에 깨어진 많은 관계가 있다.

　이 모든 것은 사랑과 어떤 관계가 있을까? 대부분의 사람이 사랑과 분노를 반대어로 생각한다. 그것들을 서로 병행하는 것으로 보지 않는 것이다. 사실 사랑과 분노는 동전의 양면과도 같다. 사랑은 다른 사람의 이익을 추구하는 것이기에 그 때문에 곧 화를 내게 된다. 우리는 다른 사람의 잘못된 행동을 감지하게 될 때 분노한다. 부모들은 십대들이 무책임한 행동을 한다고 생각될 때 화를 낸다. 십대들은 부모들의 행동이 불공평하거나 이기적이라고 생각할 때 화를 낸다.

분노의 목적은 우리에게 사랑스러운 행동을 하도록 동기를 부여하는 것, 즉 십대 자녀나 부모가 올바른 방향으로 가도록 무엇인가를 행하는 것이다. 불행하게도 많은 사람이 그런 사랑스러운 행동을 어떻게 해야 하는지 배우지 못하여 결국 파괴적인 행동을 하고 만다. 때로는 분노에 대한 우리의 반응이 그 상황을 더 나쁘게 만들기도 한다. 이 장의 목적은 두 가지다. 하나는 부모들이 자신의 분노를 사랑의 방식으로 처리하도록 돕는 것이고, 또 하나는 자녀들이 분노를 긍정적으로 처리하도록 그 실제적인 방법을 부모들에게 알려 주는 것이다.

자신의 분노 처리하기

십대들은 왜 부모들에게 화를 낼까

우리는 왜 어린 자녀들보다 십대 자녀들에게 더 많이 화를 낼까? 일차적인 이유는 십대들의 내면에서 진행되는 변화 때문인데, 이는 앞 장에서 이미 논의했다. 사건에 대해 이유를 캐고 생각하는 지적 능력이 점점 향상하면서 십대 자녀는 어린 시절에는 하지 않았던 방식으로 우리가 내린 판단에 질문을 제기한다. 그리고 독립심과 자기 정체성을 키우며 불복종을 선택하기도 한다. 자녀는 스스로 생각할 뿐만 아니라 스스로 결정하기도 한다. 이것은 종종 십대 자녀와 부모 사이에 갈등을 일으키고, 자녀가 부모에게 화를 내도록 자극한다.

부모는 십대 자녀의 행동이 도전적이고, 반항적이고, 무책임하다고 본다. 그리고 '이는 내 아들(딸)에게 좋지 않아. 그 아이는 자신의 삶을 파괴할 거야. 이것은 내가 계속해서 허용할 수 없는 양식이야.'라고 생각한다. 분노는 부모로 하여금 어떤 행동을 하게 한다. 만일 이때 자녀가 어린아이가 아닌 십대라는 것을 인식하지 못한다면, 부모의 행동은 상황을 더 악화시킬 수 있다.

왜 우리는 부정적인 분노 반응을 고쳐야 하는가

십대 자녀가 행동을 바꾸라는 요구에 쉽게 응하지 않으면 부모들은 종종 냉정하고 엄한 말투로 "너 계속 그렇게 하려면 네 마음대로 해!"라며 큰 소리로 명령한다. 어린아이가 되고 싶지 않은 십대 자녀는 마음대로 하는 것을 택하고, 부모와 십대 자녀 간의 전쟁은 또 다른 단계로 내달린다. 전쟁이 끝나기 전까지는 군인들이 적에게 서로 수류탄을 퍼붓듯이 부모와 십대 자녀는 거칠게 비판하는 말들을 주고받는다. 이렇게 서로 상처받고, 거부당하고, 사랑받지 못하다가 결국 전쟁터를 떠나게 된다. 잘못 처리된 분노로 상황이 더 악화된 것이다. 부모 편에서의 언어폭력과 신체적인 학대는 결코 긍정적인 결과를 가져오지 못한다.

30년간 결혼 생활과 가정생활 세미나를 주관해 오면서 나는 십대 자녀들이 통제되지 않은 부모 때문에 흐느끼는 것을 종종 보았다. 그들의 부모는 분노를 참지 못해 비참한 말들과 파괴적인 행동을 자녀에게 표출했던 것이다. 이보다 더 비극적인 것은 십대 때 부모에게 학대받았던 젊은이들이 똑같은 방식으로 자기 자녀들을 학대한다는 것이다. 17살인 에릭이 한 말을 절대 잊지 못한다. "박사님, 저는 아빠가 언제나 저를 사랑하신다고 생각했어요. 하지만 그렇지 않다는 것을 알게 됐어요. 아빠는 자신만 생각하세요. 아빠가 원하시는 것을 하면 만사가 오케이죠. 하지만 저 스스로 생각하고 결정을 내릴 수 없다면 어떻게 성장할 수 있겠어요? 어떤 때는 아빠가 돌아가시거나, 아니면 제가 죽어 없어졌으면 좋겠다는 생각이 들어요. 어느 쪽이든 하나가 사라지면 고통이 끝날 테니까요."

잘못 처리된 분노는 종종 부모 세대에서 자식 세대로 전이되기도 한다. 이것은 반드시 사라져야 한다. 이 문제를 얼마나 강하게 느꼈는지는 말로 표현하기 힘들 정도다. 부모로서 우리는 분노를 밖으로 표출하지 말고 지니고 있다가 이를 책임 있고 긍정적인 방식으로 처리하는 방법을 익혀야 한다. 그렇지 않으면 부모 역할이라는 모든 노력에 위험을 초래할 것이다. 화가 난 부모에게 학대받은 십대 자녀들은 어렸을 때 부모에게서 받았던 봉사, 인정하는 말, 함께하는 시간, 스킨십을 더 이상 기억하지 못할 것이다. 그들은 부모가 비난하고, 정죄하고, 소리 지르면서 말을 가로챘던 일들만 기억할 것이다.

당신의 삶 가운데 이처럼 잘못 처리된 분노가 있다면 이 장을 주의 깊게 읽고 십대 자녀와의 관계 치유를 위해 필요한 과정들을 밟았으면 한다. 과거의 부정적인 양식들은 버릴 수 있다. 우리는 잘못 처리된 분노의 영원한 노예가 되어서는 안 된다. 어떤 부모든지 응할 마음만 있다면 파괴적인 양식들을 바꿀 수 있다.

파괴적인 양식 버리기

다음은 분노의 파괴적인 양식을 버리고, 사랑의 양식을 이루게 만드는 단계들이다.

1. 사실을 인정하라

무엇보다 우리는 사실을 인정해야 한다. 잘못된 방향으로 가고 있다는 것을 인정하기 전까지는 그 방향이 바뀌지 않을 것이다. 이것을 인정하여 하나님께 고백하고, 가족들에게 이를 시인하라. "저 자신의 분노를 잘못 처리했습니다. 종종 저는 자신을 통제할 수가 없습니다. 잘못된 말과 행동을 했습니다. 제 말은 친절하지 못했고, 사랑의 말이 아니었습니다. 파괴적이고 마음을 상하게 하는 말들을 많이 했습니다. 하나님의 도움으로 달라지고 싶습니다." 이렇게 하나님 앞에 자신을 드러내는 것을 주저하지 말라. 당신에게는 모든 도움이 필요하다.

종이에 위의 표현들을 적어 보라. 그것을 자신의 말로 표현하고 싶다면 이를 정정하라. 그리고 혼자 큰 소리로 읽으면서 그 고통스러운 사실을 인정하라. "저 자신의 분노를 잘못 처리했습니다." 이제 하나님 앞에 이를 시인하고, 당신의 잘못된 행동에 대해 용서를 구하라.

그런 후 온 가족들이 함께 모인 날 밤, 털어놓고 싶은 것이 있다고 말하면서 종이를 꺼내 가족들 앞에서 읽으라. 당신 자신이 이를 시인했고, 하나님 앞에도 시인했고, 이제 가족들 앞에서도 시인한다고 말하라. 정말 진심으로 변화하고 싶다고 말하라. 이때 다음과 같은 말들을 할 수 있다. "앞으로 몇 주일간 나는 이를 지키려고 애쓸 것이다. 만일 내가 너희 가운데 어느 한 사람에게라도 화를 내고, 고함을 치거나 비명을 지른다면 손으로 귀를 막고 방을 나가 버리렴. 그게 날 도와주는 게 돼. 원한다면 집 주변을 산책하기라도 하렴. 그러면 너희가 돌아올 때쯤에는 내 마음이 진정되어 있을 테니 거친 말은 하지 않을 거야. 나는 용서해 달라고 너희에게 요청할 것이고, 그러고 나면 우리는 계속 발전할 거야. 시간이 좀 걸리겠지만 하나님의 도움으로 가능할 거야. 나는 변할 거야." 이렇게 겸손히 말하고 나면 긍정적인 변화의 길로 접어들게 될 것이다.

2. 전략을 개발하라

이제 2단계로 들어가 파괴적인 양식들을 버릴 효과적인 전략을 개발하라. 과거에 저지른 일들을 스스로 시인했다고 해서 당신이 받아들여진 것은 아니다. 이제 당신은 부정적인 양식들을 어떻게 버릴 것인가? 당신이 다시 '화를 내기' 시작하면 당신의 배우자나 자녀들에게 그 방을 나가 달라고 요청한 것이 이미 한 가지 전략을 시작한 것이다. 앞으로 이런 일이 일어날 때면 실패를 고백하는 것을 잊지 말라. 실패를 고백하는 것은 자존심 상하는 일일 수 있다. 그러나 고백하는 행위 자체는 미래의 당신의 행동을 바꾼다. 당신이 할 수 있는 일은 폭발하기 전에 당신의 분노 방향을 바꾸는 것이다.

뤼엘의 성공담에 귀 기울여 보라. 그는 아내와 함께 스포켄에서 열린 결혼 생활 세미나에 참석해 분노 때문에 갈등했던 이야기를 내게 들려주었다. 그는 자주 자기 아내와 자녀들에게 '폭발해서 상처를 입히는 말들을' 했다고 털어놓았다. 나는 그가 화가 날 때 '쏟아져 나오는 말들을 어떻게 멈출 수' 있는지, 그리고 자기 분노를 어떻게 좀 더 긍정적인 방법으로 표출할 수 있는지 몇 가지 실제적인 아이디어를 제공했다. 2년이 지난 후, 시애틀에서 개최된 세미나에서 뤼엘을 다시 만났다. 그는 "채프먼 박사님, 저를 기억하실지 모르겠지만 제 아내와 저는 스포켄에서 박사님을 만나 제 분노에 대해 말씀드렸어요. 당시 박사님이 제시하신 제안들은 지금도 효과를 발휘하고 있습니다."라고 했다.

"그것에 대해 좀 말씀해 주세요."

"음, 그때 박사님은 제게 무슨 말을 하기 전에 반드시 100까지 세어 보라고 말씀하셨어요. 그때부터 쭉 그렇게 해오고 있어요. 화가 나면 말씀하신 대로 수를 세며 걷기 시작해요. 큰 소리로 숫자를 헤아리면서 빗속을 걸었고, 눈 위를 걸었고, 햇빛 사이를 걸었어요. 사람들이 그 소리를 들었다면 아마 제가 실성한 사람이라고 생각했을 겁니다. 저는 제 아내와 자녀들을 망가뜨리고 있었어요. 숫자를 헤아리면서 걸으니 분노가 진정되었고, 좀 더 긍정적으로 접근할 수 있는 시간을 벌게 했습니다." 뤼엘은 파괴적인 양식들을 버리는 전략을 발견했다. 그는 이전의 파괴적인 양식들을 새로운 전략으로 대치하고 있었던 것이다.

100까지 세는 것 외에 또 다른 전략들이 있다. 한 남자는 내게 "저는 화가 나면 자전거를 타기 시작합니다. 화가 진정될 때까지 탑니다. 어떤 때는 수십 킬로를 가기도 해요."라고 했다. 한 여성은 이렇게 말했다. "남편에게 화가 나면 저는 '미안하지만 공원에 좀 다녀올게요.'라고 말하고는 차를 몰고 공원에 갑니다. 그리고 화가 풀릴 때까지 산책을 하거나 벤치에 앉아 있습니다. 남편은 이렇게 하는 것이 저의 예전 태도보다 훨씬 낫다고 생각하기에 제 제의에 동의합니다."

다른 부부가 사용한 또 다른 전략이 있다. 브렌다의 말이다. "제 남편과 저는 서로 화가 났을 때는 '타임아웃'을 외치거나 둘 중 한 사람이 방을 나갑니다. 저희는 다섯 시간 안에 돌아와서 그 문제에 대해 의논하자고 서로 합의했습니다. 다시 화가 날 때는 두 번째 타임아웃을 부릅니다.

타임아웃을 부르는 것이 말로 상대를 파괴하는 것보다 더 낫다고 서로 동의했어요." 그동안 브렌다는 식구들에게 화가 났을 때는 바로 꽃에 물을 주는 일을 했다. "이를 시도했던 첫 번째 여름에는 페튜니아 꽃이 물 속에서 거의 죽다시피 되었습니다. 하지만 화가 나서 퍼붓는 말로 가족들을 익사시키는 것보다는 그것이 오히려 더 낫겠지요."

이들은 모두 파괴적인 행동 대신 시간을 들여 분노를 삭히는 활동 전략을 발견했다.

3. 분노를 분석하고, 선택한 사항을 살펴보라

세 번째 단계는 분노를 분석하고, 당신이 선택한 사항을 살펴보는 것이다. 100[1]까지, 아니 500까지 숫자를 헤아렸는데도 여전히 화가 날 수 있다. 하지만 그때는 이미 분노에 대해 의문을 제기할 만큼 마음이 누그러진 상태다. '내가 왜 화가 날까? 저 사람들이 한 일에 무슨 잘못이 있지? 진상을 제대로 알지도 못하고 그들의 행동을 판단하는 것은 아닐까? 그들이 그렇게 한 동기를 나는 정말 알고 있는 걸까? 내 십대 자녀가 정말 잘못을 했나? 아니면 내가 지나치게 민감한 것인가? 십대 자녀의 발달 수준에 비해 내 기대치가 너무 높은 건 아닐까?'(때때로 부모들은 자녀가 단지 십대라는 이유로 괜히 화를 낸다.)

일단 상황에 대해 생각해 보는 시간을 가지면 어떤 행동이 파괴적이었는지 분간할 수 있다. 선택할 수 있는 많은 사항 가운데 분노에 긍정적으로 반응할 수 있는 것에는 단 두 가지가 있다. 하나는 그것은 그들의 문제

---

1) 100, 500, 심지어 1,000까지 숫자를 헤아리는 것이 즉각적으로 조절할 수 없는 분노 반응을 누그러뜨리는 데 효과적인 수단이 될 수 있다.

가 아니라 당신 자신의 문제라는 사실을 인식하면서 화를 누그러뜨리는 것이다. 당신의 문제는 다음 사항들에 기인할 수 있다. "오늘 아침 일어날 때 기분이 좋지 않았어. 난 요즘 스트레스를 많이 받았어. 어젯밤 잠을 충분히 자지 못했지. 난 성미가 급해서 화가 날 때 내 일을 제대로 못해."

이유야 어떻든 분노는 당신의 문제라는 것을 인식하고 이를 누그러뜨리라. 큰 소리로, 아니면 혼잣말로 이렇게 말할 수도 있다. "내 분노는 나의 이기심을 드러내는 거야. 그래서 난 그것이 왜곡되었다는 것을 인식하고, 이를 누그러뜨리기로 했어. 식구들이 내게 잘못한 것은 하나도 없어. 난 단지 그(그녀)의 행동에 짜증이 난 거라고." 때로는 당신이 내린 결론을 기도 형식으로 하나님께 아뢰는 것이 도움이 된다. "오, 하나님! 제가 화를 낸 것이 온당치 못하다는 것을 깨달았습니다. 저는 자기중심적인 사람이어서 가족들에게 온통 요구만 했습니다. 제 잘못된 태도를 용서해 주소서. 주님 앞에 제 분노를 내려놓습니다. 가족들에게 사랑의 자세를 가질 수 있도록 저를 도와주소서." 당신은 당신의 분노를 의식적으로 내려놓기로 했고, 당신의 잘못으로 여겨지는 것들을 고백했다.

그와는 달리, 당신의 분노는 정당한 것일 수도 있다. 가족들이 당신에게 잘못했을 수도 있다. 그렇다면 당신은 화를 낼 '정당한' 권리가 있다. 당신은 500까지 숫자를 세었고, 산책을 나갔다 왔고, 당신의 분노를 분석했다. 그 결과 그것은 당신 가족들과 의논해야 하는 문제라고 생각되었다. 그것은 단순하게 간과할 수 없다. 잘못이 있었다. 당신은 상처받았고, 그 문제는 반드시 해결되어야 한다. 그러므로 두 번째 긍정적인 반응은 그 문제를 가족들과 이야기하는 것이다. 그러나 배우자나 십대 자녀와 대화하기 전에 그 상황에 어떻게 접근할 것인지 먼저 생각하는 것이 좋다.

내가 쓴 『사랑의 또 다른 얼굴, 분노』를 보면 책의 뒷부분에 잘라서 쓸 수 있는 실용적인 카드가 있다. 카드에는 다른 사람에게 접근할 때는 다음과 같은 말을 하라는 내용이 적혀 있다. "난 지금 화가 났어요. 하지만 걱정하지 마세요. 당신을 공격하지는 않을 거예요. 하지만 난 당신의 도움이 필요해요. 지금 대화하기 좋은 시간인가요?" 나는 그 카드를 냉장고 문에 붙여 놓고 배우자나 십대 자녀와 이야기하고 싶을 때면 그것을 떼다가 가족들에게 보여 주면서 읽게 한다. 이것은 당신이 화가 난 것을 설명해 주고, 지금 폭발할 것 같지만 그 문제를 해소해야 함을 인식한다고 자신과 가족들에게 알리는 방식이다.

4. 가족들과 대화하라

네 번째 단계는 가족들과 실제로 대화하는 것이다. 이는 문제를 사람들에게 털어놓고 논의하는 것이다. 앞에서 예로 든 카드를 냉장고에 붙여 놓을 수 있으며, 그럴 때는 가족들이 그 메시지를 읽게 할 시기를 잘 택하라. 상대가 TV 프로그램이나 스포츠 경기를 시청하는 중이라면 대화를 시작하기에 적당한 시간이 아닐 것이다. 배우자가 바쁘게 음식을 장만하고 있거나, 진공청소기를 돌리고 있다면 이때도 기다려야 한다. 두 사람 다 혼자 있고 다른 가족들이 주변에 없는 시간을 선택하라. 적당한 시간과 적당한 장소를 찾는 데 몇 시간이 걸릴 수도 있다. 만일 "지금 우리는 이것을 얘기해야 해."라고 강요한다면 대화가 시작되기도 전에 이를 고의로 파괴하게 될 것이다.

일단 시간과 장소를 찾으면 다음과 같이 말하라. "난 우리 관계를 소중하게 생각하기 때문에 내 감정을 너에게 말하고 싶구나. 내가 그 상황을 잘못 이해했을 수도 있고, 아니면 잘못 해석했을 수도 있겠지. 하지만 내가 무엇을 보았고, 어떻게 느꼈는지 말하고 싶어. 그다음에 네 관점은 어떤지 듣고 싶구나. 아마 내가 무엇인가 잘못 알았을 수도 있으니 그걸 이해하기 위해서는 네 도움이 필요하단다."

당신의 관심사를 표현할 때는 가능하면 상세하게 말하라. 당신이 어떻게 듣고, 보고, 그것을 어떻게 해석했고, 어떤 느낌을 받았고, 그래서 결국 왜 화가 났는지를 말하라. 이렇게 할 때는 한 사건만 말하라. 과거로 돌아가 이와 비슷한 지난날의 사건들을 들춰 내지 말라. 이는 상대방을 비난하면서 당황하게 하는 것이다. 이렇게 하면 서로 단지 자기를 방어하기 위해 싸울 것이고, 대화는 논쟁이 될 수 있다. 우리는 대부분 한 사건을 잘 처리할 수 있다. 하지만 과거의 모든 잘못이 우리 앞에 줄지어 있을 때는 당황하게 된다.

이런 위반 행위에 대해 어떻게 생각하는지 당신 생각을 말한 후에는 상대에게 다음과 같이 말하라. "내가 어떻게 생각했는지 이제 알겠지? 다시 말하는데, 내가 뭔가 잘못 알고 있었거나 오해했을 수 있어. 그래서 말인데 그 상황에 대한 네 생각을 들려주렴." 그렇게 말하면 상대방은 훨씬 더 수월하게 당신에게 마음을 열고 솔직해질 것이다. 그가 자기 관점을 피력할 때는 절대 '말참견'을 하지 말라. 그가 한마디 할 때 "그건 옳지 않아."라고 하며 끼어들면 당신은 평화 조약을 맺는 것이 아니라 전쟁을 일으키는 것이다. 당신이 가족을 거짓말쟁이라고 부르면 상대방의 내면에는 강한 부정적인 감정이 생긴다. 그러므로 그가 무슨 말을 하는지 귀 기울이고, 더 잘 이해할 수 있도록 반영적인 질문들을 사용하라. "넌 ……라고 말하는 것이니?" 혹은 "내가 들은 말이 ……이니?"와 같은 질문은 당신이 그와 더 많은 것을 나누려고 애쓰고, 그 문제에 대한 그의 생각과 느낌을 이해하려고 노력한다는 것을 보여 준다.

상대방의 관점에 동의하지 않는다면 다음과 같이 말해도 괜찮다. "우리는 이를 정말 다르게 보는구나. 우리는 서로 다른 사람이니까 그런가 봐. 앞으로 우리 둘이 더 잘 해나가려면 이 일을 통해 무엇을 배워야 할까?" 이렇게 접근하면 긍정적으로 해결될 것이다.

만일 당신의 관점이 옳고 상대방의 관점은 틀리다고 주장하면 당신은 이긴 것이고, 상대방은 진 것이다. 하지만 해결된 것은 아무것도 없다. 상대방과 당신 사이의 거리는 그 어느 때보다 더 멀어진다. 그와 반대로 계속 해결을 모색하면서 그 경험으로부터 무엇인가를 배우려 한다면 두 사람 모두 언제나 승자가 된다. 이로써 당신의 분노는 해결되고, 그 결과는 긍정적이게 된다. 이것은 일종의 긍정적인 분노 처리법으로, 십대 자녀에게 분노를 처리하는 모델을 세워 준다.

십대 자녀의 분노 처리에 대한 가르침

사랑과 분노 : 두 가지 중요한 관계 기술

우리는 우리 자신의 분노를 처리하는 기술을 완전히 습득할 때까지 십대 자녀들을 가르치지 않고 있을 수는 없다. 사실 어떤 부모들은 자신의 행동이 그대로 반사된 십대 자녀의 행동을 보기 전까지는 자신이 표출하는 분노에 문제가 있음을 인식하지 못한다. 십대 자녀가 화가 나서 고래고래 소리 지르는 것을 보면 당신은 필연적으로 "얘가 어디서 이걸 배웠지?"라고 질문하게 된다. 그들은 부모들이 보여 준 모델을 따르고 있는 경우가 허다하다. '저 아이가 나와 같아진단 말이야.'라는 생각에 화들짝 놀란 후에야 많은 부모가 자기의 분노 처리 방식을 바꾸려는 동기를 얻게 된다. 종종 우리는 십대 자녀와 더불어 어떻게 분노를 건설적으로 처리하는지를 배워야 한다.

가장 중요한 십대와의 관계 기술 두 가지는 사랑을 어떻게 표현하는가와 분노를 어떻게 처리하는가이다. 이 두 가지는 아무런 관계가 없는 것이 아니다. 십대 자녀가 사랑받는다고 느끼면 분노를 더 자주 긍정적인 방식으로 처리할 것이다. 그러나 십대 자녀의 사랑의 탱크가 텅 비면 분노를 거의 잘못 처리할 것이다. 그래서 부모들이 그들의 제1의 사랑의 언어를 배워 규칙적으로 표현하는 것이 중요한 것이다.

유감스럽게도 사랑의 탱크가 가득 찼다고 해서 자동적으로 자기 분노를 처리할 줄 알게 되는 것은 아니다. 긍정적인 분노 처리 방식은 반드시 배워야 하는 관계 기술이다. 보통 십대 자녀들을 사랑하는 부모들이 이런 기술들을 가르칠 수 있는 가장 좋은 위치에 있게 된다. 그렇다면 이런 교육적 임무를 성공적으로 수행하기 위해 부모들이 알아야 할 중요한 요소들은 무엇일까?

십대 자녀의 분노 : 안으로 폭발하는가, 밖으로 폭발하는가

우선 기본적으로 부모들은 지금 십대 자녀가 처해 있는 상태를 알고 시작해야 한다. 어린아이가 십대가 되기까지 그 아이는 분노에 반응하는 방법들을 이미 나름대로 개발해 왔다. 최근 한 어머니가 내게 말했다. "채프먼 박사님, 십대 자녀가 자기 분노에 대해 말하도록 하려면 어떻게 해야 한다는 말씀이시죠? 제 딸은 15살인데, 그 애는 미치도록 화가 날 때는 말문을 꽉 닫습니다. '뭐가 잘못되었니?' 하면, 그 아이는 거부하고 말하지 않아요. 말을 안 하니 어떻게 도와야 할지 모르겠어요."

또 다른 어머니는 이렇게 말했다. "제 딸은 정반대예요. 그 애가 화가 나면 온 가족이 다 압니다. 그 아이는 폭탄같이 돼요. 소리를 바락바락 지르고 때로는 어린아이처럼 펄펄 날뛰기도 하죠." 이 어머니들은 일련의 양극단을 증언하고 있다. 대부분의 십대가 이런 파괴적인 두 가지 분노 처리 방식 중 한쪽으로 기우는 경향이 있다. 안으로 폭발하든지, 아니면 밖으로 폭발하는 것이다.

나는 '안으로 폭발한다'는 용어를 조용한 성향의 십대들에게 사용한다. 분노는 안에서 처리되지 못하면 십대 자녀의 내면의 정신을 갉아먹는다. 십대 자녀는 부모나 그 밖의 다른 사람들이 자기에게 잘못했다는 것을 느끼면 자극을 받아 더 화가 난다는 사실을 기억하라. 이렇게 잘못이 느껴졌는데도 그 십대 자녀에게 잘못한 부모나 개인이 자녀와 함께 그 분노를 처리하지 않으면, 그 자녀는 적개심과 외로움, 고립감을 느끼고, 더 나아가 우울증을 앓는다. 안에서 폭발하는 분노는 소극적인 공격 행동을 하게 한다. 그 십대는 겉보기에는 소극적이고, 분노를 잘 드러내지 않지만, 그를 화나게 한 당사자를 반드시 해치려는 행동을 하며 타오르는 적개심을 표출한다. 소극적 공격 행동은 학교생활이나 스포츠에 흥미를 잃는 등 부모에게 분노를 공격적으로 표현할 수 있는 모습으로 나타날 것이다. 분노를 안으로 감싸고 있는 십대들은 수개월 동안 우울증을 겪은 후 가끔 격렬한 행동을 분출하기도 한다.

이와는 달리 수많은 십대가 분노를 처리함에 있어 '밖으로 폭발하는' 방식을 보인다. 십대 자녀가 보기에 부모가 잘못된 말과 행동을 한다고 여겨지면 자녀는 부모의 잘못에 대해 자신의 불만을 큰 소리로 거칠게 말하고, 때로는 저주하는 표현도 한다. 어떤 십대들은 병을 던지고, 펜을 부러뜨리고, '실수'인 것처럼 접시를 떨어뜨리고, 그 외에도 자기 분노를 표출하기 위해 물리적인 파괴 방법들을 사용한다. 이런 파괴적인 방식들이 바뀌지 않으면 이 십대들은 몇 년이 지나지 않아 자기 배우자나 자녀를 학대하는 사람이 될 것이다.

모든 십대가 이와 같이 극단적이 되는 것은 아니다. 그러나 실제로 많은 십대가 이 두 가지 중 한 가지, 즉 안으로 폭발하든지 아니면 밖으로 폭발하든지 한다. 이 장의 처음에서 묘사한 바와 같이 자기 분노를 성숙하고 생산적인 방식으로 처리하는 십대들은 아직 거의 없다. 어떤 부모들에게는 자녀에게 분노를 적절하게 처리하는 법을 가르치는 일이 만만치 않을 것이다.

이 일을 위한 첫 단계는 현재 십대 자녀의 분노 처리 방식을 인식하는 것이다. 먼저 그들의 분노 처리 방식을 인식하지 못하면 분노를 성숙하게 처리하도록 도와주지 못할 것이다. 그래서 나는 십대 자녀가 화를 낼 때 이를 잘 관찰했다가 자녀가 당신이나 다른 사람들에게 어떻게 화를 표출하는지 기록하길 제안한다. 이것은 부모들이 십대 자녀를 위한 긍정적 변화 매체가 되는 첫 번째 단계다. 그다음 세 단계는 부모들이 십대 자녀들의 분노를 처리하는 데 도움을 주는 것들로, 다음 장에서 살펴보겠다.

10

사랑과 분노 : 십대들을 위한 조언

　분노에 대한 강의를 끝내자 톰이 내게 다가왔다. 그의 눈가에는 이슬이 맺혔다. "저는 실패했어요. 제가 딸아이를 침묵 속으로 움츠러들게 했다는 사실을 오늘 처음 깨달았어요. 전에 딸아이가 제게 화를 내면 왜 그렇게 어리석으냐, 좀 더 자라야겠다고 하면서 그렇게 신경이 날카로울 필요가 없다고 했지요. 제가 딸아이를 밀어냈다는 것을 이제 깨달았습니다. 지난 6개월 동안 그 아이는 제게 아무것도 상의하지 않았답니다."
　십대 자녀가 분노를 안으로 폭발시킬 때, 즉 완전히 움츠러들면서 우리와 의사소통을 원하지 않을 때는 어떻게 그들을 도와주어야 할까? 일단 아이 안에 분노가 있다는 것을 안다면, 그것을 안에 가지고 있든지(안으로 폭발시킴), 밖으로 분출하든지(밖으로 폭발시킴) 아이를 도와줄 수 있다. 이 장에서는 십대 자녀가 긍정적으로 분노를 처리하는 데 도움을 주는 일련의 단계들을 계속해서 살필 것이다.

경청이라는 힘든 작업

자녀가 잘못된 방식으로 분노를 처리하는 것을 발견하면 분노를 건전하게 처리하는 데 도움이 되는 그다음 단계를 밟아야 한다. 두 번째 단계는 화가 난 십대들의 말을 경청하는 힘든 작업을 하는 것이다. 나는 '힘든 작업'이라는 단어를 강조한다. 왜냐하면, 이 일이 쉽지 않다는 것을 알기 때문이다.

십대 자녀가 안으로 폭발하는(움츠러드는) 문제는 간략하게 묘사할 것이다. 어떤 면에서 그것은 상당한 도전이 된다. 우선 폭발하는 십대들의 말을 경청하는 것으로 시작해 보자. 이는 지극히 개인적인 나 자신의 부모 역할을 경험하는 것이기도 하다.

격렬하게 폭발하는 말들을 경청하라

나는 결혼 생활과 가정생활 상담가다. 나는 경청하는 훈련을 받았다. 하지만 내 아들의 입에서 흘러나오는 험악한 표현들을 경청하는 것은 분명 쉽지 않았다. 경청이라는 '힘든 작업'은 듣기에는 아주 쉬운 말처럼 들릴지 모르나 아들의 폭발하는 말을 경청하는 것은 실제로 엄청난 과업이었다. 나는 성난 십대들에게 긍정적인 영향을 미치는 유일한 방법은 그들이 어떤 거친 말을 해도 경청하는 것이라고 확신한다. 이 장 뒷부분에 실린 시는 내 아들이 그런 일들을 겪고 몇 년이 지난 후 쓴 것인데, 이는 나의 경청이 헛되지 않았음을 확인시켜 주었다.

십대들의 성난 표현들을 경청하는 것이 왜 그토록 중요할까? 그 이유는 분노를 초래한 문제가 처리되지 않으면 분노가 해소될 수 없기 때문이다. 그들의 문제를 우선 듣기 전에는 그것을 처리할 수 없다. 처음부터 시작해 보자. 십대는 왜 화를 낼까? 무엇인가 부당하고, 어리석고, 아니면 비인간적인 것이 감지되는 일이 발생했기 때문이다. 십대가 감지한 것이 왜곡된 일일 수도 있지만 십대의 마음에는 이미 잘못된 것이 자리 잡힌다(십대는 어른이 화를 낸 똑같은 이유-잘못을 감지함-때문에 화를 낸다). 그러므로 화가 난 십대 자녀가 그 분노를 말로 표현하면-심지어 그 십대가 큰 소리를 지르더라도-고마워해야 한다. 그 소리를 들으면 십대의 마음과 정신에 무슨 일이 일어나는지 알 수 있는 기회가 생기기 때문이다. 분노를 처리하는 데 도움을 받으려면 이 정보가 반드시 필요하다.

부모는 십대 자녀가 왜 화가 났는지-십대 자녀가 무슨 잘못을 감지했는지, 자녀의 눈에 부모가 무슨 부당한 일을 했는지, 실제로 부모의 어떤 행위가 자녀의 마음에 걸렸는지-를 발견해야 한다. 만일 이런 중요한 정보를 발견하지 못해 십대 자녀의 문제를 해소해 주지 못한다면 십대의 분노는 내면에 축적되고, 폭발하는 말들은 허튼 말로 들릴 것이다. 하지만 십대 자녀의 문제를 듣고 그 뿌리를 알게 된다면 현명하게 반응할 수 있을 것이다.

부모의 흥분

어려운 점은 부모 대부분이 십대 자녀들의 문제를 듣기도 전에 그들의 폭발하는 말들에 부정적으로 반응한다는 것이다. 우리는 십대 자녀가 말하고 있는데 도중에 화를 내고 종종 그들에게 소리를 지르며 '흥분'부터 한다. "입 다물고 네 방으로 가. 이따위로 말하지 말고."라고 하며 의사소통의 흐름을 막고, 분노의 원인을 발견할 수 있는 가능성을 없애 버린다.

이로써 집안은 조용해지지만 모두의 마음속에서 분노가 부글부글 끓어오르게 된다. 이런 분노는 해소하지 않으면 없어지지 않을 것이다.

이는 소위 '병 속에 갇힌' 십대의 분노라고 말한다. 십대의 내면에 분노를 가둬 놓은 채 병뚜껑을 씌우고 있는 것과 같기 때문이다. 십대 자녀는 지금 이중으로 화가 나 있다. 자신의 본래 문제에 화가 나 있고, 부모가 자기를 대하는 방식에도 화가 나 있다. 부모는 어떻게 분노를 긍정적으로 처리할 것인지 가르치지 못하고, 그 문제로 자신이 더욱 혼란에 빠지게 된다.

현명한 부모는 십대 자녀가 말하는 방식보다는 무엇을 말하는지에 초점을 맞출 것이다. 그 순간 중요한 것은 십대 자녀의 분노의 근원을 발견하는 것이다. 십대 자녀는 이런 정보를 줄 수 있는 유일한 사람이 된다. 만일 십대 자녀가 고함을 지른다면 그는 당신에게 무엇인가 말하려는 것이다. 현명한 부모는 경청하는 방식을 바꿀 것이다. 십대가 이런 행동을 하면 연필과 종이를 준비해 그가 무슨 말을 하는지 기록하라. 그러면 메시지가 전달되는 방식보다 메시지 자체에 관심을 집중할 수 있다. 그리고 당신 자신을 방어하지 말라. 이때는 싸울 때가 아니다. 경청할 때이다. 협상이나 싸움은 나중에 할 수 있다. 지금은 십대 자녀와의 평화 약정에 도달하기 위해 비밀 정보를 수집해야 한다.

2회전 경청으로 감동을 불러일으키라

십대가 화가 나서 막 퍼붓던 말을 마무리하려고 하면, 들은 말들을 자녀에게 들려주면서 그 의미를 분명하게 하라. 당신은 "네 말은 내가 ······

하기 때문에 화가 난 것이라고 들리는데, 맞니?"라고 물을 수 있다. 그런 표현은 당신이 들은 내용과 더 듣고 싶다는 의사를 그에게 전달한다. 그러면 십대 자녀는 마지못해서라도 더 말할 것이다. 그때 같은 강도로 말할 수도 있고, 아니면 어느 정도 강도가 약해질 수도 있다. 어쨌든 십대 자녀는 왜 자기가 화가 났는지 당신에게 계속 털어놓을 것이다. 이때 들은 내용을 계속 적으라. 당신 자신을 방어하고 싶은 유혹을 뿌리치라. 당신은 지금 2회전 경청 중에 있다는 것을 스스로 상기시키라.

십대 자녀가 침묵할 때는 들은 내용을 다시 반복해서 자녀에게 말하라. 그리고 메시지를 전부 제대로 받고 있는지 확인할 수 있도록 또 다른 기회를 그에게 주라. 3회전 경청 후에 자녀는 당신이 자기 말을 진지하게 듣고 있다는 것을 느낄 것이다. 그리고 노트 필기까지 하면서 집중해서 듣고 있다는 사실에 충격을 받을 것이다. 십대 자녀는 당신이 정말로 자기의 문제를 들었다고 느낄 때 비로소 세 번째 단계로 움직일 준비가 된다. 십대 자녀가 화가 났을 때는 반드시 그의 말에 의도적으로라도 경청하라. 이 말은 아무리 강조해도 지나치지 않다.

침묵하는 십대 다루기

십대 자녀가 밖으로 폭발하기보다 안으로 폭발한다면 어떻게 해야 할까? 어떤 면에서는 침묵하는 십대를 도와주기가 더 힘들다. 자기에게 중요한 것들, 자기를 화나게 했던 문제들을 털어놓기를 거부하는 십대들에게 부모들은 무기력해진다. 십대의 생각과 느낌을 익힐 때까지는 그들 마음속에 일어나고 있는 것들에 반응할 수 없기 때문이다. 어떤 경우 십대들은 이런 침묵 처방을 사용하기도 한다.

침묵과 힘

부모가 십대 자녀의 생활을 지나치게 통제하고, 자녀들 대신 모든 결정을 내리면 십대들은 무력감을 느낀다. 그 십대는 독립심과 자기 정체성을 발달시킬 수 없다. 따라서 그는 침묵이 자기 부모보다 우세해지는 유일한 방법이라고 믿는다. 자녀는 침묵함으로써 최소한 그 순간만이라도 자기 부모를 통제한다. 자녀는 부모가 원하는 무엇인가를 가졌고, 이것을 내어 주길 거부한다.

부모들이 자신의 십대 자녀는 말을 하지 않는다고 다른 사람들에게 한탄하거나, "무엇이 잘못되었는지 내게 말하지 않으면 널 도와줄 수 없잖아."라는 말로 폭발하면서 큰 소리를 지르면, 십대 자녀는 그 전쟁에서 이기는 것이다. 이는 십대들이 정확히 원하는 것, 즉 당신의 통제를 벗어나는 것이다. 자녀는 독립을 원한다. 그 순간 침묵은 자녀가 독립을 쟁취할 수 있는 유일한 방편이 된다.

침묵하는 십대 자녀를 둔 부모는 이런 질문을 해야 한다. '내가 지나치게 십대 자녀를 통제하는 것일까? 나는 내 자녀에게 충분히 생각할 자유를 주어 어떤 결정들은 그들 스스로 내릴 수 있도록 허용하는가? 나는 자녀를 어린아이로 취급하고 있나, 아니면 십대로 대하고 있나?'

지나치게 통제하는 부모들에게 가장 좋은 접근법은 다음과 같은 메시지를 자녀들에게 전달하는 것이다. "때로는 내가 너의 생활에 지나치게 간섭한다는 것을 알아. 네가 십대인 것도 알고. 그래서 넌 너의 생각과 느낌 모두를 나에게 털어놓고 싶지 않은 거지? 하지만 괜찮아. 난 언제나 들을 준비가 되어 있단다. 네가 말하고 싶을 때는 아무 때든지 기꺼이 들어줄게." 그리고 십대 자녀의 제1의 사랑의 언어를 표현하여 그를 사랑해 주라. 사랑의 표현이 수반된 말들은 십대 자녀가 이를 인지하는 분위기를 만들어 낼 것이다. 만일 이런 자세를 계속 고수한다면 십대 자녀는 화가 나더라도 당신에게 마음을 열 것이다.

일부 십대들이 화가 날 때 침묵을 선택하는 또 다른 이유는 부모에게 자기가 분노한 사실을 털어놓았을 때 부모가 폭발했던 경험을 가지고 있기 때문이다. 이런 십대들은 과거에 부모가 폭발했던 것에 질려서 부모의 비난하는 말을 듣느니 차라리 침묵을 선택한다. 십대들은 부모의 말에 당혹감과 수치심을 느끼고, 힐난받는다고 느낀다. 그들은 그 과정을 다시 겪고 싶어하지 않는다. 이때 가장 손쉬운 방법은 말문을 닫고 왜 화가 났는지 털어놓기를 거부하는 것이다.

그런 십대 자녀들의 부모는 자녀에게서 말을 전혀 끄집어낼 수 없을 것이다. 그들의 노력은 바가지 긁는 것으로 비칠 것이고, 십대 자녀를 더욱 침묵 속으로 빠져들게 한다. 이런 부모는 반드시 과거의 잘못을 고백해야 한다. 부정적인 행동의 벽을 허무는 것은 십대 자녀로 하여금 분노를 다시 털어놓을 수 있게 하는 첫 번째 단계가 된다.

고백할 시간

이것은 톰이 행동에 옮기기로 결심한 내용이다. 그는 후회의 눈물만 흘리지 않고, 더 나아가 자기 딸 트레이시 앞에서 어느 정도 겸손하고 치유하는 행동을 보였다. 그는 "저는 실패했습니다."라고 시인한 후 나에게 자신의 계획을 들려주었다. "오늘 밤 집에 가면 딸에게 제 잘못을 고백할 겁니다. 아마 딸아이는 다시 기회를 줄 겁니다." 그는 자기감정에 전적으로 끌려다니지 않도록 고백 진술서를 작성하려는데, 자기를 좀 도와 달라고 내게 부탁했다.

다음은 우리가 함께 작성한 진술서다. 이와 같은 것들은 침묵이라는 처방을 매듭짓고 싶어하고, 자기 책임이라고 기꺼이 고백하는 부모 누구에게나 도움을 줄 수 있다.

"트레이시, 나에게 정말 중요한 것을 너에게 털어놓고 싶은데 시간 좀 낼 수 있겠니? 지금 힘들다면 아빠가 기다릴게." 일단 트레이시가 허락하면 아빠 톰은 계속 말할 것이다.

"그저께 밤 한 모임에 참석했었는데, 강사는 분노에 대해 논의하고 있었어. 그때 나는 과거에 너에게 모질게 대했다는 것을 깨달았단다. 네가 어떤 문제 때문에 내게 다가왔을 때, 난 별로 주의 깊게 듣지도 않고 네 말을 잘라 버리곤 했지. 왜 그렇게 어리석으냐, 좀 더 자라야겠다고 하면서 그렇게 예민하게 굴지 않아도 된다고 말했던 일들이 특히 기억나는구나. 이제 보니 아빠가 오히려 성숙하지 못했던 것이었어. 네 문제를 내게 털어놓았을 때 넌 성숙한 사람이었던 거야. 그래서 아빠는 네게 아주 많이 미안하단다.

앞으로 내게 화가 날 때는 알려 주었으면 좋겠어. 난 경청하는 사람이 되고 싶어. 네 문제에 귀 기울여 긍정적으로 반응하도록 할게. 때로는 네가 나에게 화가 났었다는 걸 알아. 앞으로도 그런 일은 있을 수 있겠지. 하지만 이제는 네가 왜 화가 나는지 말한다면 들으려고 노력할게. 네 감정을 존중할 거야. 우리는 그 문제를 해결할 수 있어. 알았지?"

나는 톰의 말에 그의 딸이 아무 말도 하지 않을 수 있다고 말해 주며 딸에게 대답을 종용하지 말라고 당부했다. 그리고 딸의 제1의 사랑의 언어로 사랑을 표현할 것을 요청했다. 톰이 그날 밤 자기 딸에게 취한 단계는 분노를 털어놓을 수 있는 첫 번째 단계였다.

십대들은 안전하다고 인식할 때 분노를 자기 부모에게 털어놓을 것이다. 하지만 두려움과 위협감, 위축감과 수치심을 느끼고, 제대로 대우받지 못한다고 느낄 때는 침묵이라는 움츠러드는 길을 택할 것이다. 침묵하는 십대를 둔 부모들은 자녀가 자유롭게 분노를 털어놓을 수 있는 분위기를 만들어 주어야 한다. 그리고 침묵하던 십대 자녀가 다시 말하기 시작하면 위에서 논의한 경청이라는 어려운 작업을 해야 한다.

십대 자녀의 분노를 정당한 것으로 인정하기

십대 자녀에게 분노를 긍정적으로 처리하도록 가르치는 세 번째 단계는-십대 자녀의 분노 처리 방식이 잘못되었음을 알아차리고 그가 분노를 표현하는 것을 의도적으로 경청한 후-분노의 정당성을 인정하는 것이다. 어떤 부모들은 "잠깐만요. 하지만 분노가 정당하다고 믿을 수 없을 때는요? 그 애들은 제 행동을 오해하는 것 같아요. 종종 십대들은 사실을 제대로 보지 못하거든요. 그 애들이 감지한 것에 동의할 수 없는데 어떻게 그 애들의 분노를 인정해 줄 수 있겠어요?"라고 반문한다.

이런 질문을 해주어서 기쁘다. 왜냐하면, 이 시점에서 많은 부모가 심각한 실수를 하기 때문이다. 그들은 사실과 느낌을 혼동한다. 사실에 대해서는 십대 자녀들과 논쟁하면서 자녀들의 느낌은 무시하는 것이다. 만일 논쟁이 가열되면 무시당한 느낌은 더 자극받게 될 것이다. 무시당한 느낌은 부모와 십대 자녀 간에 긍정적인 관계를 맺지 못하게 한다. 그러므로 3단계가 매우 중요하다. 십대 자녀의 화난 느낌을 어떻게 인정할지 모른다면 십대 자녀에게 분노를 긍정적으로 처리하는 법을 결코 가르칠 수 없을 것이다. 지금부터 내가 말하는 내용은 매우 중요하므로 정신을 집중하기 바란다.

당신이 잘못이라고 믿고 있는 일이 저질러지면 당신은 화가 날 것이다. 하지만 그 반대면 화가 나지 않을 것이다. 당신은 상황이 옳지 않다고 생각되어 화가 난 건데, 내가 만약 그런 화낼 권리를 인정해 주지 않는다면, 보이는 사실을 그대로 제시해도 당신은 그것에 쉽게 마음을 열지 못할 것이다. 내가 감지한 내용을 당신이 들을 수 있는 감정적인 분위기로 만든다는 것은 바로 내가 당신의 화낼 권리를 인정한다는 것이다.

다른 사람의 감정을 진정으로 인정해 줄 수 있는 방법 가운데 하나는 '감정 이입', 즉 '공감하는 마음'을 갖는 것이다. 이는 다른 사람의 입장이 되어서 그의 눈으로 세상을 보려고 노력하는 것이다. 여기에서는 부모들이 십대가 된다는 것을 의미한다. 불안정한 기억들, 기분 전환, 독립과 자기 정체성의 욕구, 또래 친구들에게 받아들여지는 것의 중요성, 부모에게 받고자 하는 사랑과 이해의 절대적인 필요성 등을 느껴 보는 것이다. 십대 자녀에게 공감하는 마음을 갖길 원치 않는 부모는 자녀의 분노의 느낌을 인정하는 데 어려움이 있을 것이다.

커티스의 경우는 공감하는 마음의 위력을 보여 주었다.

"제가 공감하는 마음을 가지려고 노력했을 때 일어난 일은 정말 놀라웠습니다. 지난주 저는 딸아이의 운전 권리를 박탈했어요. 그것 때문에 딸이 제게 화를 냈지요. 딸아이는 그런 처사가 얼마나 부당하고 당황스러운지 모르며, 친구들에게 아빠가 차를 못 쓰게 하기 때문에 학교 갈 때 태워 줄 수 없다고 말할 거라고 제게 고함을 질러 댔어요. 지난번에도 그 애와 논쟁할 때 일주일만 차를 못 쓰게 하는 것에 오히려 고마워해야 한다고 했어요. 친구들은 다른 차를 이용할 수 있지만, 넌 이런 당혹스러움을 당해 봐야 한다고 했지요. 이 말이 그 애를 더 화나게 만들었어요. 그 애는 심술궂게 굴면서 고함을 쳤어요. 저는 몇 마디 말만 던지고 우는 아이를 그대로 둔 채 방을 나와 버렸어요. 제가 인정하고 싶은 것보다 훨씬 더 많이 이런 일이 발생했어요. 그러나 공감하는 마음에 대한 박사님의 강의를 듣고는 딸의 입장에서 일주일 동안 자동차를 운전하는 권리를 박탈당한다는 것이 얼마나 힘든지 생각했습니다.

딸만 한 나이 때 저는 차가 없었습니다. 하지만 아버님이 제게 2주일 동안 연습을 시켜 운전면허를 따게 해주셨는데, 가족용 차를 몰지 못하게 하셨던 때가 기억납니다. 그때 얼마나 당혹스러웠는지 모릅니다. 딸의 눈으로 세상을 보려고 애쓰니 놀라웠습니다. 저는 그 아이의 감정을 이해할 수 있게 되었어요."

커티스는 계속해서 말했다. "그래서 전 딸에게 말했습니다. '네가 나한테 화를 내는 이유를 알아. 학교 갈 때 친구들을 태우고 갈 수 없게 되어 무척 당황했을 거라는 생각이 들어. 내가 너였더라도 당연히 화를 냈을 것이고, 당황스러웠을 거야. 하지만 부모인 내 입장을 네게 말하고 싶구나. 네가 처음으로 속도위반에 걸리면 일주일, 1년에 두 번 걸리면 2주일 동안 운전하는 권리를 박탈하겠다는 규칙 기억하지? 우리 둘 다 동의했잖니. 만일 네가 그 규칙을 지킬 수 있도록 내가 도와주지 않으면 난 무력한 부모가 되는 거야. 우리가 규칙을 위반하면 그 결과로 인해 고통을 당해야만 하는 것이 현실이기 때문이지. 나는 너를 많이 사랑해. 난 네가 지금 당장 느끼고 있는 당혹감에 연민을 느끼지만 이것이 내가 규칙을 강화시켜야만 하는 이유란다.'"

커티스는 눈물을 흘리면서 이렇게 말했다. "저는 딸아이에게 포옹을 해주고 방을 나왔습니다. 그때 처음으로 제 딸의 분노를 긍정적으로 처리했다고 느꼈습니다."

이렇게 부모의 공감하는 마음에서 나오는 말들은 십대 자녀의 당혹감을 없애지는 못하지만 그들의 분노를 무디게 하는 역할은 한다. 부모가 십대 자녀의 분노를 알아차리고, 그것에 대해 자녀와 논쟁하기보다는 그것을 정당한 것으로 인정한다면, 자녀는 조롱당하지 않고 체면도 살았기 때문에 분노가 가라앉을 것이다. 십대 자녀의 말을 경청하는 2단계는 그들의 분노를 인정하는 3단계에 선행된다. 십대 자녀들의 상황에 대해 듣지 못하면 그들의 분노에 솔직히 공감할 수 없다.

마리의 십대 딸은 '필요한' 겉옷을 하나 더 사주지 않자 마리에게 화를 냈다. 이는 그녀의 딸이 몇 주일에 걸쳐 세 번째로 요청한 '물품 구입'이었다. 엄마는 이미 처음 두 번은 물건을 사주었다. 하지만 이번에는 사주지 못했다. 마리는 형편상 그렇게 사줄 수가 없어서 딸에게 그 이유를 설명했다.

마리는 딸이 엄마가 자기를 사랑하지 않는다고 비난하면서 성난 말들을 쏟아 내자 평상시 자기가 하던 대로 하지 않고 이번에는 딸의 말을 경청했다. 그녀는 노트를 꺼내 자기 딸이 표현한 주요 문제들을 적어 내려갔다. 그리고 이런 문제들을 가지고 논쟁하기보다는 딸 니콜에게 "생각해 보니 네가 왜 그렇게 내게 화가 났는지 이해하겠어. 내가 너의 입장이라도 그렇게 화가 났을 거야."라고 말했다. 만일 마리가 니콜의 문제에 대해 처음에 경청하지 않았다면 그런 공감하는 표현은 불가능했을 것이다. 경청은 공감하는 마음을 창조해 낼 수 있다.

당신의 관점을 설명하고 해결 모색하기

십대 자녀의 말을 다 경청하고 난 후 그의 분노와 다른 감정들에 공감해 주는 표현을 하면 분노를 처리하는 마지막 단계, 즉 당신의 관점을 설명하고 해결책을 모색하는 단계로 더 빨리 들어설 수 있다. 지금, 오로지 지금이 부모가 자기 관점을 십대 자녀와 나눌 준비가 된 때인 것이다.

만일 처음 세 단계를 따르기 전에 이렇게 해버리면 십대 자녀와의 논쟁은 계속되고 부모는 결국 후회하게 될 것이다. 그러나 주의 깊게 경청하고, 십대의 분노를 인정하면 십대 자녀도 당신의 관점에 귀 기울일 것이다. 당신에게 동의하지는 않더라도 당신 말을 들을 것이고, 그 문제는 해결될 수 있을 것이다.

마리의 상황에서 니콜의 느낌을 이해하고 인정한다는 표현으로 마리는 이렇게 말한다. "내가 돈만 많다면 너에게 그 옷을 사주었을 거야. 하지만 그렇지 못하잖아. 사실 지난 두 주 동안 네가 원하는 옷을 두 벌이나 사주었어. 우리가 쓸 돈은 정해져 있으니 더 이상은 살 수 없는 거야." 니콜은 어머니의 결정이 만족스럽지 않고, 여전히 화가 날 수도 있지만 마음속으로는 어머니가 옳다는 것을 안다. 또한, 어머니가 주의를 기울여 자기 말을 경청했고, 자기 느낌을 인정해 주었기 때문에 어머니에게 반감을 품지는 않는다.

그러나 니콜이 옷을 사달라고 했을 때 마리가 다음과 같이 폭발했다고 가정해 보자. "이젠 더 못 사줘. 지난 두 주 동안 두 벌이나 사주었잖니. 그것으로 충분해. 넌 왜 그렇게 갖고 싶은 게 많니? 네가 얼마나 자기중심적인지 아니? 다른 가족들도 옷이 필요하다는 생각은 안 해?" 만약 이런 반응을 보였다면 니콜은 거부당했다고 느끼며 분명 자기 어머니에게 반감을 품었을 것이다.

십대 자녀가 옳을 때(이런 일은 발생한다)

십대 자녀들의 말에 귀 기울이다 보면 그들의 말이 옳다고 인식될 경우가 있다. 메리 베스가 말했다. "제 딸 크리스티가 제게 자기 방에 들어가 책상을 정리했다고 화를 냈던 날을 결코 잊을 수 없어요. 그 아이는 화를 내면서 분명하게 말했어요. 제가 자기 공간을 침범했다고요. 저에게는 자기 방에 마음대로 들어갈 권리가 없는데, 방에 들어가서 자기 책상에 있는 물건들을 흩어 놓고, 자기에게 무척 중요한 물건들을 버렸다는 거지요. 바로 그때 저는 그 아이가 얼마나 깊은 상처를 받았는지 깨달았어요. 저는 그 애 방에 들어가 제 마음대로 할 권리가 있다고 논쟁할 수 있었어요. 방을 잘 정돈하면 제가 그럴 필요가 있겠느냐고 말이죠. 하지만 그렇게 하는 대신 그 아이의 말을 경청했습니다. 생각해 보니 그날은 딸아이가 17살이 되는 날이었거든요.

저는 더 이상 딸아이를 어린아이로 대할 수 없었어요. 그래서 '미안하구나. 지금 생각해 보니 내가 잘못했다. 책상만 정리해 주려고 했는데……. 이제 널 이해해. 난 네 물건을 버릴 권리가 없었어. 실은 네 책상을 정리할 권리도 없지, 뭐. 날 용서해 준다면 다신 네 책상에 손대지 않을게.'라고 했어요. 그날은 어른이 되어 가는 딸과 관계가 새롭게 시작되는 날이었답니다."

부모들은 완전할 수 없기에 가끔 실수를 한다. 그런데 그 실수가 십대 자녀들의 분노를 자극한다. 만일 십대 자녀들의 말을 경청하고 솔직해진다면 우리는 우리의 잘못된 행동을 알아차리게 될 것이다. 십대 자녀들에게 잘못했다는 것을 깨닫고, 이를 고백하고 용서를 구하는 일은 가장 긍정적인 접근 방법이 된다. 대부분의 십대는 진심으로 사과하면 부모들을 용서한다.

반면, 부모가 십대 자녀와 완전히 다른 견해를 가질 경우가 있다. 이런 경우에는 상냥하지만 단호한 태도로 자신의 견해를 확실하게 드러내야 한다. 존은 자기 아들 제이콥이 화가 나서 퍼붓는 말들을 주의 깊게 경청했다. 제이콥은 아버지가 자동차 보험료 낼 돈을 빌려 주지 않아 화가 났다. 제이콥이 16살이 되었을 때 존은 그가 연료비, 엔진 오일 교환비, 보험료를 내겠다는 약속을 받고 자동차를 사주었다. 그때는 1년 6개월 전이었다. 보험료는 6개월이 기한인데, 제이콥은 처음 두 번은 별문제 없이 혼자서 해결했다. 하지만 지금 그는 그럴 여력이 없어 아버지가 돈을 빌려 준다면 계속 차를 몰 수 있다고 생각했다. 제이콥은 자기 아버지가 돈이 많다는 것을 안다. 그래서 돈을 빌려 주는 문제는 아버지에게 별 대수롭지 않은 일일 거라고 여겼다.

존은 제이콥의 말을 주의 깊게 경청하면서 그의 말을 노트에 적었다. 그리고 이렇게 말했다. "그래, 내가 돈이 많으니 네게 돈을 빌려 주어야 한다는 거구나. 그렇게 해도 내가 손해 볼 일은 없다, 이거지?"

"그래요. 그런 것은 아빠에게 대수롭지 않은 일이잖아요. 제게는 큰일이지만요. 아빠가 돈을 빌려 주시지 않으면 저는 2주일 동안이나 차를 몰 수 없어요."

존은 다시 그의 말을 경청했고 자기 생각을 설명했다. "난 네가 왜 내게 이런 요구를 하는지 알아. 차를 2주일이나 몰 수 없다면 무척 불편하겠지. 하지만 처음에 우리는 연료비, 엔진 오일 교환비, 보험료는 네가 내는 것으로 약속했잖니. 보험료는 6개월이 기한이라는 것을 알고 있잖아. 그런데 넌 돈을 모으지 않고 쓰기만 했어. 그건 네가 선택한 거니까 뭐라고 말하진 않겠어. 난 네가 돈을 썼다고 탓하는 게 아니야. 단지 보험료를 낼 돈이 없을 정도로 썼다는 게 잘못이라는 거야."

제이콥의 아버지는 계속 말했다.

"난 너를 돕기 위해 네게 모질게 해야 한다는 생각이 드는구나. 이번 일은 네게 돈 관리에 대한 훌륭한 교훈이 되리라 생각한다. 난 보험료를 낼 돈은 빌려 줄 수 없어. 그렇게 하면 부모 역할에 실패하는 것이라는 생각이 든다. 하지만 앞으로 2주일 동안 내 차가 필요할 때는 기꺼이 빌려줄게. 그리고 기사 노릇까지 해주마. 내 말 이해하겠니?"

제이콥은 고개를 떨구고는 "그런 생각이 드네요."라고 중얼거렸다. 제이콥은 마음이 기쁘지는 않았지만 아버지의 말을 이해했다. 아버지가 자기 말을 주의 깊게 경청했고, 자기 문제를 인정해 주었고, 이해의 표현을 해주었기 때문에 이를 기꺼이 받아들였다.

우리는 십대 자녀들의 분노를 처리하여 그들이 해결 지점까지 이를 수 있도록 도와야 한다. 십대의 마음에 응어리진 분노는 매우 해롭다. 풀리지 않은 분노는 비탄과 분개심을 갖게 하며, 거부당하고 사랑받지 못한다고 느끼게 한다. 분노가 풀리지 않으면 십대는 부모가 표현하는 사랑을 거의 받아들일 수 없게 된다. 많은 부모가 십대 자녀들이 자기 사랑을 거부해서 좌절감을 느끼곤 한다. 열심히 노력하면 할수록 더 거절당한다. 십대 자녀에게 사랑을 성공적으로 전달하고 싶다면 그의 분노를 해결할 방법을 모색해야 한다. 분노가 오랜 세월 축적되었다면 자녀가 분노하는 문제를 자유롭게 털어놓을 수 있도록 분위기를 조성해야 한다.

과거의 잘못을 인정하는 것은 이런 분위기를 조성하는 하나의 방법이 될 수 있다. 예를 들면 이렇게 말할 수 있다. "전에는 언제나 내가 네 말을 경청하지 않았기 때문에 네가 화가 났다는 것을 이제 깨달았단다. 네게 상처를 입히고 비판하는 말을 한 적도 있는데, 난 지금 그게 몹시 후회되는구나. 내가 부모로서 완전하지 않다는 걸 알아. 이젠 잘못한 부분을 바로잡고 싶구나. 네가 원한다면 어떤 부분에서 상처를 받았는지 네 솔직한 심정을 듣고 싶어. 그런 말을 하는 것이 너나 나에게 고통스러울 수도 있어. 하지만 난 기꺼이 네 말을 경청할 거야."

이런 말들은 십대가 자기의 누적된 분노를 드러내고 부모들이 그 문제를 처리할 수 있는 가능성을 열어 준다. 만일 부모의 이런 제안에도 반응하지 않으면 그 아이는 전문적인 상담이 필요할 것이다. 십대 자녀가 상담에 응하지 않을 때는 부모가 상담실을 찾아가 자기의 진실성을 보여 줄 수 있다. 그러면 결국 십대 자녀는 상담 과정에 기꺼이 응할 것이다.

십대 자녀에게 분노를 받아들이고, 이를 긍정적인 방식으로 처리하도록 가르쳐 주는 것은 십대 자녀의 감정적, 사회적, 영적 생활에 크게 공헌하는 일이다. 십대는 경험으로 분노를 처리하는 법을 배운다. 우리는 십대 자녀가 지금 어느 지점에 있는지부터 시작하여 처음에는 비록 비명을 들을지라도 그들이 분노를 처리하도록 도울 수 있다. 그리고 나중에는 더 좋은 분노 전달 방법을 가르칠 수 있다. 그 과정에서 십대 자녀에게 말을 하지 못하게 하면 안 된다. 그러면 그들의 메시지를 들을 수 없게 된다.

다음의 시는 내 아들이 20대일 때 나에게 써준 것으로, 내게 경청의 치유 능력을 믿게 해주었다.

아빠

지난날 당신은 어둠 속에서 들었습니다.
그렇게 당신은 날 대했습니다.
젊은 날 내 입에서 폭발하는 심포니-
칼날 같은 말들, 가위 날 같은 말 한마디, 한마디
당신은 이것들을 들을 귀를 가지고 계셨습니다.
다른 사람들은 모두 가버렸지만
당신은 남았습니다.
그리고 들었습니다.

천장에 구멍을 냈을 때-비명의 총소리
재빨리 뿜어내는 불길
멋진 천사들의 날개를 관통하는
재빠르게 뿜어내는 불길
당신은 기다렸다가
날개를 고쳤습니다.

그리고 우리는 이렇게 계속했습니다.
그다음 날에도
그다음 식사 때도
그다음 폭탄으로.

그리고 그 모든 것 위에
덮개로
피난처로
보호자로
당신은 전쟁터에 머물렀습니다.
온몸을 화염에 노출한 채
당신은 생명을 무릅썼습니다.
당신이 나를 기르실 때
귀 기울이는 데 생명을 거셨습니다.
지난날 어둠 속에서

1993. 12.
데렉 채프먼

11

사랑과 독립심

　매트와 로리는 가정 주치의에게 13살인 아들 션에 관한 이야기를 쏟아 내면서 자문을 구했다. 매트가 "그 애는 성격이 바뀌었어요. 그 애 기분을 예측하기가 참 힘들어요."라고 말하기 시작하자 로리는 "그 아이는 한 번도 반항한 적이 없었거든요." 하고 덧붙였다. "그런데 지금 그 애는 우리 말에 꼬박꼬박 대들어요. 언어도 바뀌었어요. 그 애가 말하는 것 중에 절반은 못 알아듣겠어요. 2주일 전에는 우리에게 욕까지 했어요. 전혀 욕 같은 건 해본 적이 없는 아이가 말이에요."

　"션이 신경상의 무슨 문제가 있는 것은 아닌지 걱정입니다."라고 매트가 말했다. "혹시 뇌에 외상 같은 것이라도 있는지 모르겠어요."라고 로리가 덧붙였다. "검진을 받게 해야 하는 것은 아닌지 걱정입니다. 의사 선생님 생각은 어떠신가요?"

　의사는 이에 동의했고, 2주일 후 션은 검사를 받으러 갔다. 컴퓨터 촬

영을 포함해 철저한 신체검사를 한 후 의사는 매트와 로리에게 션이 완전히 정상적인 십대 아이라고 알려 주었다. 신경상에는 문제가 없었다. 그들이 경험한 것은 청소년기 발달상의 정상적인 징후들이었다. 매트와 로리는 신체상 아무런 문제가 없다기에 안심이 되면서도 이렇게 사람을 놀라게 하는 션의 발달 단계에 어떻게 반응해야 하는지 혼란스러웠다. 그들은 그의 행동을 무시할 수 없다는 것을 알았다.

매트와 로리는 어리던 자녀가 십대가 되면서 갑자기 받게 되는 부모들의 정상적인 충격을 경험하고 있었다. 이는 손수레가 갑자기 뒤집어지는 것과 같다. 전에는 괜찮았던 것이 이젠 더 이상 괜찮지 않고, 그들이 알고 있다고 생각하는 아이가 갑자기 이방인이 되는 것이다.

우리는 십대들의 독립심의 발발과 자기 정체성의 욕구에 관한 이야기를 나누었다. 하지만 이 장에서는 십대의 발달 시기에 일어나는 전형적인 변화들에 초점을 맞추려고 한다. 십대 자녀들의 독립심과 자기 정체성이 드러나는 방식들을 알 때, 부모들은 십대 자녀를 인정하고 사랑을 보여 줄 수 있는 더 좋은 방법들을 배울 수 있다. 그리고 십대 자녀들의 제1의 사랑의 언어를 더 효과적으로 표현할 수 있을 것이다.

두 번의 갈등 시기

부모들이 종종 자기 자녀들과 갈등의 고조에 이르는 두 번의 시기가 있는데, 그때가 언제인지 아는가? 연구 조사자들은 그 첫 번째 시기는 우리가 전형적으로 '무서운 3살'이라고 부르는 때이고, 두 번째 시기는 사춘기 전후라고 말한다. 이렇게 무서운 두 번의 시기를 통과하는 동안 자녀는 부모로부터 육체적인 독립을 시위하면서 갈등을 겪는다. 아기일 때는 작은 두 다리로 부모가 볼 수 없는 곳으로 걸어가고, 작은 손으로는 부모를 매우 좌절하게 하는 일들을 저지른다. 엄마의 립스틱으로 벽지에 나무를 그리고, 욕실 깔개에 파우더를 몽땅 쏟고, 서랍을 샅샅이 뒤지고……. 이 같은 이야깃거리들을 갖고 있지 않은 부모는 없을 것이다.

유아기를 훌쩍 넘어 사춘기가 시작되는 두 번째 단계에는 부모와 자녀 간의 갈등이 최고조에 달한다. 십대는 상당히 진보한 인생 여정의 한 시기로, 십대 아이가 저질러 놓은 어수선함과 망가뜨린 규칙들은 부모와 자녀 간의 갈등의 강도에 상당한 영향을 초래한다. 부모들은 십대 자녀들이 청소년기 초기가 되면 대립 횟수가 증가한다는 것을 예측할 수 있다. 청소년 전문가 스타인버그와 레빈은 "부모, 자녀 간의 대립 관계는 중2, 3학년 때 절정을 이루고 그 이후에는 감소한다"[1]는 희소식을 전한다.

부모를 좌절하게 하는 두 번의 인생 발달 단계에서 부모가 이를 예측해 긍정적인 방식으로 반응하는 전략을 약간만 알고 있다면 도움이 될 것이다. 물론 여기서 우리가 관심 갖는 부분은 십대 초기인 두 번째 시기다.

독립의 욕구 그리고 사랑

먼저, 예측할 수 있는 평범한 행동 양식들 가운데 몇 가지를 살펴보자. 독립하려는 십대의 욕구는 많은 태도로 표현될 것이다. 십대들은 독립하려는 욕구와 더불어 부모의 사랑도 여전히 필요로 한다. 그런데 부모는

---

1) Lawrence Steinberg and Ann Levine, *You and Your Adolescent* (New York:Harper&Row, 1990), 150.

십대 자녀가 독립해 나가는 것을 더 이상 부모의 사랑을 필요로 하지 않는 것으로 해석한다. 이는 중대한 실수다.

우리의 목표는 십대 자녀가 독립하도록 격려하는 것이고, 동시에 그들이 필요로 하는 사랑을 충족시키는 것이다. 십대가 독립을 추구할 때 수반되는 행동상의 특성들은 통상적으로 다음의 영역으로 몰린다.

개인적 공간의 욕구

십대는 가족의 일원이 되고 싶어하는 동시에 가족으로부터의 독립도 원한다. 이런 현상은 종종 개인적인 공간을 필요로 하는 것에서 드러난다. 십대들은 부모와 함께 공공장소에 다니는 것을 꺼린다. 친구들과 우연히 부딪힐 수도 있다고 생각할 때는 더욱 그렇다. 그들은 부모와 함께 있고 싶지 않아서가 아니라 더 성숙하고 독립한 것처럼 보이고 싶어서 이런 태도를 보인다. "주차장에서 내려 주세요. 그리고 2시간 후 자동차에서 만나요." 십대들은 부모와 함께 쇼핑몰에 온 것을 보이고 싶지 않을 때 이런 말들을 한다.

십대 딸과 함께 쇼핑하러 왔다고 생각하는 어머니는 딸의 이런 태도에 상당히 화가 날 것이다. 그러나 십대의 독립의 욕구를 이해하는 어머니는 이런 요구를 존중하고 딸이 가려고 할 때 아이의 제1의 사랑의 언어를 사용하여 사랑을 표현할 것이다. 그러면 그 십대는 사랑과 독립심을 동시에 느낄 것이다. 십대의 요구에 상처를 주고 화를 내는 부모는 그 자녀와 말다툼을 일으키고 말 것이다. 그러면 그 자녀는 사랑받지 못하고 통제당한다고 느끼면서 그곳을 벗어날 것이다.

십대 자녀들을 영화관이나 교회에서 가족들보다 친구들과 함께 앉도록 허용하는 것은, (단, 사랑의 표현이 수반된다면) 십대의 독립심을 인정해 주는 동시에 그들의 사랑의 욕구를 충족시키는 것이다. 때로는 가족끼리 외식하러 갈 때 십대 자녀 혼자 집에 남아 있게 하거나, 친구들과 저녁 식사를 하라고 하는 것도 같은 목적을 만족하게 한다.

자기만의 방

십대들은 종종 자기만의 방을 요구한다. 십대가 되기 전에는 동생과 같은 방을 써도 만족하겠지만, 십대 시절에는 가능하다면 자기만의 공간을 갖고 싶어할 것이다. 자기 방이라면 다락방이나 지하실 방이라도 마다하지 않을 것이다. 심지어 계단 밑이나 복도 끝이라도 자기만의 공간이 될 수 있다면 기꺼이 사용할 것이다. 부모들은 종종 십대들의 이런 요구를 좌절시키곤 한다. 십대들의 요구가 부모들에게는 합리적으로 보이지 않을 수 있다. 깨끗한 방에서 동생과 잘 수 있는데 왜 굳이 축축한 지하실 방에서 자고 싶다는 걸까? 해답은 바로 독립의 욕구에 있다.

나는 가능하면 부모들이 모든 십대 자녀의 요구에 응하길 제시한다. 일단 공간이 허락된다면 십대는 자기 취향에 맞게 공간을 장식하고 싶을 것이다. (이때가 바로 부모들이 십대 자녀의 공간을 보고 기뻐할 때다!) 십대 자녀는 분명 방을 꾸밀 때 재료의 색깔, 모양 등을 부모와 다르게 선택할 것이다. 다시 말하건대, 그 이유는 독립심에 있다.

개인만의 공간을 마련해 주고 이를 자기 취향대로 장식하게 하는 것은 (더불어 부모의 의미 있는 사랑 표현이 수반된다면) 십대의 독립심을 길러 주고, 십대의 감정의 탱크를 계속 가득 채워 준다. 개인적인 공간과 그것을 장식하는 일이 얼마나 어리석은 짓인가 내내 논쟁하면 그 십대 자녀는 자존감을 잃게 되고, 부모가 결국 자녀의 요구를 승인하더라도 부모와 자녀 간에는 감정의 벽이 생기게 된다.

감정의 공간의 욕구

십대들에게는 감정의 공간이 필요하다. 어렸을 때 자녀들은 당신에게 학교에서 일어난 일, 지난밤의 꿈, 숙제가 너무 어렵다는 불평 등 모든 것을 털어놓지만, 십대가 되면 당신은 배제된 느낌을 받을 것이다. 학교에서 무슨 일이 있었는지 물어보면 아이는 "아무 일도 없었어요." 혹은 "전과 같아요."라고 대답할 것이다. 십대 딸의 친구들 중 한 명에 대해 자세히 물어보면 캐묻는다고 당신을 비난할 것이다. 이는 아이가 비행을 덮으려는 것이 아니다. 십대들이 감정적 독립을 수립하는 것은 그들 자신의 생각, 느낌과 보조를 맞추면서 이루어진다. 부모들은 십대 자녀들의 이런 욕구를 존중해야 한다. 당신도 당신의 생각과 느낌을 모두 십대 자녀와 나누지는 않을 것 아닌가?

어른이 된다는 것에는 우리가 언제, 무엇을 다른 사람과 나눌 것인지를 선택하는 것도 포함된다. 십대 자녀는 지금 어른이 되어 가고 있다. 십대들의 감정의 공간의 가치를 배운 부모들은 이렇게 말할 것이다. "때로는 네 생각과 느낌을 나에게 털어놓고 싶지 않을 때가 있다는 건 나도 알아. 이해해. 괜찮아. 네가 말하고 싶을 때 말해. 언제든지 들어줄게."

십대들이 자신의 감정적인 공간의 욕구를 표현하는 또 다른 방법은 전에 받았던 사랑의 표현들에 움츠러드는 것이다. 십대 딸이 당신의 도움을 거절하더라도 놀라지 말라. 오랫동안 당신의 봉사는 사랑의 표현으로 받아들여졌다. 지금 그 아이는 스스로 하길 원하고, 그것을 할 때는 당신이 전에 했던 방법과 아주 다르게 할지 모른다. 이는 당신의 도움이 필요하지 않아서가 아니라, 당신의 도움이 필요하다고 상기되는 것을 원치 않기 때문에 그럴 수도 있다. 그 아이는 독립하고 싶은 것이다. 현명한 부모는 문제를 강요하기보다는 뒤로 물러서서 "도움이 필요할 때는 내게 알려 줘."라고 말할 것이다. 의미 있는 사랑의 표현과 함께 이렇게 말하면 당신의 아들딸은 독립심도 생기고, 사랑도 느낄 것이다. 그러는 가운데 자녀가 도움이 필요하면 스스로 도움을 요청할 수 있는 분위기가 형성된다.

당신의 13살짜리 딸은 당신이 포옹할 때 뿌리칠 수도 있다. 이는 그 아이가 스킨십을 더 이상 원하지 않기 때문이 아니라, 당신이 그 아이가 어렸을 때 하던 방식으로 스킨십을 했기 때문일 수도 있다. 그 아이는 지금 어른이 되어 가는 중이므로 어린아이로 취급받고 싶어하지 않는다. 현명한 부모는 십대가 환영하는 새로운 스킨십 방식을 발견할 것이다.

십대 자녀에게 당신 가정을 방문하는 친척 앞에서 어떻게 처신해야 할지 교훈을 줄 때는 전과는 정반대로 요청하라. 그런 요구들은 십대들에게 종종 유치하고 가식적인 것으로 보인다. 십대 자녀에게 인정하는 말을 할 때는 당신의 말이 신실한가를 확인하라. 만일 자녀가 당신이 좋은 말을 하면서 자기 느낌을 조종하려 든다고 감지하면 당신의 말을 신실하지 못하다고 여기며 거부할 것이다.

이 모든 것 뒤에는 십대 자녀의 감정적인 공간의 욕구가 있다. 그들은 사랑받고 싶기는 하지만, 어렸을 때처럼 숨 막히는 것을 원하지는 않는다. 이런 점에서 사랑의 언어의 새로운 방언들을 배우는 것이 십대 자녀에게 사랑을 전달하는 데 매우 중요한 것이다.

사회적인 독립의 욕구

가족 이외의 친구들

십대들은 육체적, 감정적 공간뿐만 아니라 부모로부터의 사회적인 독립도 원한다. 이런 사회적인 독립의 욕구는 수많은 장소에서 표출된다. 십대들은 종종 가족 이외의 친구들을 선택한다. 가족은 언제나 가족으로서의 일들을 할 뿐이다. 이제 십대 자녀는 가족과 함께 가고 싶지 않다. 부모는 토요일 오후에 소풍 갈 계획을 세우고 목요일 저녁에 자녀들에게 알린다. 그러면 십대 자녀는 "저는 빼고 가세요."라고 한다.

"'널 빼라니' 그게 무슨 말이니? 마치 넌 아빠같이 말하는구나. 넌 우리 가족의 일원이야."

"알아요. 하지만 저는 이미 계획이 있어요. 친구들과 어디 갈 거예요."

"그러면 친구들에게 계획이 변경되었다고 말해라. 이것은 가족 외출이야. 그래서 너도 꼭 가야 해."

"하지만 저는 가고 싶지 않아요." 십대 자녀가 말한다. 만일 이때 부모가 자녀를 어린아이가 아닌 십대 자녀로 대해야 한다는 것을 재빨리 깨닫지 못하면, 이것은 큰 전쟁으로 발전할 것이다.

부모들은 십대 자녀들에게 가족 외출에 동반하자고 강요할 수 있다. 일단 자녀가 간다면 좋은 시간을 보낼 것 같다. 하지만 부모들이 이 같은 작전 행동을 십대 자녀들에게 시도한다면 그들은 마지못해 따라온 여행객처럼 굴 것이다. 그들의 기분은 빨리 회복되지 않을 것이고, 그 상태로 내내 외출을 즐기지 못할 것이다. 또한, 당신의 강요에 대항하여 독립하려고 안간힘을 쓸 것이다.

이같이 날짜가 임박하여 알리는 경우라면, 십대 자녀에게 가지 않아도 된다고 허용해 주는 것이 훨씬 좋은 접근 방법일 수 있다. 십대 자녀는 절대로 가족과 함께 가지 말아야 한다는 것이 아니다. 십대 자녀가 반드시 가야 하는 극히 중요한 경우라면 자녀를 그곳에 데려가야겠다고 생각할 수 있다. 하지만 이런 경우에도 미리 잘 알려 주어야 한다. 이는 십대 자녀에게 그 일에 대비할 감정적인 시간을 주는 것이다. 그리고 그 행사에 참석하는 것이 왜 중요한지도 설명해 주어야 한다. 만일 십대 자녀가 자기 스케줄과 관심이 고려되었다는 느낌을 받으면 긍정적인 태도로 가족과 함께 갈 것이다.

반면, 십대들은 사회적 독립을 위해 가족과 떨어져서 무언가를 하는 것이 좋다. 십대의 독립심의 가치를 인식하는 부모는 자녀가 가족을 떠나 사회적인 행사에 참석하도록 허용할 것이다. 그렇게 자녀의 독립심을 길러 주고, 논쟁보다는 사랑의 표현이 담긴 칭찬을 곁들여 줄 것이다. 십대 자녀와 논쟁하다가 결국 나중에 마지못해 허용하는 부모는 독립심도 길러 주지 못하고, 사랑도 표현하지 못할 것이다. 십대들이 친구들과 함께 있고 싶어하는 것은 부모를 거부하는 것이 아니다. 이는 자녀의 사회적 지평선이 가족을 벗어나 더 넓어지고 있다는 증거다.

심사숙고 후 대부분의 부모가 이것은 바로 자신들이 희망했던 일이라는 사실을 인식한다. 어떤 부모들이 자기 자녀들을 사회적으로 자신의 테두리에 영원히 묶어 두려 하겠는가? 사회적 독립심이 나타나기 시작하는 때가 십대 시기다. 현명한 부모들은 후에 자녀가 가족 외의 사회적 경험을 하도록 긍정적인 토대를 마련해 줄 것이다.

자기 취향에 맞는 음악

음악은 사회적 독립의 욕구가 표현되는 또 다른 영역이다. 십대에게 음악보다 더 중심되는 문화는 없다. 확실히 말할 수 있는 사실은 십대 자녀는 당신이 즐기는 음악과 다른 음악을 선택한다는 것이다. 어떻게 이렇게 확실하게 말할 수 있을까? 그 대답은 독립이라는 말 한마디에 있다. 십대 자녀는 당신과 다른 것을 원한다.

십대들은 독립심을 표현하는 한 방편으로 음악을 선택한다. 만일 자녀들이 어렸을 때 당신이 좋다고 생각하는 음악을 들려주었다면 두려워하지 않아도 된다. 그 음악은 자녀의 일생에 계속 영향을 줄 것이기 때문이다. 음악은 인간의 마음과 영혼을 감동시키는 하나의 방편이다. 자녀가 십대 시기를 지나는 순간에는 예외가 될 수 있으나, 좋은 음악의 영향은 영원히 사라지지 않는다. 십대 시기는 독립심을 일구어 가는 때다. 그들의 음악 선택은 이런 독립심의 발발에 분명 영향을 받는다는 사실을 명심하라.

십대 전과 십대 초기에 부모들은 어떤 가사를 수용하고, 어떤 가사를 수용하지 말아야 하는지 분명한 기준을 세워 주어야 한다. 예를 들면, 살인, 잔인함, 왜곡된 성 경험 등을 정상적인 것으로 묘사하는 가사는 분명 적합하지 않다. 이런 음악을 제외하고는 십대들에게 선택의 자유를 허용할 수 있으며, 그럴 경우 자녀들은 여러 가지 음악 스타일을 탐색할 것이라고 본다. 대부분의 음반은 그 내용의 특성을 지적해 주는 (성이나 폭력이 주제라고 언어로 표기된다) 등급이 매겨진다. 이것은 십대 자녀가 자신의 선택에 대한 평가를 시작하는 데(합리적인 규칙을 세우는 데) 도움을 준다.

십대 자녀가 선택한 음악을 비판하는 것은 아이를 직접 비판하는 것이라고 할 수 있다. 그런 비판이 계속된다면 십대 자녀는 부모에게 사랑받는다고 느끼지 못할 것이다. 그러나 십대 자녀의 선택의 자유를 인정해 주고, 그 자녀의 제1의 사랑의 언어로 계속해서 사랑을 표현하면 그 자녀는 독립심이 길러지고, 사랑의 욕구도 충족될 것이다. 십대 자녀가 듣는 음악의 가사를 읽어 보길 권한다(음악을 듣기만 해서는 가사를 알아들을 수 없다). 십대 자녀가 선택한 음악의 가사를 쓰고 노래를 부른 음악가에 대한 자료를 찾아보라. 그들이 쓴 가사 가운데 당신이 좋아하는 부분과 그것의 긍정적인 면들을 지적해 주라. 그리고 십대 자녀가 자신의 느낌을 이야기할 때 그것을 경청하라.

십대 자녀의 음악에 긍정적으로 접근한다면 이렇게 말할 수 있다. "너도 알겠지만 이 노래는 내 귀에 좀 거슬리는구나. 별로 긍정적이지 못한 것 같아. 이 부분은 너무 파괴적인 것 같고. 넌 어떻게 생각하니?" 십대 자녀는 당신이 자신이 좋아하는 음악을 비판하는 것이 아님을 알기에(실은 긍정적인 말을 많이 해주었다) 당신의 비판에 귀 기울이고 심지어 동의까지 할 것이다. 설령 동의하지는 않더라도 당신은 자녀의 마음에 질문의 씨를 뿌려 놓은 것이다.

만일 십대 자녀가 우상처럼 숭배하는 음악가 중 한 사람이 마약 복용을 하고, 배우자와의 이혼 문제로 구속되었다면 이를 판단하지 말고 동정하라. 그 사람에 대한 고통과 관심을 표현하고, 그 상황에 대한 슬픔을 표현하라. 그러면서 당신은 십대 자녀의 감정에 공감하고 있고, 자녀는 자기가 인정받는다고 느낄 것이다. 십대는 이미 논리적으로 사고한다는 것을 기억하라. 그는 자신의 결론을 끌어낼 것이다. 당신은 그에게 설교할 필요가 없다. 십대 자녀는 당신이 감정적으로 지지해 줄 때 비로소 사랑받는다고 느낄 것이다.

색다른 언어, 색다른 옷

십대들은 색다른 언어를 사용한다. 자녀가 십대가 되면 소위 '십대어'(teenalise)라고 불리는 새로운 언어를 배울 것이다. 그런데 그것을 배우려 들지는 말라. 십대가 이런 언어를 쓰는 목적은 부모들이 이해하지 못하는 언어를 표현하려는 것이다. 이것이 왜 그렇게 중요한가? 대답은 역시 독립심이다. 십대는 부모와 멀어지려고 한다. 언어는 그것을 위한 하나의 수단이 된다. 십대의 언어를 이해하려고 노력하면 그 목적을 파괴하게 될 것이다. 현명한 부모들은 십대의 새로운 언어를 단지 아이가 성장하고 있다는 증거로 받아들일 것이다. 부모들은 어느 시기가 되면 이렇게 질문해 봐도 된다. "그게 무슨 의미인지 말해 줄래?" 하지만 아이의 대답이 부정적일 때는 그 문제를 강요하지 말라.

십대들은 서로의 언어를 이해하지만 어른들은 이해하지 못한다. 십대는 또래 아이들과 연결된다. 이는 가족 밖에서 사회적인 관계를 만들어 가는 것이고, '십대어'는 아이의 새로운 가족들이 표현하는 언어가 된다. 부모들이 "나한테 설명 좀 해봐. 그런 말은 내 사전에는 없는 것 같아."라는 식으로 십대의 새로운 언어를 놀리면, 십대 자녀는 사랑받기보다 거부당한 것으로 느낀다. 현명한 부모는 사회적 독립의 새로운 표현으로 십대의 언어를 허용하면서 계속해서 자녀를 사랑할 것이다.

십대들은 색다른 옷을 입는다. 십대 자녀가 어떤 옷을 입는다고는 말할 수 없다. 하지만 그들의 복장이 당신의 것과 다르다는 말은 할 수 있다. 이런 새로운 의상은 당신이 이전에 한 번도 본 적이 없는 머리 모양, 머리 색깔과 함께 나타난다. 매니큐어 색상을 포함한 그들의 액세서리는 기이하고, 당신이 절대 상상하지 못하는 장소에서 하는 것들이다. 만일 부모가 무슨 차림이 그 모양이냐고 화를 내면 십대 자녀는 움츠러들 것이다. 부모가 지나치게 통제하며 단정하게 입으라고 요구하면 십대 자녀는 부모 앞에서는 그렇게 하겠지만(11살 때처럼 옷을 입을 것이다), 이에 몹시 화가 나 부모가 주변에 없으면 십대 옷으로 바꿔 입을 것이다.

부모들이 복장의 역할을 좀 더 넓은 사회 영역에서 본다면 도움이 될 것이다. 의상은 일차적으로 문화의 지시를 받는다. 만일 의심이 든다면 스스로 질문해 보라. "지금 나는 왜 이런 스타일의 옷을 입고 있지?" 아마 당신의 사회적 테두리 안에 있는 사람들이 비슷한 옷을 입기 때문일 것이다. 당신과 함께 일하고 있는 사람들, 당신이 속한 공동체에 있는 사람들, 그리고 그 밖의 사회적 정황에서 당신과 교류하는 사람들을 살펴보라. 아마 당신과 비슷하게 옷을 입었을 것이다. 십대들도 똑같은 원리를 따른다. 그들은 단지 십대 문화와 자신을 동일시하고 있는 것이다.

어른들의 유행이 왔다 가고, 다시 오는 것처럼 십대들의 유행도 그렇다. 지난주 나는 1950년대에 유행했던 십대 문화와 똑같은 셔츠, 과산화수소로 염색한 똑같은 상고머리를 시애틀에서 목격했다. 2주일 전에는 아내에게 십대들이 '스포츠용 반바지'를 다시 입는다고 했는데, 지금 그들은 그것을 '카프리 팬츠'라고 부른다. 요즘 십대가 어떤 유행하는 옷을 입든지 간에 세대마다 그 목적은 같다. 십대는 부모로부터의 독립에 대한 사회적 정체성을 수립하고 있다.

최근에는 결혼식에 참석했는데 신랑 들러리들 가운데 한 명이 귀걸이를 하고 있었다. 피로연에서 한 노신사가 나를 자기 곁으로 부르더니 그 젊은이를 지적하면서 "채프먼 박사님, 저 의미 좀 설명해 주시겠어요?" 하고 조용히 속삭였다. 나는 "제 생각에 저건 초록색 머리를 하는 것과 비슷한 것 같습니다."라고 대답했다. 그는 마치 이해했다는 듯 "아, 그렇군요."라고 했다. 내 생각이 맞았는지 확신할 수는 없지만, 나는 그 십대 젊은이의 모습을 이상하게 생각하지 않는다.

십대의 사회적 독립의 욕구를 받아들이면서 이런 맥락에서 십대의 의상 스타일을 보는 부모들은 자신의 선호도를 솔직히 표현하기는 하지만 십대가 그렇게 하는 것을 허용해 준다. 좀 더 성숙해지면 자기 주변에 있는 다른 어른들과 비슷하게 옷을 입을 것이라는 사실을 알기 때문이다. 십대의 옷 문제로 부모들은 정상적인 발달 현상을 부모와 십대 자녀 사이를 갈라놓는 문제로 만들어 쓸모없는 전투를 하곤 한다. 그런 전투는 십대 자녀들의 생각을 바꾸지 못할뿐더러 부모들에게 긍정적인 보상을 가져다주지도 못한다.

현명한 부모들은 뒤로 물러나 십대 자녀들에게 사회적으로 독립할 자유를 주면서 자신들의 의사를 전달한다. 그러면서 그들은 십대 자녀들의 제1의 사랑의 언어를 표현하고, 가능하면 다른 4가지 언어도 간간이 표현하며 그들의 사랑의 탱크를 계속 채워 준다.

지적 독립의 욕구

일찍이 우리는 십대들의 지적 발달 기술에 대해 논의했다. 십대는 좀 더 추상적으로, 논리적으로, 보편적으로 생각하게 된다. 십대는 자신의 신념들을 실험해 본다. 전에는 의심 없이 받아들였던 것들을 자세히 살피면서 이제 이성과 논리로 실험한다. 이는 선생님이나 자기 삶에 중요한 그 밖의 다른 어른들의 신념에 의문을 갖는 것과 마찬가지로 자기 부모들의 신념에도 의문을 갖는다는 의미다. 이런 의문들은 세 가지 중요한 영역인 가치관, 도덕적 신념, 종교적 신념으로 집약된다.

가치관

십대들은 부모들의 가치관에 분명 의문을 갖는다. '삶에서 중요한 것은 무엇일까?' 십대는 이 질문을 마음에 품고 자기 부모가 무슨 말을 했는지, 생활 속에서 무슨 행동을 했는지 자세히 살핀다. 자녀는 부모의 말로 표현된 가치관과 생활로 보여 준 가치관 사이에서 가끔 모순을 본다. 인생에서 가장 중요한 것은 가족 관계라고 확신하는 아버지가 실제로는 자기 휴가에 푹 빠져 가족과 함께할 시간이 거의 없으면 아들은 모순을 느낀다. 결혼 생활에서 순결이 가장 중요하다고 말하는 어머니가 직장에서 한 남자와 불륜 관계에 빠진다면 이는 십대 딸에게 분명 위선으로 보일 것이다. "하지만 엄마, 아빠는 ……라고 말씀하셨잖아요."라는 표현들은 부모들의 행동이 말로 서술된 가치관과 일치하지 않을 때 자녀들이 빗발치듯 퍼붓는 말이다.

비록 부모들이 자신의 가치관에 충실하다 하더라도 십대 자녀는 그 가치관에 다소 의문을 제기할 것이다. 십대는 '삶에서 중요한 것은 무엇일까?'라는 질문에 스스로 대답해야 한다. '부모님은 내 인생에서 가장 중요한 문제는 대학에 가는 것이라고 말씀하셨어. 하지만 난 그렇다는 확신이 안 들어. 내가 아는 똑똑한 친구들과 유명한 갑부들 중에는 대학을 나오지 않은 사람들이 많아. 대학에 가는 것이 최선이라고 어떻게 확신할 수 있지?' 십대들은 이렇게 이유를 붙인다.

십대 자녀들이 이렇게 이유를 대는 과정에 영향을 미치고 싶은 부모들은 독백체에서 대화체로, 설교에서 대화로, 독선에서 탐구로, 통제에서 영향으로 그 방향을 바꾸어야 한다. 십대들은 삶의 이런 중요한 부분에서 부모의 가르침을 원한다. 하지만 부모가 자기를 어렸을 때와 같이 대하면 이를 받아들이지 않을 것이다. 자녀가 어릴 때는 부모가 무엇이 옳은지 말해 주면 그대로 믿는다. 그러나 십대가 되면 그것은 더 이상 진실이 아니다. 십대는 증거가 무엇인지, 왜 그런지 알고 싶어한다.

부모들이 기꺼이 십대와의 대화 세계로 들어가 자신의 가치관을 비판적으로 생각해 보고, 그 이유를 말해 주고, 십대의 의견까지 마음을 열고 듣는다면, 십대 자녀는 부모의 가르침을 받아들이고 부모의 가치관에 영향을 받을 것이다. 하지만 "내가 진실을 말했기 때문에 이것은 사실이야."라는 입장만 고수한다면, 십대 자녀는 부모의 가치관을 선택해서 그 영향을 받을 수 있는 기회조차 모두 잃어버릴 것이다. "나는 언제나 이것이 중요하다고 생각했어. 그 이유는 ……때문이란다. 이치에 맞다고 생각하니? 넌 어떻게 생각하니?" 이렇게 접근하면 부모가 십대 자녀의 가치관의 한 부분에라도 영향을 줄 수 있다. 판단과 독선 없이 주고받는 수많은 대화는 부모, 자녀 간의 상호 작용 과정이다. 이를 통해 십대에게 지적 독립을 허용하는 동시에 부모들의 생각을 전할 수 있다.

그런 솔직한 대화와 함께 의미 있는 사랑의 표현이 수반된다면 부모는 자녀의 지적 독립심을 길러 주게 될 뿐 아니라 십대의 감정적 사랑의 욕구도 충족시킬 수 있다. "난 네가 너의 가치관을 세울 권리를 존중해. 넌 지금까지 내 삶을 봐오면서 내 장점과 단점을 알 거야. 나는 네가 상당히 이지적이라고 생각해. 넌 현명한 결정을 내릴 거야."라고 말하는 부모는 십대 자녀의 지적 독립심을 격려해 주면서 인정하는 말이라는 사랑의 언어를 표현하고 있는 것이다.

도덕적 신념

가치가 '무엇이 중요한가?'라는 질문에 대한 대답이라면, 도덕은 '무엇이 옳은가?'라는 질문의 대답이 된다. 인간은 태어날 때부터 도덕적인 존재다. 무엇이 옳고 무엇이 그른가에 대한 신념들이 모든 인간 문화 속에 퍼져 있다. 인간은 하나님의 인격적, 도덕적 형상을 따라 창조되었다. 그래서 인간은 하나님의 형상을 지니고 있다. 도덕의 기원에 대한 개인의 신념이 무엇이든지 간에 모든 사람이 도덕적 신념을 갖고 있다는 것이 문화적인 현실이다. 십대 자녀는 당신의 가치관뿐만 아니라 도덕적 신념에도 의문을 제기할 것이다. 이때 그들은 당신의 말뿐만 아니라 당신의 행동도 세밀하게 살필 것이다.

당신이 시민법에 복종하는 것이 옳다고 선언하면 십대 자녀는 당신이 왜 제한 속도를 위반하는지 알고 싶어한다. 당신이 진실을 말하는 것이 옳다고 하면 십대 자녀는 "왜 전화를 건 사람에게 아빠가 집에 안 계시다고 거짓말을 하셨죠?"라고 묻는다. 다른 사람에게 친절한 것이 옳다고 말하면 십대 자녀는 왜 점원을 학대하듯이 대했는지 물을 것이다. 만일 당신이 인종 차별이 나쁘다고 말하면 쇼핑몰에서 기분 좋게 나오다가 소수 인종들이 다가오는 것을 보고 왜 언짢은 표정을 지었는지 물을 것이다.

이 모든 것은 모순을 지닌 채 살아가는 데 익숙해진 부모들을 몹시 화나게 할 수 있다. 우리가 화를 내든 내지 않든 이에 상관하지 않고 십대들은 우리의 도덕적 모순을 계속 지적할 것이다.

이 외에도 십대들은 우리의 행실과 더불어 우리의 도덕적 신념에도 의문을 제기할 것이다. 그들은 자신에게, 또 우리에게 어려운 질문을 할 것이다. "살인이 나쁘다면 왜 낙태를 하죠? 인간의 생명을 파괴하는 폭력이 나쁘다면 왜 할리우드의 폭력물을 즐기죠? 일부일처제가 이상적이라면 왜 수많은 어른이 바람을 피우나요? 사회 여론에 의해 옳고 그른 것이 결정되나요?" 이것은 우리가 이미 씨름했던 문제들이다. 십대들도 마찬가지로 이 문제들과 씨름하고 있는 것이다.

많은 부모가 십대들이 이런 고리타분한 도덕적 문제들을 끄집어내 분란을 일으키는 것을 발견한다. 그러나 십대들이 도덕적 문제들에 관해 이야기하는 것을 거부하면 그들은 이런 문제들을 기꺼이 의논해 줄 또래 친구들이나 다른 어른들의 영향을 받게 될 것이다. 만일 우리가 우리의 신념과 실천이 일치하지 않는다는 것을 기꺼이 인정하지 않으면 십대 자녀들은 우리 의견을 더 이상 존중하지 않을 것이다.

우리는 십대 자녀들에게 영향을 끼치기 위해 도덕적으로 완전해져야 하는 것은 아니지만 도덕적으로 신실해질 필요는 있다. "내가 이 부분에서 언제나 내 신념대로 살지 못했다는 것을 깨달았어. 하지만 난 여전히 그 신념이 옳다고 생각해. 내가 잘못했던 거야." 부모가 이렇게 말한다면 십대들은 부모의 신실성에 대해 존경심이 되살아날 것이다. 십대들의 질문에 자신의 도덕적 신념을 방어하는 것은 도덕적 문제들에 대한 가르침을 찾도록 다른 곳으로 십대들을 내모는 행동이다. 십대들의 도덕적 질문을 환영해 주는 부모들, 즉 자신의 신념과 실행에 대해 기꺼이 이야기하고, 자기와 반대되는 관점에도 기꺼이 귀 기울이는 부모들, 자신의 도덕적 신념에 대한 이유들을 설명해 주는 부모들은 대화의 길을 계속 터놓을 것이고, 십대들의 도덕관념 결정에 긍정적인 영향을 줄 것이다.

도덕적인 문제들에 관해 이런 논의가 있은 후에는 사랑으로 십대 자녀를 인정해 주어야 함을 꼭 명심하라. 이는 십대 자녀의 사랑의 탱크를 가득 채워 주고, 십대 자녀가 다음에도 대화를 나누기 위해 마음 놓고 부모에게 다시 돌아오게 하는 분위기를 만들어 줄 것이다.

종교적 신념

가치가 '무엇이 중요한가?'라는 질문의 대답이고, 도덕이 '무엇이 옳은가?'라는 질문의 대답이라면, 종교는 '무엇이 진리인가?'라는 질문에 대답한다. 종교적인 신념 체계는 물질적인 우주와 비물질적인 우주를 발견하기 위한 인간의 노력이다.

'인간의 실존과 우주의 실존을 어떻게 설명해야 하는가? 물질세계 저편에는 영적인 실체가 있을까? 왜 영적인 존재에 대한 신념이 인간 전체에 있는 것일까? 즉, 전 역사를 통해 모든 문화에 속한 인류는 왜 영적 세계에 대한 신념을 가졌을까? 이는 그런 세계가 존재한다는 증거일까? 그렇다면 하나님은 인식할 수 있는 분이실까?'

이러한 십대들의 질문은 때로는 부모들의 마음속에 오랜 세월 휴면 상태로 잠겨 있는 질문들이기도 하다. 부모들도 자신의 부모로부터 충분한 대답을 들어 본 적이 없는 질문들인 것이다.

당신의 종교적인 신념이 무엇이든 간에, 아니면 당신에게 종교적인 신념이 없더라도, 십대 자녀들은 이런 문제들과 씨름할 것이다. 이것들은 모든 인간이 항상 품었던 질문들이고, 십대들 역시 인간이다. 인간은 어쩔 수 없이 종교적인 존재다. 프랑스의 물리학자 파스칼은 "모든 사람의 가슴에는 하나님이 빚으신 공간이 있다."[2] 라고 했고, 성 어거스틴은 "주께서 우리를 당신의 모습으로 만드셨으므로 인간의 가슴은 주 안에서 안식하기 전까지는 쉼이 없나이다."[3] 라고 했다.

십대 자녀는 불안하다. 당신의 자녀는 당신의 종교적인 신념에 관해 질문할 것이다. 당신이 일상생활을 하면서 당신의 신념을 적용시키는 태도를 면밀히 검토할 것이다. 하지만 자녀가 불일치를 발견한다면 그 문제로 곧잘 당신을 대적할 것이다. 만일 당신이 방어적이고 종교적인 문제에 관해 이야기하는 것을 거절하면, 십대 자녀는 또래 친구들이나 다른 어른들을 찾아갈 것이다. 그러나 십대 자녀는 종교적인 질문을 멈추지 못할 것이다.

십대 자녀는 또한 다른 종교적인 신념들을 탐구하기도 할 것이고, 당신의 종교를 거부하기까지 할 것이다. 대부분의 부모가 이에 대해 극단적으로 화를 낸다. 그러나 이는 십대 자녀가 자신만의 종교적인 신념을 발달시켜 가는 데 필요한 단계다. 만일 십대 자녀가 심각하게 생각해 보지도 않고 부모의 종교를 단순하게 받아들인다면, 부모는 더 신경을 써야 할 것이다. 이것은 십대 자녀에게, 아마 부모들에게도 삶의 의미에 대한 심오한 질문을 제기해 주기보다 사회적인 목적을 제공해 주는, 단순히 문화적인 허울에 불과할 것이다.

---

2) George Sweeting, *Who Said That?* (Chicago:Moody, 1995), 302.
3) Ibid., 370.

십대 자녀가 이제 더 이상 대중 집회, 회당, 주일학교, 이슬람 사원 등에 가지 않겠다고 선언하면, 그 자녀는 지금 자신이 부모로부터 독립된 한 인간으로 보이길 요구하며 지적 독립의 갈망을 표현하고 있는 것이다. "십대의 종교 거부는 극적이긴 하지만 영원한 것은 아니다."[4] 라는 조사 결과가 있으니 부모들은 안심해도 될 것이다.

과정 탐구

십대 자녀들이 자신의 종교를 거부하면 부모 대부분은 냉정하게 반응하기가 힘들 것이다. 하지만 부모의 과잉 반응은 대화의 문을 닫아 버릴 것이다. 십대들은 이미 논의한 다른 영역에서뿐만 아니라 도덕적 가치와 종교적 신념들을 포함한 지적 영역에서도 독립심을 키워 가고 있다는 것을 기억하라. 이는 십대의 질문과 탐색이 더 확장되어 가는 과정이며, 종교의 거부라기보다는 지적 독립심의 한 표현에 불과하다. 부모들이 이를 마음에 주지하고 있다면, 그 순간 십대들의 종교에 대한 생각을 조금은 덜 지나치게 판단할 것이다.

더 나은 접근법은 십대의 생각에 귀 기울이는 것이다. 그 종교적 신념이 왜 흥미가 있고, 왜 만족스러운지 자유롭게 표현하게 만들라. 그 주제에 대한 당신의 생각을 피력하되 판단하지 않는 태도로 하라. 자녀가 이런 문제로 고민하는 것을 보니 기쁘다고 말하라. 당신이 담대해질 때는 자신의 신념대로 생활해 온 것에 대한 자녀의 의견은 어떤지 물어보라.

---

4) Lawrence Kutner, *Making Sense of Your Teenager* (New York:William Morrow, 1997), 44.

그러면 십대 자녀가 왜 다른 방향을 물색하고 있는지 그 원인을 발견할 수 있을 것이다.

비록 당신이 상당히 돈독한 종교적 신념을 가졌다 해도, 이때는 독단적인 태도를 보일 때가 아니라 바로 탐색을 격려할 때이다. 만일 당신이 당신의 종교적 신념의 정당성을 깊이 확신한다면, 즉 당신이 믿는 것이 세상에 관한 진실과 거의 일치한다면, 그리고 십대 자녀가 신실하다면 결국 자녀의 신념도 당신의 신념과 비슷해질 것이라고 어느 정도 확신을 가져야 한다. 반대로 당신의 종교적 신념이 깊지 못하고 그것이 궁극적인 실재와 일치하는지 전혀 확신이 들지 않는다면, 십대 자녀가 그런 것을 추구하는 과정에 있다는 것에서 아마 용기를 얻게 될 것이다. 그리고 당신의 자녀는 당신이 갖지 못한 것을 발견할 것이다.

확실한 것은 십대 자녀가 종교 사상을 탐색하려 한다는 것이다. 당신은 그 탐색 과정의 한 부분이 되고 싶은가? 그리고 그 과정 중에 십대 자녀를 사랑하고 싶은가? 만일 대답이 "그렇다."라면 당신은 다시 한 번 독백을 대화체로 바꾸고, 종교적인 문제에 관해 개방적이고 솔직한 토론 분위기를 만들어야 한다. 당신은 당신과 다르게 생각할 권리를 십대 자녀에게 주어야 한다. 증거를 기꺼이 털어놓고 반대하는 증거에도 귀를 기울여야 한다. 십대 자녀가 탐색 과정 중에 있음을 인식하고 종교적 신념을 형성하는 데 시간을 주어야 한다.

만일 당신이 이렇게 한다면, 십대 자녀의 사랑의 탱크를 채울 때 자녀는 사랑받는다고 느끼며 지적 독립심을 발달시킬 것이다. 십대는 살아가면서 종교적 신념들을 발달시킬 것이고, 당신은 그것을 추구하는 과정에 긍정적인 영향을 주게 될 것이다.

스스로 결정하려는 욕구

분명 십대들은 가치, 도덕, 종교의 모든 영역에서 결정을 내리게 될 것이다. 부모와 십대 자녀 사이에 잠재되어 있는 갈등 대부분은 자녀들의 독자적인 결정 권리에 대한 기본적인 질문 제기에 있다. 만일 부모가 독자적인 생각을 하는 십대들의 이런 권리와 십대가 결정하는 과정 중에 있다는 것을 인식한다면, 그리고 사랑으로 의미 있는 대화를 하는 시간을 기꺼이 투자하고 그런 분위기를 기꺼이 만들어 준다면, 그 십대 자녀는 부모의 영향력에 계속 '접속'될 것이다.

그러나 만일 부모들이 모래 위에 줄을 그으면서 십대들이 앞으로 믿어야 할 것이 무엇이고 해야 할 것이 무엇인지를 독단적으로 선언한다면, 부모들은 십대들과 적대적인 관계가 될 것이다. 수많은 부모가 이 길을 걸었고, 결국 십대 자녀들과의 사이가 소원해지는 것을 경험했다. 그 십대들은 대체로 또래 그룹(때로는 굉장히 파괴적인 또래 그룹)이나 다른 어른들(때로는 십대들을 기꺼이 받아들이면서 호의, 즐거움, 자기만족의 표면적 사랑을 보여 주는 질 나쁜 어른들)에게로 향했다.

십대들은 독립심을 발휘할 것이라는 사실을 기억하라. 이는 어른이 되어 가는 과정이다. 현명한 부모들은 십대들의 발달을 방해하기보다는 이를 통과하고 협력해야 하는 발달 단계로 인식한다.

이렇게 중대한 시기에 이 사실을 놓치면 수년간 십대 자녀들과 사이가 아주 소원해질 것이고, 그들이 세상에서 자기 처소를 찾기 위해 갈등하는 것을 보게 될 것이다. 십대 자녀들의 사회적, 지적, 감정적 독립심을 발달시킬 수 있는 분위기를 만들어 주는 것은 부모들이 십대 자녀들에게 줄 수 있는 가장 큰 선물 가운데 하나다.

  이 시점에 이르면 "그렇다면 그 한계는 어떻게 되나요? 책임감은 어떻게 해요?"라고 묻는 사람이 있을 것이다. 그런 질문을 해주어서 기쁘다. 이 장에서 내가 말한 내용에 내포된 의미를 이해했다는 표시이기 때문이다. 그 문제는 이어지는 12장에서 논의할 것이다. 사실 11장과 12장은 같이 읽고, 같이 공부해야 한다. 독립심과 책임감은 이륜마차의 양 바퀴와도 같기 때문이다.

12

사랑과 책임감

　마이클의 아버지가 낡은 자동차 한 대를 샀다. 마이클은 아버지와 함께 주말이면 운전 연습을 했다. 마이클이 임시 운전면허증을 받았을 때 그의 아버지는 몇 가지 주의 사항을 일러 주었다. 우선은 낮에만 차를 몰고 밤에 운전하는 것은 좀 더 나중에 하도록 했다. 어느 주말에 마이클과 아버지가 캠핑을 가게 되었을 때는 마이클이 운전했다. 마이클이 정식 운전면허를 취득하기까지는 모든 것이 좋았다. '이제 난 자유야! 아빠랑 같이 갈 필요가 없다고!' 마이클은 이렇게 생각했다. 그는 자기가 원하면 언제, 어디든, 어떻게 해서든지 아무 거리낌 없이 운전하고 갈 수 있다고 생각했다. 마이클은 운전할 때 언제, 어디서, 어떻게 하는지에 대한 규칙이 있다고 아버지가 주의를 주었는데 이를 제대로 이해하지 못한 것이다.

　마이클의 아버지가 가르친 것은 자유와 책임감이다. 자유와 책임감은 한쪽 없이 다른 한쪽이 존재할 수 없는 동전의 양면과도 같다. 이는 십대들의 세계에서도 마찬가지다. 십대도 이런 사실을 배워야 한다. 부모들은 십대 자녀가 스스로 자기 집세를 낼 책임감을 가질 때까지 부모 집에서 살 수 있는 자유를 허용할 것이다. 전기 회사는 매달 전기세를 내는 책임감을 이행하는 고객에게 전기를 사용할 자유를 허용한다. 모든 삶은 대략 자유와 책임감이라는 원리에 따라 이루어진다. 둘은 결코 서로 멀어지는 법이 없다. 물론 십대 자녀들은 이런 사실을 모른다. 십대 자녀가 이것을 발견하도록 도와주는 것이 부모 역할이다.

신실한 부모가 십대 자녀가 독립심을 갖도록 격려해 주는 것처럼, 부모의 사랑은 십대 자녀에게 자기 행동에 책임을 지도록 가르쳐 준다. 책임감 없는 독립심은 낮은 자존감, 의미 없는 활동, 마지막에는 지루함과 우울증을 불러온다. 독립한다고 해서 자기 가치가 높아지는 것은 아니다. 우리의 가치는 책임감을 갖는 것에서 비롯된다. 독립심과 책임감은 어른으로 성장해 가는 길을 포장한다. 독립심과 자기 정체성을 발달시키면서 자신의 행동에 대해 책임지는 것을 배우는 십대는 훌륭한 자존감을 지니고, 가치 있는 일들을 성취할 것이며, 자기 주변 세계에 커다란 공헌을 할 것이다. 책임감을 배우지 못한 십대들은 말썽을 부리게 될 것이며, 결국에는 문제 많은 어른이 될 것이다.

법(경계선)의 역할

책임감에는 경계선이 필요하다. 모든 인간 사회는 소위 '법'이라고 부르는 경계선이 있다. 사회적 경계선이 없으면 사회는 스스로 멸망할 것이다. 모든 사람이 자기 눈으로 보기에 옳다고 생각하는 것을 단순히 행동으로 옮긴다면 무질서만 초래할 것이다. 대다수의 사람이 법에 따라 살 때, 즉 책임 있는 시민이 될 때 사회는 번영할 것이다. 만약 자기 방식대로 선택해서 무책임하게 살아간다면 사회는 부정적인 결과로 인해 몸살을 앓을 것이다. 서구 사회는 수많은 십대와 어른들의 무책임한 생활의 결과를 경험하고 있다. 이는 살인, 강간, 도둑질, 그 밖의 다른 범죄가 매일 발생하는 것으로 입증된다. 개인이 자신의 무책임한 행동으로 고통을 맛볼 뿐만 아니라 사회까지 많은 고통을 겪는다.

가정에서는 부모들이 규칙과 경계선을 만들고, 그 테두리 안에서 십대들이 책임 있게 살아가는 법을 보여 줄 책임이 있다. 부모들이 경계선을 만들어 주면 십대들이 반항할지 모른다는 생각은 다음의 조사 내용을 통해 사실이 아님을 알 수 있다. "대다수의 청소년은 자기 부모가 합리적이고 대부분 자기에게 인내한다고 느낀다. 그 청소년들 가운데 반 이상이 '부모님이 엄격하실 때는 화가 나긴 해도 그분들이 옳다고 생각합니다.'라고 대답했다."[1] 템플대학교 심리학 교수 로렌스 스타인버그는 "청소년들을 반항하게 만드는 요인은 권위를 주장해서가 아니라, 규칙을 거의 설명해 주지 않고 사안을 결정하는 데 참여시키지 않은 채 독단적으로 권위를 행하기 때문이다."[2] 라고 말했다.

문제는 부모의 권위가 아니다. 독재적이고 사랑 없는 태도로 권위를 표현하는 부모들이 문제다. 자녀가 어렸을 때는 독단적인 규칙을 만들어도 그 규칙에 복종은 하지 않을지언정 당신의 권리에는 거의 의문을 제기하지 않았다. 그러나 십대들은 당신이 정한 규칙이 옳은지 의문을 제

---

1) Lawrence Steinberg and Ann Levine, *You and Your Adolescent* (New York:Harper & Row, 1990), 16
2) Ibid.

기할 것이다. 그들은 당신이 만든 규칙이 십대를 위한 것인지, 아니면 단순히 당신의 일시적인 기분으로 만든 것인지 물을 것이다. "내가 그렇게 말했으니 그렇게 해!"라는 말은 십대들에게 효과가 없다. 그런 독재적인 접근 방식을 고수한다면 십대 자녀는 반드시 반항할 것이다.

십대와 함께 규칙 만들기

십대는 독립심을 발달시키고 있으므로 규칙을 만들고 결과를 설정하는 데 참여해야 한다. 현명한 부모들은 결정을 내리는 데 십대 자녀들을 참여시켜 무엇이 공평하고 가치 있는지 그들의 생각을 표현하도록 한다. 부모들은 자신의 생각을 이야기하고, 그 규칙이 왜 십대들에게 좋다고 생각하는지 설명해 주어야 한다. 그러면 독립심을 키워 주는 분위기가 형성되고, 책임감 없는 자유는 없다는 것을 가르쳐 줄 수 있다.

이런 개방적인 '가족회의'에서 부모와 십대 자녀가 만날 수 있는데, 그렇게 하는 동안에도 부모들은 여전히 권위를 갖는다. 부모들이 최종 결정을 내리긴 하나, 그 일에 대한 십대의 생각과 느낌을 알면 더 현명하게 결정을 내릴 것이다. 그리고 만일 십대의 목소리가 규칙을 결정하는 데 기여한다면 십대 자녀는 그 규칙이 더 공평하다고 믿으며 덜 반항할 것이다. 연구에 의하면 "부모가 논의에 적극 참여시킨 젊은이들은 언제나 자신이 옳다고 주장했던 부모 밑의 젊은이들보다 더 애정이 많고, 더 존경심이 있고, 더 자기 부모같이 되고 싶다는 말을 많이 한다"[3]고 한다.

---

3) Ibid., 16-17.

가정 안에서 부모들은 경계선을 설정하는 책임뿐 아니라, 규칙이 위반되었을 때는 그 결과를 강화시켜야 할 책임도 있다. 이 경우에도 십대들이 규칙을 어겼을 때 어떤 결과가 될 것인지를 결정하는 데 참여한다면, 부모들이 결과를 강화시킬 때도 그것이 공평하다고 믿으며 덜 반항할 것이다.

십대 자녀를 양육하는 목표는 논쟁에서 이기는 것이 아니라 자녀들이 독립적이고 책임감 있는 사람이 되도록 가르치는 것이다. 그 원리는 "만일 네가 책임감을 가진다면 그때 비로소 자유를 누릴 수 있다. 책임감이 없다면 아직 자유를 누릴 준비가 되지 못한 것이다."이다. 이 두 가지는 반드시 함께 간다는 것을 이해해야만 청소년기뿐만 아니라 어른이 되어서도 중대한 교훈을 습득할 수 있을 것이다.

사랑의 중요성

십대에게 독립심과 책임감을 키워 주는 이런 과정이 순조롭게 진행되게 하려면 부모들은 그 과정에 사랑이라는 기름을 발라 주어야 한다. 십대들이 부모의 사랑을 받는다고 느낄 때, 즉 부모가 마음으로 자신의 행복을 원하고, 규칙들이 자신의 유익을 위해 만들어지고 강화된다고 깊이 느낄 때, 독립심과 책임감은 더 잘 자랄 것이다.

십대 자녀의 사랑의 탱크를 계속 가득 채워 주라. 그러면 아이의 반항은 우발적이고 일시적인 것으로 멈출 것이다. 반대로 십대 자녀가 사랑받는다고 느끼지 못할 때, 즉 당신이 정한 규칙을 독선적이고 자신의 행복보다 부모의 명예와 성공에 더 관심을 갖고 만들어진 것이라고 느끼면 자녀는 당연히 규칙을 지키지 않고 당신에게 반항할 것이다.

강제로 십대들을 통제하려는 노력은 반드시 실패한다는 사실을 기억하라. 강압은 사랑이 계획하는 것, 말하자면 부모들을 향한 긍정적인 느낌들을 만들어 낼 수 없다. 사랑은 세상에서의 선을 위한 가장 강력한 무기다. 이를 기억하고 십대에게 계속 감정적인 사랑을 전달하려고 의식적으로 노력하는 부모들은, 자녀들에게 독립심을 키워 주면서 책임감을 가르치는 최선의 중요한 단계를 밟는 것이다.

청소년 전문가로 알려진 스타인버그는 이렇게 말한다. "청소년들이 더 이상 부모의 사랑을 원하지도 않고, 필요로 하지도 않는 것 같아서 뒤로 물러선다면 십대들은 버림받았다고 느낀다. 진부하게 들릴지 몰라도 사랑이야말로 당신이 십대에게 줄 수 있는 가장 중요한 것이다."[4]

우리가 십대들의 독립심을 키우는 데 협력하고 동시에 책임 있는 행동을 하도록 주장할 수 있는 분위기를 만드는 것은 그들에게 감정적인 사랑을 주는 것이다. 이제 십대를 위한 규칙을 만들고, 이를 강화하는 과정을 살펴보기로 하자.

특별한 가족 토론회

자녀가 어렸을 때 만들었던 규칙이 무엇이었든지 간에 십대가 된 자녀에게 이를 독단적으로 적용할 수 없다는 것을 명백히 해야 한다. 십대는 인생의 다른 시기에 있다. 규칙을 다시 생각해 만들라. 가족 규칙에 대해

---

4) Ibid., 16.

심사숙고하거나 대화를 나눠 보지도 않고 그대로 십대 시기로 '슬그머니 들어가려는' 부모들은 십대 자녀들의 반항을 곧 보게 될 것이다. 미리 준비하는 부모들은 자녀가 십대가 된 것을 인정해 주면서 가족 토론회를 소집한다. 이는 더 많은 자유를 허용하고, 더 많은 책임감을 요구하는 가족 규칙을 다시 생각하기 위한 것이다.

십대가 이런 것을 이해하기 전에 이 사실을 인식한 부모는 십대의 존경과 애정을 받을 것이다. 십대들은 더 많은 자유와 더 많은 책임감에 관심을 갖는다. 이는 그들이 기쁘게 참석할 가족 토론회이다.

십대들이 그대로 따라야 하는 유치한 규칙들에 대해 불평을 늘어놓기 전에 가족 토론회를 소집하는 것은 훌륭한 전략이다. 자기의 독립심과 책임감이 커가는 것을 선언하는 부모로 인해 경계가 풀린 십대는, 그런 토론회를 소집할 것을 6개월 동안 주장했던 십대보다 더 우호적으로 참석할 것이다.

규칙을 위한 몇 가지 규칙들

만일 자녀가 15살인데 한 번도 그런 가족 토론회를 소집한 적이 없다면, 당신이 그 규칙들을 솔선수범해서 재조사한다고 해도 십대 자녀에게 충격을 줄 만큼 시기가 늦은 것은 아니다. 그런 가족 토론회를 할 때 규칙을 만들기 위한 안내 지침과 결과 설정을 위한 안내 지침을 제시하겠다.

1. 규칙은 될 수 있는 한 적어야 한다

16쪽짜리 가정 규칙을 기록하는 데는 시간이 오래 걸리겠지만, 쉽사리

잊힐 것이다. 너무 많은 규칙은 십대를 당황하게 하고, 기억하지 못하게 할 것이다. 부모들에게는 이를 강화하는 악몽을 꾸게 하고, 삶을 더 많이 힘들게 할 것이다. 십대들은 약간의 자발성과 발랄함의 여지가 필요하다. 너무 많은 규칙은 십대를 편집증 환자로 만들 것이고, 두려움을 느끼게 할 것이다.

정말 중요한 문제는 무엇일까? 전형적인 대답은 십대의 행복에 신체적으로, 감정적으로, 사회적으로 해로운 것들을 피하고, 십대가 가치 있는 목표를 성취하도록 격려하는 것으로 집약될 것이다. 책임 있는 삶을 파괴하는 것에는 "아니오."라고 대답하고, 건설하는 것에는 "예."라고 대답하는 것이다.

규칙들은 이런 목적으로 가는 길을 지시해 주어야 한다. 이 장 뒷부분에서는 십대가 가져야 할 책임감의 여러 영역을 살피면서 이 원리를 적용할 것이다. 규칙의 목적은 십대의 생활을 매 순간마다 규제하려는 것이 아니라 십대가 선택할 수 있는 중요한 경계선을 제공하는 것이다. 하나님은 단지 10가지 규칙-그것은 십계명이라고 불린다[5]-을 제안하셨다는 것을 기억하라. 그리고 예수님은 이를 2가지로 요약하셨다.[6] 당신이 하나님만큼 현명하지 못하다면 10가지보다 더 적은 규칙이 필요할 것이다. 나는 당신의 십대 자녀가 예수님처럼 되려고 더 노력할 것이라고 확신한다.

---

5) 출애굽기 20장을 보라.
6) 예수님이 말씀하신 가장 큰 2가지 계명은 하나님을 전심으로 사랑하고, 내 이웃을 네 몸같이 사랑하라는 것이다. 마가복음 12:30-31을 보라.

2. 규칙은 될 수 있는 한 분명해야 한다

모호한 규칙은 십대와 부모 모두를 혼동하게 한다. "적당한 시간에 들어와."라는 말은 부모와 십대 자녀가 분명 각기 다르게 해석한다. "10시 30분까지는 집에 들어오도록 해."라는 말은 그 뜻이 분명하다. 십대가 규칙을 어길 수도 있지만 규칙의 의미에 혼동이 있어서는 안 된다. "결코 지정된 속도 제한에서 5km를 넘지 마라." 운전할 줄 아는 사람이라면 누구나 이 규칙을 이해하는 데 어려움이 없을 것이다.

규칙이 분명하게 묘사되면 십대 자녀는 그 규칙을 어겼을 때 이를 알아차리고 자기 실수를 덮으려고 할 것이다. 심지어 그런 일이 없었다고 논쟁할 수도 있다. 왜 그런 일이 일어났는지 이유를 댈 수도 있다. 하지만 십대는 규칙을 어겼다는 것을 안다. 그런데 만일 규칙이 모호하다면 십대 자녀는 규칙을 어겼다고 부모가 판단하는 것에 분명 논쟁하려 들 것이다. 불분명한 규칙들은 논쟁의 여지를 만든다. 십대들은 분명히 그런 단계에 들어가서는 굉장한 수완을 발휘할 것이다. 분명한 규칙들은 그런 연극적 행동들을 체념하게 한다.

3. 규칙은 될 수 있는 한 공평해야 한다

무엇이 공평한지 제대로 이해하는 사람은 없기 때문에 나는 '될 수 있는 대로'라는 표현을 쓴다. 당신과 십대 자녀는 규칙의 공평성에 대해 좀처럼 일치하지 않을 수도 있다. 열린 대화로 서로의 관점을 이해하려고 노력해야만 당신과 십대 자녀 모두 공평하다고 생각하는 합일점에 도달할 수 있다. 당신이 만든 규칙이 십대 자녀에게 크게 유익이 된다고 확신할 때는 이를 양보하지 말라. 그러나 그 규칙이 십대의 행복에 크게 영향을 미치지 않는다고 느낄 때는 기꺼이 양보하라.

십대들에게 공평함은 매우 중요하다. 앞에서 살펴보았듯이 십대들은 가치, 도덕, 논리, 이성 등과 씨름하고 있다. 만일 공평함에 대한 감각에 손상을 입게 되면 십대 자녀는 화가 날 것이다. 부모가 토론을 중단하고 독단적으로 규칙을 선포하고, 십대가 화가 난 것에 대해 거론하기를 거절한다면 십대 자녀는 거부당했다고 느끼며 후에 부모에게 적의를 품을 것이다.

매번 규칙을 만들 때마다 공평함에 대한 십대 자녀의 관심을 경청하는 노력이 필요하다. 그 규칙이 공평하다고 동의하면 십대는 그 규칙을 강요할 때 덜 반항할 것이다. 이제 결과에 대한 문제를 살펴보기로 하자.

결과에 대한 규칙들

결과 없는 규칙은 별 가치가 없으며, 십대들을 혼란스럽게 한다. 십대들은 규칙이 위배되었을 때 자신들이 그 결과로 고통을 겪도록 하지 못하는, 즉 사랑하면서도 단호하게 규칙을 강요하지 못하는 부모들을 존경하지 않을 것이다. 결과로 인해 고통을 겪는 것은 어른들의 세상에서도 중요한 현실이다. 만일 내가 이번 달 집세를 내지 못하면 다음 달에 나는 이자까지 물게 될 것이다. 3개월 동안 집세를 내지 못하면 법적으로 제재당할 것이다. 만일 내가 속도 제한을 위반하여 교통 위반 딱지를 받으면 벌금을 물을 뿐 아니라 보험료 또한 인상될 것이다. 결과는 우리를 힘들게 하지만 책임 있게 살아가는 태도를 길러 준다. 결과에 대해 대가를 지불해야 한다는 두려움은 규칙을 준수하게 만드는 자극제가 된다.

여기에 결과를 구성하고 강화시키는 안내 지침이 있다.

1. 결과는 위반하기 전에 결정되어야 한다

대부분의 사회법에는 이 개념이 들어 있다. 집세를 내지 못할 때 부수적으로 추가되는 벌금은 집세를 내지 못하기 전에 이미 결정된 사항이다. 은행이나 융자 회사는 매달 지불하는 계약을 어긴 후에 독단적으로 '연체료'를 결정하지 않는다. 대부분의 주와 시의 교통 위반 벌금은 위반되기 전에 이미 결정되어 있다. 만일 우리가 자녀들을 어른들의 세상에서 살아가도록 준비시키려 한다면 그들이 십대일 때 이 원리를 적용시키는 것이 논리적이지 않을까?

나는 이런 생각을 한 번도 해본 적이 없는 수많은 부모를 전국에서 만나고 다니면서 깜짝 놀랐다. 그들은 십대들이 규칙을 위반할 때까지 기다린다. 그리고 화를 내면서 결과를 선언해 버린다. 결과의 본질이 종종 부모의 순간적인 감정 상태에 따라 결정되기도 한다. 그 결과가 공평하다고 동의하는 십대들은 아마 아무도 없을 것이다. 그와 반대로 부모들이 기분 좋은 상태라면 전혀 결과를 보지 않을 것이다. 십대는 이렇게 마음대로 결과를 결정하는 방식에 분명 혼란을 느낄 것이다.

규칙 위반에 대한 결과는 규칙을 만들 때 결정되어야 하고, 그 결정 과정에 십대를 참여시켜야 한다. 만일 십대가 규칙을 만드는 데 참여할 수 있다면 왜 결과를 결정하는 데는 한몫을 하지 못하겠는가? 우리는 십대들이 공평함에 대해 예리한 관심을 가지고 있다는 것을 이미 살펴보았다. 결과를 결정하는 데 한몫을 하도록 하는 것은 그들의 도덕적 판단력을 발달시키는 것이다. 종종 십대들은 부모들보다 자신에 대해 더 가혹하게 할 것이다. 당신은 자녀가 주어진 규칙을 위반했을 때 일주일 동안 운전하지 못하는 것으로 정하려고 하는데 십대 자녀는 2주일을 제시할 수 있다. 중요한 것은 십대들이 공평하다고 믿는 결과에 동의하는 것이다.

이미 결정된 결과에 동의하는 것은 규칙 위반이 발생할 때, 부모와 자녀 모두 무슨 일이 일어날지를 이미 알고 있다는 것이다. 부모는 화가 치밀어도 지나치게 행동하지 않을 것이고, 십대는 자기가 결과를 결정하는 일에 일부 참여했기 때문에 결과를 공평한 것으로 받아들이기 훨씬 쉬울 것이다. 축구공을 집 안에서 차서는 안 된다는 규칙을 처음 위반하면 축구공을 차 트렁크에 이틀 동안 집어넣고, 같은 달에 두 번째 위반하면 일주일 동안 집어넣을 것이라는 규칙이 미리 정해졌다면, 부모는 십대 자녀가 집 안에서 공을 찬다고 이를 일일이 기록했다 야단치지 않아도 될 것이다. 공을 가로채 차 트렁크에 넣기만 하면 되기 때문이다. 십대는 잠시 화를 내겠지만 그 결과를 정당한 것으로 쉽게 받아들일 것이다.

규칙 위반이 생기기 전 결과가 결정되면 부모들은 많은 슬픔을 당하지 않아도 된다. 이는 승자-승자 상황이다. 부모들은 덜 좌절할 것이고, 십대들은 공평하다는 것을 더 많이 느낄 것이다. 또 다른 단계는 십대의 책임감이라는 목표에 도달하는 것에 있다.

2. 결과는 사랑으로 처리해야 한다

부모들은 결과를 처리하면서 기뻐하지 말아야 한다. 잘못으로 인해 생긴 결과의 고통은 어른과 십대 모두에게 힘들다. 교통 위반 딱지를 떼면서 웃는 경찰을 보고 화가 나지 않을 어른이 누가 있겠는가? 이와 마찬가지로 십대들도 자신들이 잘못한 결과를 처리하는데 부모가 기뻐하는 것 같다면 화가 날 것이다. 결과를 처리할 때는 거칠고 냉소적인 태도로 해서도 안 된다. "내가 그렇게 말했지. 내 말을 들었다면 넌 이렇게 엉망이 되지 않았을 거야." 이런 표현들은 부모의 좌절감을 완화시킬 수는 있겠지만 십대에게는 긍정적인 효과를 주지 못한다.

십대 자녀들은 자신이 규칙을 위반했다는 사실에도 불구하고 우리가 그들을 사랑한다는 것을 느낄 수 있어야 한다. 십대들은 공감하는 마음과 이해가 필요하다. 하지만 부모들이 수그러져서 그 결과를 완화할 필요는 없다.

"그래, 일주일간이나 운전을 할 수 없다는 것이 얼마나 힘들지 알아. 나도 네 열쇠를 빼앗지 않았으면 좋겠어. 하지만 너도 규칙을 알고 있고 그 결과 또한 알고 있잖니. 널 사랑하기 때문에 다른 선택의 여지가 없구나. 네게 규칙을 위반하면 안 된다는 것을 가르쳐 주고 싶어."

이렇게 십대 자녀를 이해하고 공감하는 마음을 표현하면 십대 자녀는 그 결과를 공평하고 애정 있는 것으로 받아들인다. 십대 자녀는 화가 치밀긴 해도 친절하고 돌보는 태도로 결과를 처리하는 부모에게 적의를 품지 않을 것이다. 그런 맞대면이 있은 후에는 사랑의 제스처로 자녀의 제1의 사랑의 언어를 표현해 주는 것이 좋다. 예를 들면, 만일 십대 자녀의 제1의 사랑의 언어가 스킨십이라면 차 열쇠를 가져가면서 어깨를 토닥거리거나 포옹해 주는 것은 큰 소리로 사랑의 언어를 표현하는 것이다. 봉사가 십대 자녀의 사랑의 언어라면 자녀가 가장 좋아하는 저녁을 만들어 주라. 자동차를 며칠 동안 빼앗기는 아픔을 겪고 있을지라도 그의 사랑의 탱크가 가득 찰 것이다. 인정하는 말이 자녀의 제1의 사랑의 언어라면 그 결과를 처리하기 전후에 말로 당신의 사랑을 확인시켜 주면 그 결과들을 견뎌 낼 것이다.

이것은 바로 십대 자녀의 제1의 사랑의 언어를 이해하는 것이 지극히 중요한 또 하나의 이유다. 다른 언어 가운데 하나를 표현하는 것도 적합하겠지만 제1의 사랑의 언어를 표현하는 것만큼 큰 감정적인 효과는 없을 것이다.

3. 결과는 일관되게 처리해야 한다

결과에 대해 채찍으로 처리해서는 안 된다. 우리는 모두 감정의 영향을 받는다. 부모가 기분이 좋고 긍정적인 분위기일 때는 십대 자녀들의 규칙 위반을 간과하기 쉽다. 반대로, 부모들이 기분이 나쁘거나 지나치게 스트레스를 받았을 때, 직장에서 누군가에게 화가 났을 때는 가정 규칙을 위반한 십대에게 조용히 있기가 힘들다. 이런 불일치는 십대의 마음에 분노와 적의, 혼동을 만들어 낼 것이다. 공평함에 대한 감각이 깨진 십대 자녀는 화를 낼 것이고, 아마 논쟁과 공격적 행동이 곧 뒤따를 것이다.

규칙을 위반하기 전에 결과를 결정하고, 그 결과를 결정하는 데 십대 자녀가 한 부분을 담당하도록 허용한 부모들, 그리고 사랑으로 그 결과를 처리하는 부모들은 더 일관성이 있을 것이다. 가장 이상적인 것은 친절하고 확고하게 결과를 사랑으로 처리하는 것이다. 이렇게 하는 부모들은 십대가 책임감을 배우는 데도 협력할 것이다. 그리고 십대 자녀는 언제나 기쁘지는 않겠지만 그 과정에 기꺼이 참여할 것이다.

책임감의 영역 설정하기

이해받으려 하지 말고, 십대 자녀들에게 책임감을 가르치고 동시에 독립심을 길러 주는 데 필요한 규칙과 결과의 몇 가지 가정생활 영역을 살펴보도록 하자. 다음의 두 가지 질문에 대해 규칙과 결과를 만들라.

1) 십대 자녀가 성숙한 어른으로 성장할 수 있도록 도움을 주는 중요한 문제들은 무엇일까?
2) 피해야 할 위험 사항은 무엇이고, 배워야 할 책임감은 무엇일까?

그렇다. 어떤 규칙들은 십대 자녀들이 신체적으로나 감정적으로 자신, 혹은 다른 사람을 파괴시키는 말이나 행동을 하지 못하게 하는 금지 조항들이다. 그러나 다른 규칙들은 십대 자녀 자신의 성숙을 강화하게 하고, 자녀 주변 사람들의 삶을 풍요롭게 하는 긍정적인 행동들을 실습하는 데 도움이 되도록 만들어질 것이다.

이제 부모와 자녀가 규칙과 결과를 만들 필요성이 있는 좀 더 공통적인 몇 가지 영역을 살펴보자.

1. 집안일을 할 기회

나는 의무라는 말보다 기회라는 말을 사용하는데, 이는 기회라는 말이 더 긍정적으로 들리기 때문이다. 실제로는 두 가지 요소가 공존한다. 건강한 가정에서는 생활이 매끄럽게 흘러가기 위해서 모든 가족이 수행해야 하는 의무들이 있다. 그렇지만 그런 의무들은 봉사할 기회를 준다. 우리 사회는 이타적인 봉사의 중요성들을 잃어 가고 있다. 하지만 섬기는 사람들이 가장 존경받는다는 것은 여전히 사실이다. 자기중심적이고 자기만 섬기는 사람은 경제적으로 성공할지는 모르지만 그리 존경받지는 못할 것이다.

십대들이 가족 밖에 있는 사람들에게 봉사하는 것을 배우려면 먼저 가족에게 봉사하는 것을 배워야 한다. 십대 자녀들은 가족들을 위해 집안일을 하는 것에 대한 책임감이 필요하다. 이런 일들은 가정마다 다르겠지만 동생을 돌보고, 저녁 식사 준비를 돕고, 차를 닦고, 애완동물을 돌보고, 잔디를 깎고, 관목을 정리해 주고, 꽃을 심고, 마루를 진공청소기로 청소하고, 세면대를 닦고, 먼지를 털고, 옷을 세탁하는 일들이 포함될 것이다. 이런 책임은 시시때때로 바뀔 수도 있기 때문에 십대 자녀는 집안이 지탱되는 모든 영역에서의 기술들을 배울 기회를 갖는다.

십대 자녀가 자신을 가족의 일원으로 보며 가정 안에 있는 모든 사람은 책임이 있다는 것을 이해하는 것이 중요하다. 십대가 되면서 그들에게는 가능성이 더 많아진다. 이는 집 밖에서 일할 자유가 많아질 뿐만 아니라 집 안에서의 책임도 더 많아진다는 것을 의미한다. 분명 십대는 8살짜리 동생보다 책임이 더 클 것이다. 이런 책임감과 함께 밤늦게까지 깨어 있거나 집 밖에서 더 많은 시간을 보낼 수 있는 것과 같은 자유가 주어진다. 그런 자유는 적절한 책임감과 반드시 연결되어야 한다고 본다. 만일 십대가 책임감을 가질 만큼 충분히 성숙했다고 이를 진지하게 시위한다면, 그 자녀는 더 큰 자유를 가질 만큼 충분히 성장한 것이다.

규칙이 만들어지고 결과가 결정되는 가족 토론회에서 이런 원리는 분명하게 이해되어야 한다. 이렇게 이해하고 있다면 부모들이 십대 자녀에게 집안일을 하라고 강요하지 않게 된다. 오히려 십대 자녀는 즐겁게 책임감을 느끼고, 성숙을 시위하여 더 많은 자유를 얻을 기회를 갖는다.

만일 십대가 자기에게 할당된 집 안에서의 책임을 이행하지 않으면, 그때의 결과는 자유의 상실이라는 맥락에서 결정된다. 예를 들면, 운전하는 십대에게 토요일 정오까지 가족용 차를 닦는 책임이 주어지고, 그것을 이행하지 않으면 이틀 동안 자동차 운전을 하지 못한다고 미리 결정되었다면, 현명한 부모들은 차를 닦는 십대의 뒤에 서 있지 않을 것이다. 그것은 선택이다. 그는 책임을 지고 거기에 수반되는 자유를 선택하거나, 아니면 덜 성숙해서 그런 자유를 잃게 되는 선택을 할 것이다. 나는 확신할 수 있다. 십대 자녀는 결코 그런 자유를 잃지 않을 것이고, 부모들은 자녀가 차를 닦는지 안 닦는지 속을 태우면서 시간과 에너지를 낭비하지 않을 것이다.

그 원리는 간단하다. 만일 십대가 자기 책임을 이행한다면, 그는 성숙한 젊은이가 된 것으로 스스로 좋게 느끼고 더 많은 독립심이라는 수확을 얻는다. 십대 자녀가 가족들이 저녁 식사를 한 후 설거지를 한 시간 안에 해야 한다고 가정해 보자. 이런 책임을 이행하지 않으면 다음 식사를 하지 못하게 되고, 식구들이 식사하는 동안에 따로 피자를 주문할 수도 없고, 혹은 친구들과 밖으로 나갈 수도 없다. 이것을 이해시켰다면 식사가 끝난 후 십대 자녀가 식탁에서 일어나 친구들과 전화 통화를 하더라도 설거지하지 않고 뭐하느냐고 소리를 지르지 않아도 될 것이다.

십대 자녀는 그 규칙을 안다. 모든 부모에게 필요한 것은 규칙이 위반되면 결과는 고통이라는 사실을 자녀들에게 확실히 해두는 것이다. 당신은 그들이 친구에게 전화를 걸면서 이런 말을 하는 것을 들을 것이다.

"나 지금 가야만 해. 내 생명이 달려 있어. 나중에 전화할게." 그 십대 자녀는 책임감과 자유를 배우고 있다. 먹을 자유는 일할 책임과 상호 관계가 있다. 결론적으로 성경에 이미 그런 규칙에 관한 말씀이 있다. 사도 바울은 "누구든지 일하기 싫어하거든 먹지도 말게 하라"(살후 3:10)고 했다. 이것은 십대들에게도 적용된다.

2. 학교 공부

십대들의 교육을 생각해 볼 때 중요한 것은 무엇일까? 이것은 당신과 십대 자녀가 함께 대답해야 할 질문이다. 대부분의 부모는 고등학교까지의 교육은 협상의 여지가 없는 것이라고 느낄 것이다. 고등학교 졸업장이 없는 십대는 성인이 되어서 만족스러운 생활을 하는 데 심각한 손상을 입을 것이다. 만일 부모들이 동의한다면 협상할 여지가 있다. 그때 당신은 "십대가 이 목적을 달성하는 데 도움이 되는 규칙은 무엇일까?"라고 질문한다.

일반적으로는 규칙적으로 학교에 가고 숙제를 잘하는 것이 포함된다. 전형적으로 이 두 가지는 성적표에 올라가고 부모들은 이를 정기적으로 받아 본다. 규칙이 아주 간단할 수도 있다. 아파서 집에 있거나 병원에 입원하는 경우를 제외하고는 학교에 가고, 학교와 집에서 할당된 과제를 다 완성하는 것이다. 만일 학교에 출석하는 규칙이 위반되면 학교를 빠진 날마다 토요일에 책을 읽고 읽은 내용을 부모에게 말로 보고하는 과제물이 주어질 수 있다. 학교에 있는 정상적인 시간들처럼 집 밖을 나가는 것이 허용되지 않는 것이다.

학교에서의 공부는 판단하기가 약간 더 어렵겠지만, 보통 성적에 반영되거나 혹은 선생님이 가정 방문을 하게 된다. 할당된 숙제가 완성되지 않았거나 혹은 자녀의 학교 공부가 덜 만족스럽다면, 결과는 비록 선생님이 성적을 올려 주지 않을 것이라고 명시했더라도 토요일 혹은 일요일 오후까지 숙제가 완성되어야 하는 것이다. 부모는 '성적에 반영되지 않는' 과제물 완성을 세심하게 감독해야 할 것이다. 그런 규칙과 결과는 매일 숙제를 끝내라고 십대 자녀를 야단치는 일로부터 부모들을 자유롭게 해준다. 십대 자녀는 책임을 선택해서 토요일과 일요일 오후에 더 즐거운 활동들을 하는 자유를 가지거나, 아니면 자기가 무책임했기 때문에 그런 자유를 잃게 된다.

3. 돈 관리

돈 전쟁은 부모와 자녀 간에 보통 있는 일이다. 많은 경우 부모들이 분명한 규칙과 결과를 세우지 않기 때문에 발생한다. 돈과 십대들에 관한 주된 관심 사항은 무엇일까? 첫 번째 사실은 명백하다. 돈은 한정되어 있다. 무제한으로 재산이 있는 가정은 거의 없다. 이는 십대 자녀가 바라는 것을 다 가질 수 없다는 의미이다. 두 번째 주된 관심은 십대는 돈 관리의 기본 원리들을 배운다는 것이다. 한 가지 기본 원리는 '돈이 없을 때는 돈이 생길 때까지 구입을 중단한다'는 것이다. 많은 어른이 이런 원리를 어겨 심각한 재정 문제에 빠지곤 한다. 그러므로 십대들에게 절대로 신용 카드를 주지 말아야 한다는 것이 내 생각이다. 신용 카드는 개인이 자기 수입 이상을 지출하도록 부추긴다. 이는 십대들에게 극히 나쁜 것을 연습시키는 것이다.

근본적으로 십대는 자기가 관리할 돈이 생길 때까지는 돈을 관리하는 법을 배울 수 없다. 그래서 부모들은 십대 자녀가 이틀에 한 번씩 이것저것 산다고 얼마씩 달라고 하게 하기보다는 정기적으로 용돈을 주기로 한다. 매일 십대들의 세세한 요구 사항들을 충족시키기 위해 오늘은 얼마, 내일은 얼마씩 나누어 주는 부모는 십대 자녀에게 돈 관리하는 법을 가르치지 못한다.

나는 부모와 자녀가 매주 혹은 매달 용돈을 주는 것에 합의하는 것이 좀 더 나은 방법이 될 것이라 생각한다. 이때는 용돈으로 십대 자녀가 책임지는 지출 영역(옷, 음식, 학용품 등)에 대한 분명한 이해가 필요하다. 예를 들면, 부모가 한 달에 100불(매주 25불)을 주면 십대 자녀는 그것으로 가족 동반 외식을 제외하고 집 밖에서 먹는 모든 음식비, 부모들이 사준다고 동의한 옷을 제외한 모든 의복 구입비 등을 지출할 것이다(이것은 다음과 같이 분명하게 묘사되어야 한다. "우리는 모든 속옷, 양말이나 스타킹, 일 년에 신발 세 켤레, 코트 한 벌을 사줄게. 그 밖의 다른 것들은 모두 네 책임이야." 부모들이 크리스마스나 생일에 별도로 옷을 사줄 수는 있다). 이런 합의는 십대 자녀에게 돈을 관리하는 능력을 길러 준다.

부모들은 십대 자녀들에게 얼마를 줄지 결정할 때 가능하다면 현실적이어야 한다. 일단 돈의 액수가 결정되면 자녀가 "이건 충분하지 않아요."라고 불평해도 액수를 바꾸어서는 안 된다. 십대 자녀가 불평한다고 부모가 이를 어기고 추가로 돈을 준다면 재정적인 책임감을 배우는 것을 방해하는 것이 된다. 풍요로운 서구 사회에서는 수많은 부모가 십대 자녀가 요구하는 대로 돈을 마음대로 줌으로써 자녀의 재정적인 안녕을 자기도 모르는 사이에 해치고 있다.

자녀를 사랑하고 돈을 책임 있게 관리하는 법을 가르쳐 주고 싶기 때문에 용돈을 주고 있다는 것을 명심하고 이런 사실을 자녀에게 전달하라. 당신은 십대 자녀가 집안일을 했기 때문에 돈을 주는 것이 아니다. 그것은 책임감과는 별개의 문제다. 나는 십대 자녀가 부모에게 추가로 돈을 받는 일이 허용되지 말아야 한다고 주장한다. 그럴 경우 보통 집안일을 하기로 되어 있는 책임 문제와 혼동하게 만든다. 나는 또한 십대에게 돈을 빌려 주는 것은 실수라고 생각한다. 돈을 빌려 주면 십대는 자기 수입 이상으로 물건을 사는 것을 배운다. 이는 십대에게 그릇된 교훈을 가르치는 것이다.

이 시기에 십대 자녀는 현명하지 못한 결정을 내리면 고통당하게 된다는 것을 반드시 알아야 한다. 만일 무책임하면 용돈 받을 자유를 가질 수 없다.

이러한 규칙과 결과들은 단지 제안에 불과하다는 것을 이해하기 바란다. 각 부모와 자녀가 모두 공평하다고 믿을 수 있는 것을 정해야 한다. 이런 규칙과 결과들을 빨리 정하면 정할수록 십대 자녀는 그것들을 공평하다고 생각하며 자기 유익을 위해 더 잘 받아들일 것이다.

13

십대가 실패했을 때 사랑하는 방법

　대니얼은 굵은 갈색 머리에 잘 다듬어진 구레나룻을 한 체구가 큰 사람이었다. 그는 모든 성공을 손에 거머쥐었고, 자기가 속한 공동체에서 높이 존경받았다. 그런데 내 상담실에서 그는 눈물을 흘리고 있었다.
　"저는 믿을 수가 없어요, 박사님. 모든 것이 악몽 같아요. 하지만 꿈이 아니라는 것을 알아요. 이것은 현실이지요. 어떻게 해야 할지 모르겠어요. 저는 옳은 일을 하고 싶은데, 지금 마음으로는 그렇게 할 수 있을지 모르겠네요. 한편으로는 그 아이 목이라도 조르면서 '네가 어떻게 우리에게 이럴 수 있는 거니?'라고 묻고 싶고, 또 한편으로는 바싹 끌어당겨 오랫동안 꼭 안아 주고 싶어요. 제 아내는 너무 화가 나서 오늘 같이 못 왔어요. 그 아이가 내일 집에 오는데 우리는 어떻게 반응해야 할지 모르겠습니다."
　대니얼의 이 눈물과 분노, 좌절과 혼란은 모두 19살 아들에게 향한 것이다. 대니얼의 아들은 그저께 밤 학교에서 집으로 전화를 걸어 여자 친구가 임신을 했는데, 그 여자 친구가 낙태하지 않겠다고 했다는 말을 전했다. 이런 소식이 부모에게 상처를 줄 것이고, 자기는 잘못했다는 것을 알고 있다고 했다. 하지만 그는 도움이 필요했고, 아무 데도 갈 곳이 없었다. 대니얼과 그의 아내 미키는 밤새 서로 위로했지만 위로가 되지 않았다. 그들의 아들은 실패했고, 이 일에 대한 수월한 해답이 없었다.

이와 비슷한 전화를 받아 본 부모들만이 대니얼과 미키의 마음에 충분히 공감할 수 있을 것이다. 그 고통은 정말 견디기 힘들 것 같다. 상처, 분노, 연민, 슬픔, 그리고 깊은 사랑-이런 사랑은 더 심한 상처, 분노, 연민, 슬픔을 가져다준다-등 온갖 감정으로 그들의 마음은 만신창이가 되었다. 그들은 내일 태양이 뜨면 이 모든 것이 짓궂은 장난으로 드러날 것이라고 희망 아닌 희망을 가져 본다. 하지만 그들은 깨진 꿈의 현실을 직시해야만 한다는 것을 안다.

십대들도 실패할 수 있다

대니얼과 미키의 고통을 다시 곰곰이 생각해 보다가 심리학자 존 로즈먼드의 말이 생각났다. "좋은 부모 역할은 자녀가 잘못했을 때 옳은 일을 하는 것이다."[1]

이것이 바로 이 장에서 말하려는 내용이다. 십대들이 잘못된 선택을 할 때 부모인 우리는 옳은 반응을 보여야 한다는 것이다. 하지만 현실적

---

1) John Rosemond, *Teen-Proofing:A Revolutionary Approach to Fostering Responsible Decision Making in Your Teenager* (Kansas City:Andrews McNeal Publishing, 1998), 170.

으로 우리는 십대 자녀들이 실수하지 않도록 계속 지켜 줄 수가 없다. 우리가 그들을 사랑하고 부모 역할을 한다고 해서 그들이 성공한다고 보장할 수는 없다. 십대들도 사람이다. 사람은 누구나 옳든 나쁘든 자유로이 선택한다. 십대 자녀가 나쁜 선택을 했을 때 부모들은 고통을 받는다. 이것은 부모 역할의 특징이다. 우리는 서로 관계를 맺고 있기 때문에 십대 자녀가 실패하면 나머지 가족들도 그 충격을 느낀다. 그중 부모만큼 고통을 깊이 느끼는 사람은 없을 것이다.

십대들의 실패의 정도는 다 똑같지는 않다. 신체상에 느껴지는 지진이라고 볼 때 아주 미세한 떨림에서부터 7.5 강도의 지진까지 있다. 분명한 것은 하나의 여파가 다른 것과 똑같지 않다는 것이다. 알렉스는 친구들과 가족들이 보고 있는데 세 번 연속 자유투를 놓쳤다. 그중 어느 하나라도 넣었으면 그가 속한 팀에 승리를 가져다주었을 것이다. 어떻게 보면 알렉스도 실패했다고 할 수 있다. 하지만 이는 대니얼과 미키의 아들의 실패에 비하면 아주 작은 떨림에 불과하다.

실패의 종류

우리의 기대를 충족시키지 못하는 실패

실패의 수준도 여러 가지지만 실패의 종류도 여러 가지다. 알렉스의 경우는 개인의 능력과 부모의 기대에 못 미친 두 가지 면에서의 실패였다. 이런 실패는 스포츠, 학교 공부, 토론회 팀 등 모든 영역에서 발생한다. 이 가운데 몇 가지 실패는 십대 자신이나 부모들의 비현실적인 기대 때문에 발생한다. 부모들은 처음부터 모든 선수가 금메달을 따는 것이 아니라는 사실을 이해해야 한다. 완전한 것에만 만족한다면 십대 자녀들에게 만족할 수 없을 것이다. 실행 가능한 목표가 아니라면 용기를 잃게 만들 뿐이다.

시합에서는 부모들이 십대 자녀들에게 결과를 재조정하도록 도움을 줄 수 있다. 결승전 시합에서 2등을 했다고 실패한 것이 아니다. 시합에 30개 팀이 참석했다면 당신 팀은 28개 팀보다 잘한 것이다. 마라톤에서 꼴찌를 했더라도 당신은 이 마라톤에 참여하지 못한 10만여 명보다 더 잘 달린 것이다. 당신 딸이 합주단에서 클라리넷을 연주하는데, 100개 학교가 참석해서 10등을 했다면 그 아이가 속한 합주단은 90개 학교보다 잘한 것이다. '형편없는 연주 실력'이라고 불만을 토로할 것이 아니라 축하할 일인 것이다.

물론, 모든 사람이 경기를 할 때마다 이기고 싶어한다. 그러나 현실은 승자는 한 명이고, 나머지는 패자라는 것이다. '이기는 것이 전부'라는 무한 경쟁 문화에서 십대들은 선하긴 하나 요령이 없는 어른들, 때로는 부모들에 의해 실패한 것으로 간주되곤 한다.

어떤 십대들이 실패를 경험하는 또 다른 이유는 자기의 관심이나 능력이 조금 있거나, 아니면 전혀 없는 분야를 하라고 남에게 강요받았기 때문이다. 부모들이 운동에 관심 있기 때문에 자녀들은 운동보다 밴드에 취미가 있는데도 운동 종목을 하라고 강요받는다. 십대 자녀는 굉장한 트럼펫 연주자가 될 수 있는데 운동 세계에서 실패자처럼 느끼면서 '대기석에만 앉아 있다.' 흥미가 없는 분야를 십대에게 강요하는 것은 자녀를 실패하게 만든다.

나는 자기 아들에게 의사가 될 것을 강요한 아버지를 만난 적이 있다.

그의 아들은 대학에서 유기 화학, 물리와 씨름했고, 두 번의 정서적 위기를 거친 후 마침내 의과대학을 졸업했다. 그런데 그는 졸업식 날 의학 박사 학위증을 자기 아버지에게 헌납해 버리고 전문의 실습을 거부했다. 내가 마지막으로 들은 내용은 그가 무엇을 하면서 살아갈 것인지 결정하기 위해 맥도날드에서 실습 삼아 일하고 있다는 것이었다. 확실히 부모들은 십대 자녀들을 자기의 관심 분야로 내모는 경향이 있다. 자기가 바라는 것이 자녀들의 관심 사항과 능력에 맞지 않는데 자녀를 조종하는 행동은 하지 말아야 한다. 스스로 이런 성향이 있다고 인식되는 부모들은 「죽은 시인의 사회」라는 영화를 보았으면 한다. 이 영화에는 자기 아버지를 기쁘게 할 수 없었던 어린 고등학생의 이야기가 나온다. 이 영화는 당신을 울리겠지만, 당신을 더 현명하게 만들기도 할 것이다.

도덕적인 실패

십대 자녀가 하는 실패의 두 번째 영역은 십대와 부모 모두를 더 많이 실망시킬 것이다. 이는 우리가 소위 도덕적인 실패라고 부르는 것이다. 이런 실패는 가족이 오랫동안 근거해 살아온 도덕규범을 어길 때 발생한다. 부모들은 자녀가 아주 어렸을 때부터 자기 가치를 자녀들에게 전수한다. 대부분의 부모가 자녀가 십대가 되면 이런 도덕적인 가치들을 시험해 보나, 결국 자신의 것으로 받아들일 것이라고 희망한다. 분명한 사실은 이런 일은 항상 일어나는 것이 아니라는 점이다.

십대들은 두 가지 방식으로 도덕적 규범을 어긴다. 어떤 십대들은 가정의 도덕적 가치를 거절하고 자신만의 것을 만드는 선택을 한다. 다른 십대들은 가정의 가치 체계를 받아들이기는 하나 실행에 옮기는 과정에서 그 규율을 어긴다. 이런 것들은 부모와 십대 자녀 모두에게 고통을 준다. 부모들은 자녀가 잘못된 도덕적 결정을 내릴 때 매우 슬퍼한다. 잘못된 결정으로 십대 자녀에게 어떤 일이 일어날지 알기 때문이다. 이때 십대 자녀는 부모들의 기분이 저조해진 것을 느끼며, 부모들의 고통과 자기와의 거리감도 느낀다.

도덕적 실패는 부모들을 종종 좌절하게 할 것이다. "만일 십대 자녀가 내게 전화를 걸어 '저 임신했어요.'라고 하거나, 자기 여자 친구가 임신했다는 소식(대니얼과 미키가 받은 것과 같은 소식)을 전하면 어떻게 해야 하나요? 만일 십대 자녀가 도둑질이나 폭행으로 체포되었다는 연락을 받으면 어떻게 해야 하나요?" 몇몇 부모는 비밀리에 이런 질문들을 할지도 모를 일이다.

십대를 실패에서 건져 내기

이 장 나머지 부분에서는 도덕적 실패로부터 십대 자녀를 건져 내는데 도움이 되는 실제적인 아이디어를 몇 가지 제시하고자 한다. 자녀의 도덕적 실패에 공감하는 마음을 보이며 회복시켜 주려고 할 때 우리는 로즈먼드의 말대로 "십대 자녀가 나쁜 일을 할 때 옳은 일을 하는" 좋은 부모 역할을 하는 것이다.

1. 당신 자신을 비난하지 말라

당신의 아들딸을 도와주기 전에 당신 자신의 반응 문제를 다루어 보자. 십대 자녀들이 실패했을 때 대부분의 부모가 "우리가 무엇을 잘못했을까?"라고 묻는다. 이는 필연적인 질문이다. 최근 몇 년 사이에 적절한 부모 역할의 가치를 강조해 온 사회에서는 특히 그렇다. 하지만 학습 도서들과 부모 역할 세미나에서 우리는 긍정적인 부모 역할의 위력만 지나치게 강조했지 십대들의 선택의 자유를 헤아리는 데는 실패했다. 사실 십대 자녀는 집 안이나 집 밖에서 선택할 수 있고, 또한 선택할 것이다. 이런 선택들은 언제나 결과를 가져온다. 서투른 선택은 해로운 결과를 낳을 것이지만, 현명한 선택은 긍정적인 결실을 가져올 것이다.

부모들이 하루 24시간 붙어 다니면서 그들을 통제할 수는 없다. 자녀가 3살일 때는 그렇게 했지만, 13살 때는 그렇게 할 수 없다. 놀라운 말로 들릴지 모르나 십대 자녀에게는 스스로 결정할 자유가 부여되어야 한다.

선택은 십대 시절 내내 따라다니는 문제다. 이는 필요하고 건전한 과정이지만 십대의 실패 위험률을 증가시킨다. 자신을 비난하는 부모들은 십대 자녀에게 해를 끼친다. 핵심은 십대 자녀가 서투른 선택을 한 결과로 고통당하고 있다는 것이다. 그런데 부모가 대신 자신을 비난한다면 그것은 십대 자녀의 죄책감을 제거하는 것이 된다. 십대는 현재 당하고 있는 불행에 대한 책임을 대신 져줄 사람을 찾아서 더 행복하다. 자녀가 자기 죄책감을 당신 어깨에 내려놓을 수 있게 되면 그는 실패로부터 배우는 것이 별로 없게 되며, 앞으로 그 일을 더 자주 반복할 것이다.

부모 역할을 제대로 하지 못했다고 인식하는 부모들은 자녀들의 도덕적 실패를 자신의 탓으로 돌리는 경향이 많다. 그들은 책과 세미나를 통해 자신들이 좋은 부모 역할의 기본 개념 몇 가지를 어겼다고 생각한다. 나는 부모들이 좋은 부모가 되는 데 있어서 책임을 지지 않아도 된다고 말하고 싶지는 않다. 내 말은, 당신은 당신 자신의 실패에 책임이 있는 것이지 십대 자녀의 실패에 책임이 있는 게 아니라는 것이다. 만일 부모 역할에 특별한 잘못이 있었다고 생각한다면, 이를 하나님과 십대 자녀에게 고백하라. 하나님과 자녀에게 용서를 구하라. 하지만 자녀의 서투른 선택에 대한 책임을 당신이 지지는 말라.

2. 십대에게 설교하지 말라

보통 십대 자녀는 이미 죄책감을 느끼고 있을 것이다. 십대들은 자기 행동이 부모에게 상처를 입힐 때 이를 안다. 그들은 줄곧 배워 온 도덕규범을 어길 때 이를 인식한다. 설교가 필요치 않다. 이 장 첫머리에서 눈물을 흘리는 모습으로 만난 대니얼에게 나는 이렇게 말해 주었다.

"아들이 내일 집에 들어올 때 첫마디가 비난하는 말이 되지 않도록 하십시오. 이런 말들을 하지 마십시오. '왜 그런 짓을 했니? 그런 짓이 수년 동안 우리가 네게 가르쳐 온 모든 것을 어긴 것이라는 사실을 넌 알기나 해? 네가 우리에게 어떻게 이럴 수 있니? 네가 우리 마음을 찢고 있다는 것을 알아? 넌 모든 것을 망쳤어. 네가 이런 어리석은 짓을 했다는 것을 믿을 수가 없구나.' 당신이 이런 생각과 느낌들을 모두 가지고 계실 줄 압니다."

나는 계속해서 말했다. "그렇지만 당신 아들은 그런 비난을 들을 필요가 없어요. 그는 이미 그런 생각을 했고, 그런 질문을 했거든요. 만일 당신이 그런 식으로 질문을 한다면 그는 방어하려 들 테고, 문제에 대해 스스로 씨름하는 것도 중지할 것입니다."

실패한 십대는 자신의 죄책감과 씨름해야지 더 비난받아야 하는 것이 아니다.

3. 고치려고 시도하지 말라

많은 부모가 발생한 일을 축소시키려 한다. '손해 배상으로 조종하려고' 하거나 십대 자녀를 보호하려고 하는 것은 지극히 현명하지 못한 행동으로 보인다. 십대 자녀의 실패로 인한 자연적인 결과를 제거하려고 하면 자녀의 성숙은 그만큼 늦어진다. 실패의 결과들이 부모에 의해 제거되면 십대 자녀는 책임감이 없게 된다. "난 잘못해도 돼. 그러면 누군가 그 결과를 책임질 거야." 그런 결론은 십대가 책임감을 배우기 어렵게 한다.

물론 십대 자녀가 자신의 결정의 결과로 인해 고통받는 것을 보기가 힘들다는 사실은 알고 있다. 하지만 그 결과를 제거하는 것은 인생의 가장 큰 스승 가운데 하나를 없애는 것이라고 할 수 있다. 어떤 부모가 이런 말을 했다. "제 인생에서 가장 힘들었던 일은 감옥에 아들을 남겨 두고 나오는 것이었어요. 저는 보석금을 내고 그를 당장 나오게 할 수 있었죠. 하지만 그렇게 했다면 그날 밤 그는 또 마약을 팔았을 겁니다. 저는 그를 위해 자신의 잘못에 대한 결과로 고통받는 것을 선택했어요. 되돌아보니 그것은 제가 이전에 그의 행동에 대해 내렸던 결정들 가운데 가장 잘 내린 결정이었어요."

지금까지 우리는 부정적인 것들을 집중해서 살펴보았다. 이제 긍정적인 면을 살펴보도록 하자.

4. 십대에게 조건 없는 사랑을 보여 주라

이것은 우리가 바로 앞에서 말한 내용에 위배되지 않는다. 자신이 한 행동의 결과를 책임지게 하는 것은 그 자체가 사랑의 행위다. 이는 자녀의 행복, 즉 사랑의 본질을 추구하는 것이다. 그러나 이 부분에서 내가 집중하는 것은 십대 자녀의 사랑의 욕구를 충족시키는 것이다. 이 시점이 5가지 사랑의 언어가 지극히 중요한 지점이다. 만일 자녀의 5가지 사랑의 언어를 알고 있다면, 바로 이때가 가능한 한 다른 4가지 사랑의 언어도 자주 표현해 주면서 제1의 사랑의 언어를 큰 소리로 표현할 때다.

십대의 도덕적인 실패는 죄책감을 만들어 낸다. 그런 감정들은 십대를 당신에게서 멀어지게 한다. 아담과 하와가 하나님을 피해 동산에 숨은 것처럼 십대 자녀는 당신을 피해 숨으려고 노력한다. 십대는 당신의 비난을 두려워할 것이다. 아담과 하와를 향한 하나님의 응답은 부모들에게 좋은 모델이 된다. 하나님은 그들이 저지른 잘못의 결과로 그들에게 고통을 받게 하셨으나 동시에 은혜도 베풀어 주셨다. 그들은 무화과 잎사귀로 자신들을 가리려 했다. 하나님은 그들에게 가죽옷을 주셨다. 현명한 부모는 십대 자녀가 어떤 실패를 했어도 이처럼 사랑을 줄 것이다.

대니얼과 미키는 아들이 집에 왔을 때 현관에서 두 팔을 내밀어 그를 맞이했다고 말했다. 그들은 오랫동안 눈물로 포옹했고, "우리는 널 사랑한다."라는 말을 했다. 그리고 아들이 자신의 잘못을 고백하고 용서를 구하는 이야기를 경청했다. 조건 없는 사랑은 열린 대화 분위기를 만든다. 십대는 자기가 어떤 잘못을 하더라도 여전히 자기를 믿어 주고, 가치 있다고 생각해 주고, 기꺼이 용서해 줄 누군가가 있다는 것을 알아야 한다. 십대 자녀는 부모의 사랑을 감지할 때 결과를 당연한 것으로 받아들이면서 실패를 정면으로 더 잘 직면할 것이다. 또한, 그 경험으로부터 무엇인가 긍정적인 것을 더 많이 배울 것이다.

5. 공감하는 마음으로 십대의 말을 경청하라

우리는 앞서 이때는 설교할 때가 아니라고 했다. 이는 공감하는 마음으로 경청할 때이다. 공감하는 마음은 다른 사람의 느낌으로 들어가는 것을 의미한다. 부모들 자신이 십대의 입장이 되어 실패하게 한 것이 무엇인지, 그 순간에 십대 자녀가 무엇을 느끼고 있는지 이해하려고 노력해야 한다. 만일 십대 자녀가 부모들이 자기를 이해하고 자기 느낌을 인정하려고 애쓴다고 느끼면 이에 고무되어 계속 말할 것이다. 반면, 부모들이 심판하는 태도로 듣고 있다고 느끼면 대화는 짧게 끝날 것이고, 십대 자녀는 사랑받지 못하고 거부당했다는 느낌을 받고 떠나 버릴 것이다.

공감하는 마음으로 경청하는 것은 "그 순간에 네 느낌이 이랬다는 거니? 네가 이해받지 못한 느낌을 받았다고 말하는 거니? 네 말은 이것이니?"와 같은 반영적인 질문을 할 때 강화된다. 그런 반영적 질문들이 십대 자녀에게는 생각과 느낌들을 분명하게 만들 기회를 주고 부모들에게는 이해할 기회를 준다. 공감하는 마음으로 경청하는 것은 십대를 이해하고, 진실로 도울 수 있는 근거를 만들어 준다.

6. 십대를 지지하라

십대의 생각과 느낌들을 이해하게 되면 이제 감정적으로 지지하는 자세를 취하라. 당신은 자녀가 저지른 일에 동의하지 못하고 그로 인한 모든 결과를 제거할 수 없지만, 이런 실패 결과를 처리하는 과정 동안 함께 있어 줄 것이라는 사실을 자녀에게 알리라.

대니얼과 미키는 자기 아들의 이야기를 듣고 나서 눈물을 흘리며 아들에게 이렇게 말했다.

"엄마와 아빠는 너와 함께할 것이라는 사실을 네가 알았으면 한다. 분명 우리는 이 일을 좋게 생각하진 않아. 어떤 결과들이 기다리고 있을지는 모르지만 네가 그 결과를 처리하는 과정 동안 우리는 네 곁에 있을 거야. 우리는 네가 그 여자 친구와 아기에 대해 책임을 지길 바라. 힘닿는 대로 지원해 줄게. 이는 경제적인 비용을 지불하겠다는 의미가 아니야. 그건 네가 책임져야 할 일로 생각돼. 하지만 우리는 널 격려하며 널 위해 기도할 것이고, 이 일 외에도 더 강인한 사람이 되는 데 도움이 되는 모든 것을 할 거야."

이런 말들은 감정적으로 지지하는 말들이다. 십대는 인생에 실패하더라도 혼자가 아니라는 것을 알아야 한다. 고통과 난관에 직면하더라도 그의 곁에서 함께해 주는 사람이 있다는 것을 알아야 하는 것이다.

7. 십대를 지도하라

지도라는 말은 조종을 의미하지 않는다. 독재적인 성격을 지닌 부모들은 종종 십대 자녀가 도덕적으로 실패한 후 그 자녀의 행동을 통제하려 들 것이다. 부모들이 해야 할 일을 결정해서 자녀에게 이를 하도록 설득시키는 것은 조종이지 지도가 아니다. 지도란 십대 자녀가 도덕적으로 실패한 상황을 생각해서 그 결과에 대해 현명한 선택을 하도록 돕는 것이다.

부모들은 십대 자녀의 느낌, 생각, 욕구 등을 진지하게 받아들여야 한다. 이런 것들을 중요하지 않다고 일축해 버려서는 안 된다. 십대 자녀가 도덕적 실패를 했다고 해서 이제 부모가 그 자녀를 대신해서 결정을 내려야 하는 것은 아니기 때문이다. 십대 자녀가 그 상황과 맞붙어 싸우고 이제 어디로 가야 할지 결정할 자유를 갖지 못하면, 그 자녀는 책임 있는 어른이 될 수 없다.

부모들이 십대를 지도하는 한 가지 방법은 십대 자신의 생각으로 논리적인 결론에 도달하도록 도와주는 것이다. 예를 들면, 대니얼과 미키의 아들은 "제가 생각해 낸 것 가운데 하나는 그 주를 떠나 캘리포니아로 이사해서 제 인생을 다시 시작하는 것입니다."라고 했다. 미키는 "그건 어리석은 생각이다. 그런다고 문제가 해결되지는 않을 거야."라고 말하고 싶었지만 현명하게도 그 말을 내뱉지 않고 "네가 캘리포니아로 이사해서 충분한 돈을 번다면 어떤 일을 할 생각인데?"라고 물었다. 아들이 그 생각에 대한 자기 견해를 이야기하자 그녀는 "아이 양육비를 너 혼자 벌어 보낸다는 거니?"라고 물었다. 그러자 그녀의 아들은 "그렇고 말고요. 제가 책임져야지요."라고 대답했다.

"자동차 보험 회사에 전화를 걸어 캘리포니아의 보험료가 어느 정도인지 알아볼 수 있을 거야. 친척 가운데 한 사람이 캘리포니아에 사는데, 그 사람이 아파트 세가 얼마 정도 되는지 알아봐 줄 수 있을 거야." 미키는 이런저런 질문으로 자기 아들이 캘리포니아로 이사하는 문제를 생각하는 데 도움을 주었다.

이렇게 지도하는 법을 배운 부모들은 십대 자녀들이 긍정적인 방향으로 결정할 수 있도록 계속 영향을 줄 것이다. 그러나 십대들의 생각에 성급하게 판단하고 교리적인 문구를 늘어놓는 부모들은 의사소통의 흐름을 차단하고 십대 자녀가 다른 누군가에게 도움을 청하게 할 것이다. 부모들이 '그것을 다 안다'는 식의 방어적 반응을 하면 십대 자녀는 어리석은 결정을 내릴 수 있다.

이렇게 지도하는 것은 많은 부모에게 어려운 일이 될 것이다. 우리가 생각하는 바를 십대 자녀에게 말하거나 그들의 생각의 정당성, 혹은 불합리성을 지적하는 교리적인 문구들을 늘어놓기가 훨씬 더 수월할 것이다. 하지만 이는 십대 자녀 자신이 결정하는 기술을 발달시키는 데 전혀 도움을 주지 못한다. 십대 자녀는 명령을 필요로 하지 않는다. 그들에게는 지도가 필요하다.

또 다른 지도 방법은 가능성 있는 당신의 생각을 나누는 것이다. "한 가지 가능한 일은 ……일 수 있어."라는 말은 "난 네가 ……해야만 한다고 생각해."라는 표현보다 훨씬 더 도움이 된다. 십대 자녀들이 도덕적인 실패를 했더라도 여전히 독립심과 자기 정체성을 발달시키고 싶어한다는 것을 기억하라. 부모들은 십대 자녀가 실패로부터 배우려고 노력할 때 십대 시기의 이런 중대한 동기들을 잊지 말아야 한다. 십대 자녀는 당신이 볼 수 없는 가능성을 볼 수도 있다. 만일 당신이 '의무'가 아니라 가능성을 나눈다면 당신의 통찰력으로부터 도움을 받을 것이다.

이런 접근법이 힘들 것 같다면 평상시에 표현하는 식으로 당신의 생각을 글로 쓸 수 있다. 예를 들면, 대니얼의 원래 생각은 이러했다. "적어도 이번 학기에는 휴학을 하고 출산 비용을 충당하기 위해 일을 해야 한다고 생각한다. 넌 상담이 좀 필요할 거야. 그 부분은 우리가 도움을 줄 수 있어. 그러고 나서 다음 가을 학기에는 학교로 돌아가 일부 과목을 등록하도록 해라. 아마 네 여자 친구는 아기를 입양시키는 결정을 할 것이고, 그렇게 되면 더 이상 돈은 들지 않을 거야." 대니얼은 두고두고 자기 아들에게 해야 할 말을 생각했다. 지금까지 대니얼은 자기 아들이 무엇을 해야 하는지 보통 이를 직접 솔직하게 표현하는 태도를 보였었다. 그렇게 하는 것이 대니얼에게는 더 많은 책임을 감당하는 것이라고 생각했었다.

그러나 대니얼이 이런 생각을 하면서도 '의무'보다 '가능성'으로 표현한다면 그는 더 건강한 분위기를 만들 것이다. 대니얼은 이렇게 말할 수 있을 것이다. "하나의 가능성이란, 바로 네가 한 학기 학교를 쉬고 직장을 얻어 아기에게 드는 비용을 충당하기 위해 돈을 버는 거야. 너는 또 개인 상담을 받아 도움을 얻을 수 있을 거야. 네가 상담을 받겠다면 엄마와 난 흔쾌히 그 비용을 내줄게. 아기가 태어나면 네 여자 친구가 아기를 입양시킬 수도 있을 거야. 그러면 상황이 달라질 수 있어. 물론 다른 가능성들도 있겠지. 잘 생각해 보고 네가 좋다면 나중에 또 이야기해 보자."

말로 표현된 두 가지 제안은 그 차이가 아주 근소하다. 하지만 개인의 성숙과 책임감을 강화한다는 면에서 볼 때 후자는 전자보다 몇 년을 거뜬히 앞선다. 대니얼의 아들은 대니얼이 두 번째 접근법을 택하면 더 많은 영향을 받게 될 것이다. 지도는 명령보다 더 어렵지만 십대 자녀가 책임 있는 결정을 내리는 데 더 많은 도움을 준다.

모든 대화를 나누고 난 후, 십대 자녀가 상황을 좋게 하기보다 오히려 악화시킬 해로운 결정을 내릴 때도 명령보다 충고를 해준다면 당신은 지도를 계속할 수 있다. 문제는 한 인간으로서 십대 자녀의 자율성을 인정하는 것이며, 그러면 결국 그 아이 스스로 결정을 내릴 것이다.

그런 상황에서 부모는 "브래드, 나는 네가 그 결과대로 살아가야 하는 당사자이기에 이 결정을 내리길 원해. 하지만 네가 그런 결정을 내릴까 봐 두렵다는 사실을 말하고 싶구나."라고 할 수 있다. 그렇게 두려움을 털어놓으며 "그런 것들은 다른 접근법을 택하는 것이 더 낫지 않을까 생각하는 것들이야."라고 말할 수 있다. 그리고 나서 당신의 생각을 털어놓으

라. 당신은 자녀의 결정에 대한 책임을 그의 어깨에서 제거하는 것이 아니다. 당신이 원하는 것을 십대 자녀에게 하라고 노골적으로 요구하는 것도 아니다. 자녀가 좀 더 잘 받아들일 것 같은 방식으로 서술된 당신의 생각과 느낌을 자녀가 얻게 되는 이점을 제공하는 것이다.

만일 마지막에 십대 자녀가 당신이 믿기에 현명하지 못한 결정을 내린다면, 그런 결정에 의한 자연스러운 결과로 그가 고통을 당하더라도 그대로 내버려 두라. 만일 그 결과가 부정적인 것으로 판명되어 십대 자녀가 다시 실패하더라도 당신이 자녀의 삶을 통제할 수 없다는 것을 기억하며 앞에서 논의한 과정을 다시 반복하라. 책임 있는 부모가 된다는 것은 십대 자녀가 자신이 저지른 실수로부터 배울 수 있도록 돕는 것이다.

사랑의 능력

많은 부모가 대니얼과 미키처럼 "우리 인생에서 가장 어두웠던 밤이 십대 자녀와의 더욱 심오하고 의미 있는 관계의 시작이었어요."라고 말할 수 있다. 사랑은 비극을 승리로 바꾸는 열쇠다. 자신을 비난하지 않고, 자녀들에게 설교하지 않고, 실패를 고치려고 시도하지 않으면서 자녀들을 충분히 사랑하는 부모들은 공감하는 마음으로 경청하고, 지지와 지도를 해주는 등 조건 없는 사랑의 정신으로 이 모든 것을 한다. 그들은 십대 자녀들이 실패의 결과를 헤쳐나가는 과정에서 크게 성숙하는 것을 자주 볼 것이다.

내가 이 장에서 말하려고 한 것은 실패하는 십대에게는 그들의 실패에 대해 등 뒤로 걸어가 발로 차거나 비난하는 부모들이 필요치 않다는 것이다. 또한, 그들 앞으로 걸어가 그들을 끌어당기고, 자신들이 바라는 대로 그들을 순응시키려는 부모들도 필요치 않다. 십대 자녀들이 필요로 하는 부모는 그들이 실패한 후 책임지는 단계를 어떻게 밟는지 그것을 익히길 신실하게 바라고, 자녀의 사랑의 언어를 표현하면서 자녀와 함께 걸어가는 부모들이다. 이렇게 하는 부모들은 진실로 성공하는 부모들일 것이다. 존 로즈먼드의 말이 옳았다. "좋은 부모 역할은 자녀가 잘못했을 때 옳은 일을 하는 것이다."

14

한부모 가정에서의 사랑의 언어

어맨다에게는 세상살이가 쉽지 않다. 그녀는 15살인 마크와 13살인 줄리, 십대 자녀 두 명을 혼자 양육하는 홀어머니다. 그녀는 힘든 세월을 보낸 지 오래되었다. 마크가 10살 때 남편이 집을 나간 후 줄곧 혼자서 아이들을 키워 왔다.

그녀는 이혼의 충격 이후 자신이 거부당했다는 느낌으로 괴로워했다. 그러나 곧 그녀는 생활을 꾸려 나갈 책임을 짊어졌다. 그녀는 부모의 도움으로 간호사 훈련 과정을 수료한 뒤 인근 병원에서 일하고 있다. 남편이 보내 주는 자녀 양육비는 부족하고 때로는 가끔씩 보내 주지 않아 직장 생활을 하지 않고서는 생활을 꾸려 나갈 수가 없었다.

어맨다는 자기가 이룩한 이 모든 성취에도 불구하고 항상 죄책감을 느끼면서 살아간다. 직장 때문에 그녀는 원하는 만큼 자녀들과 함께 시간을 보낼 수 없다. 그녀는 언제나 아이들의 방과 후 활동에 참석할 수 없었다. 줄리는 아버지가 집을 나갈 때 8살이었다. 아이들은 지금 청소년기 발달 과정에 있는데, 어맨다는 여전히 줄리와 마크가 원하는 만큼의 시간을 보낼 수가 없다. 그녀는 줄리와 마크가 자신이 제대로 돌봐 주지 못하는 상태에서 자란다고 생각하면서, 이들이 앞으로 다가올 일들을 잘 대처할 수 있을지 걱정이다. 그녀는 어느 날은 "난 최선을 다했어."라고 혼자 중얼거리다가 그다음 날은 "내가 충분히 했는지 확신이 가지 않아."라고 한다. 최근에 마크는 말대꾸를 하며 어맨다의 말에 대해 비판하기도 했다. 줄리는 데이트를 하고 싶어하는데, 어맨다는 줄리가 아직 너무 어리다고 생각한다.

상담실을 찾아온 어맨다는 이렇게 말했다. "제가 제대로 하고 있는지 확신이 안 서요. 지금까지 저는 줄곧 꽤 잘해 오고 있다고 생각했어요. 그런데 이제 십대가 된 아이들을 잘 키울 수 있을지 모르겠어요."

나는 수년 동안 홀어머니들에게 익히 들어온 말들을 어맨다에게서도 듣고 있었다. "누군가 저를 흔쾌히 도와줄까요? 혼자 이를 해낼 수 있을지 확신이 안 가요."

다행히 어맨다와 같은 부모들도 도움을 받을 수 있다. 대부분의 공동체는 교회나 그 외 다른 시민 단체들이 지원하는 한부모 지원 그룹을 제공한다. 도서관에 가면 한부모 역할에 대한 수많은 도서가 있다. 전국의 몇몇 기관들은 인터넷으로 정보를 제공하는 웹사이트를 가지고 있다. 나는 다른 자료들을 통해 얻을 수 있는 정보는 신지 않으려 한다. 이 장의 초점은 십대 자녀의 사랑의 욕구를 효과적으로 충족시키려는 한부모를 돕는 것이다.

공통적인 도전들

한쪽 부모의 사랑만 있다

물론, 한부모 가정마다 각기 독특하다. 그러나 어른 한 사람이 사는 가정에는 양쪽 부모가 있을 때보다 종종 더 힘든 면들이 있다. 가장 명백한 사실은 한쪽 부모만이 친권 부모(법률상 미성년자인 자식에 대해 가지는 신분, 재산상의 여러 권리와 의무를 가진 부모-편집자 주)가 된다는 것이다. 이론적으로 자녀가 양쪽 부모와 똑같은 시간을 보내는 공동 친권이 어린 시절에는 가능할 수 있으나 자녀가 십대가 되면 불가능하다. 지금까지 가장 보편적인 양상은 어머니가 친권 부모가 되고, 아버지는 십대 자녀를 정기적으로 혹은 이따금씩, 아니면 거의 혹은 전혀 만나지 않기도 한다. 결국, 십대들이 사랑을 필요로 하는 일상의 경험에는 오로지 한쪽 부모의 사랑만 있게 된다.

이상적으로는 십대 자녀들이 일상생활을 하는 데는 아버지와 어머니의 사랑이 모두 필요하다. 한부모 가정에서는 이것이 불가능하다. 친권이 없는 부모가 자녀를 매일 만나는 것은 거의 불가능하다. 이는 친권 부모가 받아들여야만 하는 현실이며, 이 책의 내용이 한부모들에게 그토록 중요한 이유 중 하나다.

만일 당신이 혼자 자녀들을 키우는 한부모라면, 자녀의 제1의 사랑의 언어를 발견하여 이를 표현하는 것이 굉장히 중요하다. 그렇게 하지 않으면 자녀는 인정하는 말을 갈망하고 있는데 당신은 봉사라는 사랑의 언어로 십대 자녀에게 사랑을 표현할 것이다. 어떤 홀어머니가 이렇게 말했다. "제 딸이 확 달라졌어요. 워크숍에 참석했는데, 그곳에서 5가지 사랑의 언어와 그것을 어떻게 발견하는지 배웠어요. 딸의 제1의 사랑의 언어가 함께하는 시간인 것도 확실히 알았지요. 저는 지금까지 인정하는 말을 딸에게 계속 해왔는데, 별 반응이 없어서 의아했거든요. 딸아이와 함께하는 시간을 갖기 위해 볼일을 보면서 그 애를 데리고 다니고 그 애에게 관심을 집중하니까 아이의 태도가 완전히 바뀌었어요. 무척 놀랐지요. 2주일이 채 지나기도 전에 그 애는 완전히 딴 사람이 되었어요. 우리 집 분위기가 확 달라졌다니까요."

용솟음치는 감정들

한부모 가정의 또 하나의 공통 요인은 어린 시절에 묻혀 있던 감정들이 십대 시절에 가끔씩 솟아오른다는 것이다. 어린 시절에는 좀처럼 드러나지 않았던 상처, 분노, 거부감 등의 감정들이 낮은 자존감, 욕구 불만, 우울증, 비판하는 말들, 학대하는 행동 등으로 나타나기도 한다. 흥미로운 사실은 이런 감정들과 그 결과로 인한 행동이 친권을 가지지 않은 부모 앞에서는 거의 표현되지 않는다는 것이다. 이는 아마도 십대 자녀가 친권이 없는 부모는 잘 이해하지 못하고, 돌보지 않는다고 믿기 때문이거나, 혹은 자기와 그 부모와의 긍정적인 관계에 손상을 입고 싶지 않기 때문일 것이다. 현재 휴면 상태인 십대 자녀의 이전의 감정들과 정면으로 맞서게 되는 것은 친권 부모다.

대부분의 친권 부모에게는 이 같은 일이 무척 힘들다. 그들은 종종 자신의 진가를 인정받지 못한다고 느끼면서 십대 자녀에게 분노한다. 자녀를 돌보기 위해 열심히 일한 부모는 그 자녀가 자기에게 잘못한다고 느낄 것이다.

당신만이 그런 느낌들을 갖고 있는 것이 아니라는 사실을 제발 알았으면 한다. 그런 감정들은 자녀가 십대가 될 때 모든 한부모에게 공통적으로 나타나는 것들이다. 십대 자녀의 강한 감정들은 독립심과 자기 정체성을 발달시키려는 욕구와 일맥상통한다는 것을 기억하라. 지적, 영적, 도덕적 가치들이 형성되면서 어른으로 성장해 갈 때 십대 자녀는 불공평한 삶으로 인해 나타나는 것들과 씨름하지 않을 수 없다. 이런 과정은 긍정적일 수 있다. 십대 자녀가 성숙한 어른이 되어 가는 단계에 들어서면, 과거로부터의 이런 상처들을 표면으로 드러내 처리해야 한다. 그런데 이 과정은 십대 자녀와 부모 모두에게 고통스러울 것이다.

적절한 반응들

십대의 감정에 초점 맞추기

친권을 가진 부모에게 중요한 문제는 십대 자녀의 행동이 아니라 감정에 초점을 맞추는 것이다. 이는 우리가 통상 말하던 것과는 완전히 정반대다. 로베르타는 15살인 아들 사무엘에 대한 좌절감을 이렇게 묘사했다. "그 아이는 자신을 미워하는 것 같아요. 제가 아무리 칭찬을 늘어놓아도 자신이 무능하다고 느끼나 봐요. 많은 시간을 우울하게 보내는 것 같아요. 저는 그 아이를 행복하게, 기분 좋게 해주려고 애씁니다. 신나는 일들을 만들어 주려고 하는데도 언제나 맥없이 집에만 박혀 있어요. 제가 할 수 있는 일은 아무것도 없는 것 같아요."

로베르타는 사무엘의 내면에 흐르고 있는 느낌들을 무시하고 단지 행동만을 바꾸려고 애쓰는 것이다. 그녀는 우울증과 낮은 자존감의 근거인 상처, 분노, 거부감 등의 깊은 느낌들이 십대의 행동 이면에 자리 잡고 있다는 것을 인식해야 한다. 이런 감정들은 우리가 의논해야 할 주제들이다. 만일 그녀가 계속해서 사무엘에게 그가 얼마나 머리가 좋고 능력 있는 아이인지 모르겠다는 말을 하며 좀 더 긍정적인 자존감과 행동이라는 측면에 초점을 맞추어 이야기하려 든다면, 그녀의 수고는 별 소용이 없을 것이다. 그렇지만 그의 어린 시절, 특별히 이혼이나 죽음, 혹은 아버지로부터 버림받은 것으로 인한 감정들에 대해 이야기할 수 있는 분위기를 만들어 주면, 그녀는 아들의 태도가 변하는 것을 보게 될 것이다.

나는 이런 과정이 쉽다고 말하는 것이 아니다. 단 한 번의 대화로 일어날 일도 아니다. 과거에 있었던 이런 상한 감정들과 기억들은 친권 부모가 공감하는 마음으로 경청하면서 십대 자녀로 하여금 반복해서 다시 표현하게 해야 한다. 십대 자녀가 감정적인 치유를 받으려면 이런 감정들을 겉으로 드러내 털어놓는 작업이 필요할 것이다.

매디슨은 다른 문제로 불평했다. "16살짜리 제 아이는 그저께 밤에는 제게 욕설까지 했어요. 물건을 집어던진 적도 여러 번 있는데, 어떤 때는 제게 직접 던지기도 하고, 어떤 때는 벽에다 던집니다. 그 애가 그런 행동을 하리라곤 상상도 못했어요." 후에 매디슨의 딸과 대화해 보니 그 애가 최근에 데이트를 시작했다는 사실을 알게 되었다. 남성과 로맨틱한 관계를 가지는 것에 대한 기대는 휴면 상태에 있던 자기 아버지에 대한 모든 감정을 표면으로 드러나게 했다. 아버지가 자기를 버렸기 때문에 남자 친구도 자기를 버릴지 모른다는 두려움을 갖게 된 것이다. 포장되어 있던 분노가 이제 밖으로 용솟음친 것이다. 그 아이는 자기 엄마에게 분노했는데, 이혼의 책임이 엄마한테도 있다고 생각했다. 또 집을 나간 아버지에게 분노했는데, 특히 자기를 떠난 후 거의 관심을 가져 주지 않은 것에 화가 났다. 이런 분노의 행동은 실질적으로는 과거의 상처가 치유되기 시작했다는 긍정적인 표시다.

이런 사실을 이해하면 자기 딸의 부정적인 행동을 비난하기보다 이런 묻힌 감정들에 대해 딸과 이야기하며 도움을 주는 데 초점을 맞출 수 있다. 이런 행동은 내면의 고통에 대해 이야기를 나누고 공감하는 마음으로 다루어질 때 치유될 수 있다.

십대에게 진실을 말하기

십대 자녀의 마음에 있는 상처를 치유하는 과정에서 친권 부모는 경청하는 힘든 작업을 해야 할 뿐만 아니라 진실 또한 말해 주어야 한다. 아이 아빠가 떠날 때 그 당시에는 단순한 설명으로도 아이가 이해하는 듯했다. 그래서 당신은 문제가 해결되었다고 생각했다. 그런데 이제 십대가 된 자녀는 그 모든 문제를 다시 끄집어내 좀 더 자세한 질문을 할 것이다. 아이는 이혼하기 전에 무슨 일이 있었는지 알고 싶어한다. 신혼 생활은 어떠했는지 알고 싶어한다. 아이는 "아빠가 그렇게 나쁜 사람이었다면 엄마는 왜 결혼했어요?"라고 물을 것이다. 만일 엄마가 죽은 경우라면 십대 자녀는 질병과 사고의 원인을 다시 물어볼 것이다. "제게 말씀해 주세요. 엄마 상태가 어땠어요? 엄마는 제게 무슨 말씀을 하셨나요?" 이런 질문들은 십대들이 전형적으로 하는 질문들-어렵고, 고통스럽고, 진상을 규명하려는 질문들-이지만, 마땅히 답을 해주어야만 하는 것들이다.

당신이 무슨 일을 했든지 간에 당신이나 전 배우자의 행동을 변명해서는 안 된다. 진실을 말하라. 만일 십대 자녀가 나중에 당신이 거짓말을 했다는 사실을 알게 되면 당신에 대한 존경심이 없어질 것이다. 그들이 어렸을 때 당신은 아마 진실을 잘 분간할 수 없으리라고 생각했을 것이다. 하지만 그들은 지금 십대이고, 감정적으로 치유되기 위해서는 진실을 알아야 한다.

14살 십대 아이의 어머니인 마조리의 말이다.

"제가 지금까지 겪었던 일들 중에 가장 힘들었던 일은 딸의 질문에 대답하는 것이었어요. 진작 그 아이에게 말했어야 하는데 적당한 시기가 아닌 듯해서 미루어 왔지요. 그런데 그 애가 그 어려운 질문을 하는 거예요. 저는 거짓말을 하든지, 진실을 말하든지 택해야 했어요. 제가 그 아이에게 사실을 털어놓은 날 밤은 제 인생에서 가장 고통스러운 밤이었어요. 저는 그 아이 아빠와 결혼한 사실이 없었거든요. 해변 파티에서 만나 함께 잠을 잤고, 그 이후 한 번도 만난 적이 없어요. 전에는 항상 네가 어릴 때 아빠가 떠났다고 아이에게 말하곤 했지요. 처음에는 딸아이가 화를 냈어요. 왜 더 일찍 자기에게 말해 주지 않았느냐는 거예요. 하지만 제게 가장 상처를 준 것은 '그래서 실질적으로 엄마는 나를 원하지 않았던 거였군요. 난 사고로 생긴 거였어요.'라고 한 말이에요.

저는 그 애가 화를 내면서 퍼붓는 말들을 다 들은 후 그 애가 어떻게 느낄지 이해한다고 말했어요. 그리고 그날 밤 이후 저는 처음부터 그 애를 사랑했다는 것을 행동으로 보여 주려고 노력했어요. 몇 주일 동안 우리는 많은 이야기를 나누었어요. 우리는 서로 부둥켜안고 울다가 웃다가 했지요. 저는 지금처럼 딸아이와 가깝게 느낀 적이 없는 것 같아요. 딸아이는 전보다 더 성숙한 방식으로 저를 사랑한다는 생각이 들어요. 언젠가는 그 아이에게 진실을 털어놓아야 한다고 늘 생각하고 있었어요. 용기를 내야 한다고 생각했지요. 말해 버리고 나니 너무 기뻐요."

옛 속담이 맞다. 진실은 상처를 준다. 하지만 진실은 상처를 치유해 준다는 말 역시 사실이다. 십대 자녀의 사랑의 언어가 무엇인지 알고 표현하는 것이 이렇게 진실을 알리는 경험에 굉장한 도움이 될 수 있다. 스킨십, 인정하는 말, 선물, 봉사, 함께하는 시간 등은 과거를 치유하는 과정이 시작되는 데 도움을 줄 것이다.

그런 일이 있고 나서 마조리의 딸이 나중에 내게 다음과 같이 말했다. "제가 그 일을 견뎌 낼 수 있었던 것은 엄마의 포옹 때문이었어요. 엄마가 진실을 털어놓으셨을 때 제 평생 그렇게 상처받았던 적은 없는 것 같아요. 저는 도망가고 싶었어요. 소리 지르고 싶었어요. 자살하고 싶었다고요. 하지만 엄마의 포옹은 사랑의 보금자리 같았어요." 그 아이의 제1의 사랑의 언어는 스킨십이었고, 이것이 그 아이의 상처받은 마음에 깊게 전달되었던 것이다. 마조리는 다른 사랑의 언어들도 표현했다. 그녀는 함께하는 시간을 많이 가졌고, 오랜 시간 토의도 했다. 그리고 말로 자기의 사랑을 전달했다. 특별한 선물과 봉사-자기 딸의 치유에 도움 되는 것-도 모두 했다. 하지만 스킨십이 사랑의 보금자리였던 것이다.

십대의 비현실적인 욕구 존중하기

한부모에게 또 다른 도전 하나는 부모의 적절한 반응과 함께 다루어져야 한다. 한부모 가정의 십대들은 비현실적인 욕구를 많이 경험할 것이다. 당신은 십대 아들이 "아빠가 제 경기를 보러 오셨으면 좋겠어요."라고 말하는 것을 들을 수 있다. 그러나 현실은 아이 아빠는 수천 킬로미터나 떨어진 곳에 살고 있고, 재혼을 해서 아내와 두 아이가 있다. 그는 자기 아들의 경기에 오지 않을 것이다. 당신의 16살짜리 딸은 "아빠가 자동차를 사주실 거야."라고 말하지만 아이 아빠는 빚을 많이 지고 있어서 사주고 싶어도 그렇게 할 수가 없다.

이런 불가능한 꿈들은 십대의 상상력의 한 부분이다. 십대 자녀는 자기가 원하는 가정의 모습을 갖고 싶어서 이렇게 잠재의식적으로 시도하는 것이다. 그런데 친권을 가진 많은 부모가 이런 꿈들을 현실 속에서 날려 버린다. 이는 상당한 실수인 것 같다. 십대의 욕구를 더 많이 인정하고, 하루에 한 가지씩 현실을 일깨워 주자.

"네 아빠가 자동차를 사주셨으면 하는구나. 그래, 좋은 생각이다. 나 역시 그렇게 해준다면 좋겠다.", "아빠가 네 경기를 보러 오셨으면 하는구나. 나 역시 아빠가 그럴 수 있었으면 좋겠어. 그렇게 한다면 정말 좋을 거야." 십대 자녀의 비현실적인 욕구에 이런 긍정적인 반응을 보인다면 당신은 십대 자녀를 한 사람으로 인정하고 있는 것이다. 만일 십대 자녀의 생각에 대해 호통치면서 전 배우자에 대한 부정적인 사실들을 늘어놓는다면 당신은 자녀에게 자신의 욕구를 혼자서만 간직하라고 하는 격이 된다. 이런 욕구들을 받아들이고 인정할 때 자녀가 거침없이 의사소통을 할 수 있다. 종종 십대 자녀 자신도 이런 꿈들이 불가능하다는 것을 이미 알고 있다. 그렇지만 꿈꾸는 것은 이상적인 현실보다는 못해도 그것에 대처하는 한 부분은 된다.

만일 당신이 전 배우자와 연락이 된다면 십대 자녀의 욕구 가운데 몇 가지를 함께 나눌 수 있다. 이는 반드시 요구하는 방식이 아니라 단지 정보를 나누는 차원에서 이루어져야 한다. "셋이 여러 번 아빠가 자기 경기를 보러 오셨으면 좋겠다고 했어요. 힘든 일이라는 것은 나도 알아요. 하지만 어떻게 좀 할 수 있다면 그 아이에게는 굉장한 의미가 있을 거예요.

그렇게 할 수 없다면 전화로라도 경기 잘했느냐고 물어봐 주면 좋고요." 이는 친권이 없는 부모에게 좋은 정보가 된다. "스테파니는 자기가 16살이 되면 당신이 자동차를 사줄 거라고 했다는 말을 여러 번 했어요. 내가 요구하는 것이 아니라 그 애가 말했다는 것을 알았으면 해서요."

반면, 부모 사이가 적대 관계라면 친권이 없는 부모와 십대 자녀의 욕구에 대해 나누는 일이 십대 자녀에 의해 행해지는 것이 가장 좋을 때가 있다. 십대 자녀에게 "네가 아빠와 상의해야 될 거야."라고 말해 주면 그 자녀의 필요에 대한 격려가 될 것이다.

천성이 염세적인 부모들은 내가 방금 제시한 내용을 이행하기가 무척 힘들 것이다. 본성상 그들은 유리잔이 반쯤 비었다고만 생각하고 십대 자녀에게 이런 염세주의를 쏟아붓는다. 만일 당신의 성품 때문에 이런 일이 발생한다면 개인 상담을 받아 정신을 좀 더 긍정적인 방향으로 전환할 것을 권하는 바이다. 꿈은 비록 불가능하더라도 어두운 날들을 견딜 수 있게 만드는 한 부분이 된다. 또 누가 알겠는가? 그것이 가능할 수도 있지 않겠는가?

십대 자녀의 욕구가 비현실적이라면 이는 점진적으로 분명해질 것이다. 십대 자녀가 자기 욕구를 말할 때는, 그런 욕구를 표현하지 않았다면 부모가 모를 수 있는 정보를 제공하는 것이다. 종종 이런 많은 욕구는 그들의 제1의 사랑의 언어와 일치한다. 아마 아빠가 자기 경기를 보러 오기를 바라는 아이는 제1의 사랑의 언어가 함께하는 시간일 것이고, 자동차를 사주었으면 하는 아이의 제1의 사랑의 언어는 선물일 것이다. 물론 십대 자녀가 제1의 사랑의 언어 외의 욕구를 가지고 있을 수도 있다. 하지만 그런 욕구를 잘 분류해 본다면 대부분 자신의 제1의 사랑의 언어의 범주 내에 있는 것들임을 알게 될 것이다.

친권이 없는 부모들을 위하여

이제 친권이 없는 부모들에게 몇 마디 할 말이 있다. 이 장 첫머리에서 언급한 내용이 불공평하다는 생각이 들지 않았길 바란다. 사실 당신은 십대 자녀의 생활에 중대한 역할을 할 수 있다. 십대 자녀는 당신을 필요로 한다. 친권이 없는 많은 부모가 십대 자녀들에게 어떻게 부모 역할을 할 것인지 도움을 받을 필요가 있다고 인식한다. 어떤 부모들은 2주일에 한 번, 혹은 한 달에 한 번씩 규칙적으로 십대 자녀를 만난다. 또 어떤 부모들은 자기 자녀와 수천 킬로미터나 떨어진 곳에 살기에 전화나 이메일로 이따금씩 교류한다. 당신은 어떻게 하는가? 여기서 두서너 가지 함정과 몇 가지 아이디어를 다루어 보자.

함정을 피하라

흔히 볼 수 있는 첫 번째 함정은 '디즈니랜드 아빠' 증후군이라고 부르는 것이다. 당신이 십대 자녀를 데리고 가서 시간을 보내는 곳은 스포츠 경기장, 영화관, 그 밖의 오락 시설이 있는 곳이다. 당신의 관심은 십대 자녀 자체보다 활동에 집중되어 있다. 이런 부모들은 자기 자녀들과 함께하는 시간이 한정되어 있기 때문에 만날 때마다 미리 계획을 세워 재미있게 보내려고 노력한다. 만나서 함께 시간을 보내다 서로 헤어질 때쯤이 되면 자녀와 부모 모두 완전히 녹초가 된다. 내 말을 오해하지 말기 바란다. 십대 자녀와 재미있는 시간을 보내는 것에는 아무런 잘못이 없다. 대부분의 십대가 그런 활동들을 즐긴다. 그러나 한번 문제를 직시해 보자. 삶이란 항상 재미와 놀이들로만 가득 차 있는 것이 아니다.

십대 자녀는 일상 가운데 당신을 더 자주 마주 대해야 한다. 주중에 당신은 자녀의 일상생활에서 배제되어 있기 때문에 자녀의 내면에서 무슨 일이 일어나고 있는지 거의 생각조차 할 수 없을 것이다. 그러므로 긴장을 푼 상태에서, 때로는 그렇게 긴장이 풀린 상태는 아니더라도 열린 대화를 나누어야 한다. 부모가 자녀의 감정의 욕구를 발견하기 전에는 이를 충족시켜 줄 수 없다.

아버지와 십대 자녀들이 이런 방문 관계에 대해 서로 다른 견해를 가지는 경우는 드물지 않다. 아버지들은 자기 책임을 다했다고 생각하는 반면, 십대 자녀들은 무언가 빠진 것 같다고 느낀다. 아버지는 자기가 줄곧 사랑했다고 생각하지만, 십대 자녀는 거부감을 느낀다. 한 연구 보고서에 의하면 대부분의 아버지가 자기 의무를 충분히 이행했다고 생각하는 반면, 4명 중 3명의 십대들은 자기들이 아버지한테 중요하지 않다는 인상을 받는다고 했다. "그들은 자기 아버지가 몸만 함께 있을 뿐이지, 감정적으로는 함께 있지 않았다고 생각한다."[1] 디즈니랜드 아빠 증후군은 십대 자녀에게 부모 역할을 하는 데 가장 긍정적인 접근 방식은 아닌 것 같다.

두 번째 함정은 십대 자녀를 이용하는 것이다. 15살짜리 한 소녀는 자기 아버지가 주말에 자기를 보러 왔는데, 아버지가 약속 때문에 외출하면서 자기 아내와 자기가 돌아올 때까지 어린 두 의붓남동생을 돌봐달라

---

1) Shmuel Shulman and Inge Seiffge-Krenke, *Fathers and Adolescents* (New York:Routledge, 1997), 97.

고 했다고 한다. 아버지와 그의 아내는 자정이 다 되어 돌아왔다. 분명한 것은 이 자녀는 아버지가 자기를 보러 온 것에 만족하지 못했다. 그다음 약속을 잡으려고 하자 그 십대 자녀는 아버지가 오는 것을 거절했다.

이는 자녀를 찾아간 동안에 소녀가 아무 일도 할 수 없다는 의미가 아니다. 사실 일상에 십대 자녀를 개입시키는 것은 아주 긍정적인 경험이 될 수 있다. 함께 식품점에 가거나 혹은 은행에 가는 것과 같이 단순한 일들도 십대 자녀에게는 의미가 있을 수 있다. 하지만 부모가 자기를 이용한다고 느껴지고, 관심 대상이 자기보다 당신 자신에게 있다고 느껴지면 자녀는 곧바로 그런 행동에 분개할 것이다.

세 번째 함정은 십대 자녀가 문젯거리를 이야기하지 않으면 아이가 감정적으로 안정된 상태라고 추측하는 것이다. 십대들은 종종 마지못해 감정적 갈등을 친권이 없는 부모들에게 털어놓는다. 이러는 데는 많은 이유가 있다. 어떤 자녀들은 자기감정을 솔직하게 드러내면 아버지가 자기를 더 멀리하고 찾아오지 않을지도 모른다는 두려움을 갖는다. 어떤 자녀들은 '평지풍파'를 일으키고 싶지 않아 털어놓지 않는다. 논쟁을 해서 사태를 더 악화시키느니 차라리 표면적으로라도 조용한 관계가 더 낫다고 생각할 수 있다. 핵심은 침묵이 건강의 표시는 아니라는 것이다.

부모들과 떨어져 사는 대부분의 십대는 이 장 앞부분에서 논의한 느낌과 생각들을 갖고 있다. 그들은 이런 느낌과 생각들을 절대적으로 당신과 나누어야 한다. 현명한 부모는 자녀들이 앙갚음에 대한 두려움 없이 자신들의 느낌과 생각들을 나눌 수 있는 분위기를 만든다. 이런 식의 말을 먼저 함으로써 그들이 속마음을 털어놓게 할 수도 있다. "내가 엄마와 함께 살지 않는 것이 네 삶에 많은 상처와 갈등을 일으키는 줄 안다. 그것에 대해 이야기하고 싶다면 내가 기꺼이 들어줄게. 계속 네 말을 듣겠지만, 혹시 너를 실망시키거나 상처를 주는 일을 할지라도 내게 이야기를 해주었으면 한다. 난 더 좋은 아빠가 되고 싶어. 네 제안에 내 마음을 열도록 하마." 십대 자녀는 당신의 이런 제안에 즉각 반응하지 않을 수도 있다. 하지만 당신이 신실하다고 자녀가 확신한다면 곧바로, 혹은 조금 늦게라도 자신의 갈등거리를 당신에게 들려줄 것이다.

어떤 개인적인 문제라도 다루라

만일 당신이 친권이 없는 부모이고 당신의 개인적인 문제들-감정적인 갈등, 재정적인 문제 등-때문에 십대 자녀와 거의 만나지 못한다면 당신의 문제들을 다룰 몇 가지 단계를 밟길 권한다. 30년 이상 결혼 생활과 가정생활에 대한 상담을 한 내가 예언할 수 있는 것은 당신이 십대 자녀의 삶에 개입하지 못한 것을 후회할 날이 반드시 온다는 것이다. 당신은 지금 당장 당신 앞에 놓인 문제들을 직시하고, 필요한 도움을 받는 긍정적인 행동을 함으로써 그런 후회를 피할 수 있다.

상담가, 목회자, 혹은 믿을 만한 친구를 찾아가서 당신에게 필요한 것을 솔직하게 털어놓으라. 그리고 당신의 삶을 좀 더 긍정적인 방향으로 바꾸는 데 필요한 도움을 받으라. 이런 단계들을 밟으면 십대 자녀는 당신을 존경할 것이고, 당신은 십대 자녀와 의미 있는 관계로 한걸음 더 가까이 다가서게 될 것이다.

개입해서 십대의 사랑의 언어를 표현하라

반면, 당신이 규칙적으로 십대 자녀와 만나고 있다면 만날 때마다 전화, 이메일, 편지 등을 이용하길 권한다. 당신 생활에 무슨 일이 일어나고 있는지, 그것이 성공이든 실패든 가리지 말고 이야기하라. 십대 자녀에게 정직하고 성실하라. 십대는 진정성을 찾고 있다. 십대 자녀의 생각, 느낌, 욕구들을 면밀히 살필 수 있도록 질문할 시간을 가지라. 질문에 대한 대답을 다 들을 필요는 없다. 실은 대답을 하나도 듣지 못해도 괜찮다. 십대는 스스로 생각해 볼 시간이 필요하다. 십대의 감정에 접촉하라. 당신의 시간을 표면적인 이야기로만 메우지 말라. 당신의 전 배우자에게 십대 자녀와의 만남을 강화할 수 있는 방법들을 요청하라.

그리고 십대 자녀 앞에서 친권 부모를 비판하지 말라. 만일 자녀가 다른 쪽 부모를 비판한다면 자녀의 말을 들어주라. 그러고 나서 어떻게 도움을 줄 수 있겠느냐고 자녀에게 조언을 구하라. 하지만 덩달아 전 배우자를 비판하는 말은 하지 말라.

이 모든 것 외에 5가지 사랑의 언어를 어떻게 표현하는지 배우라. 십대 자녀의 제1의 사랑의 언어를 발견해서 표현하라. 십대 자녀의 행복에 최대로 공헌하는 것은 당신이 그 자녀를 돌보고 있고 사랑한다는 것을 알게 하는 것이다. 자녀가 당신의 사랑을 느낄 것이라고 추측하지 말라. 많은 부모가 자신의 사랑의 언어를 표현하면서 십대 자녀가 사랑받는다고 느낄 것이라 생각한다. 하지만 수많은 십대가 그렇지 못하다. 십대 자녀의 제1의 사랑의 언어를 표현하는 것 외에는 별다른 대안이 없다.

십대 자녀와의 관계가 오랫동안 어떠했든지, 이를 개선하는 데 너무 늦은 법이란 절대 없다. 과거의 실패를 솔직하게 고백하고 십대 자녀에게 용서를 구하는 일은 당신과 십대 자녀의 관계를 새롭게 만드는 첫걸음이 될 것이다. 그 여행길이 당신과 자녀 모두에게 고통스러울 수는 있지만, 나는 그것이 할 만한 가치가 있는 것이라고 확신한다.

중요한 지도 사항들

이 장을 마무리 지으면서 십대 자녀에게 사랑을 보여 줄 수 있는 몇 가지 주요 지침을 친권 부모와 친권이 없는 부모 모두에게 제시하겠다.

1. 십대 자녀의 말을 경청하라

십대 자녀가 무슨 말을 하는지 경청하지 않고서는 그들을 양육할 수 없다. 십대들의 말을 무시하는 부모들은 십대들의 감정적인 필요를 거의 만족하게 해줄 수도, 긍정적인 방향으로 지도해 줄 수도 없다. 지도는 십대 자녀가 서 있는 곳에서 시작된다. 경청하지 않고서는 부모가 첫발을 내디딜 수 없다. 십대 자녀의 말을 경청할 때 당신은 함께하는 시간이라는 사랑의 언어를 표현하며 분산되지 않은 관심을 자녀에게 주고 있는 것이다. 그리고 십대가 알 가치가 있는 사람이라는 사실을 전달하며 당신 삶의 한 부분을 자녀에게 주고 있는 것이다.

2. 십대 자녀에게 분노를 긍정적으로 처리하는 법을 가르치라

이것은 당신 자신의 분노를 처리하는 방식을 의미할 수 있다. 대부분의 한부모가 이미 분노를 지닌 채 살아간다. 그들 가운데 어떤 사람들은 분노를 긍정적으로 처리하는 법을 배웠다. 어떤 사람들은 성난 표현과 행동으로 폭발시키는 반면, 어떤 사람들은 그것을 안으로 움켜쥔다. 당신이 자신의 분노를 처리하는 단계를 밟을 때까지 십대 자녀는 당신의 도움에 쉽게 마음을 열지 않는다. 만일 당신이나 십대 자녀가 인격적인 관계의 이런 핵심 요소를 개선할 필요를 느낀다면, 나는 당신이 사랑과 분노에 대해 다룬 9장과 10장을 다시 읽길 권한다.

3. 친절하게, 하지만 단호하게 경계선을 지키라

십대 자녀들은 부모들이 자기에게 해롭다고 믿는 것들에 단호하게 아니라고 말할 수 있을 정도로 자기를 돌본다는 것을 알아야 한다. 양쪽 부모가 서로 경계선에 관한 이야기를 나누고 똑같은 목록과 결과를 가지고 있다면 훨씬 더 좋다. 이는 부모가 둘 다 자기 행복을 똑같이 생각하고 있다는 것을 십대 자녀에게 전달해 준다.

4. 무엇보다도 십대 자녀에게 조건 없는 사랑을 베풀라

좋든 싫든, 옳든 그르든, 십대 자녀는 누군가 자기를 돌보고 사랑한다고 느껴야 한다. 자기를 가장 사랑해 주었으면 하는 사람은 바로 부모다. 둘 중 하나라도 십대 자녀의 사랑의 탱크를 계속해서 채워 주는 공동의 목적에 합류한다면, 십대 자녀를 키우는 데 가장 좋은 분위기를 조성하게 될 것이다.

5. 한부모 스터디 그룹에 참가할 것을 고려해 보라

대부분의 공동체에 이런 그룹들이 있다. 이 그룹들은 시민 단체나 교회, 대학 등에서 후원한다. 어떤 사람들은 이미 당신과 같은 길에서 당신을 위한 실제적인 아이디어를 갖고 있을 것이다. 또 최근에 한부모 세계로 들어선 사람들에게는 당신이 격려할 수 있을 것이다. 이런 그룹들은 당신이 한부모라는 어려운 상황에서 온전한 부모 역할을 할 수 있도록 도와줄 것이다.

6. 도움을 줄 수 있는 사람들의 목록을 작성하라

만일 당신의 확대 가족이 가까운 곳에 살고, 그들이 당신 자녀에게 긍정적인 영향을 줄 것 같다면 그들에게 도움을 요청하길 주저하지 말라. 할아버지, 삼촌, 사촌 형 등은 아버지의 부재로 인해 생긴 공백을 많이 메워 줄 수 있다. 할머니들은 문제 있는 많은 십대에게는 구원자가 되기도 한다. 만일 친척들이 주변에 살고 있지 않거나, 그들이 자녀에게 부정적인 영향을 줄 것 같다면 당신을 도울 수 있는 친구들을 찾아보라.

시민 단체나 대학과 함께 편부모를 도울 수 있는 곳으로 교회를 고려해 보길 언급했다. 교회는 영적으로 용기를 줄 뿐 아니라 건전한 사귐을 가질 수 있는 곳이다. 많은 교회가 십대들을 위해 재미있는 활동들을 제공하면서 홀로 자녀를 키우는 어른들을 위한 주중 강좌반을 개설하기도 한다. 이를 가족 행사로 만들어 배운 내용을 집에서 함께 토론해 보라. 교회와 가정이라는 맥락에서 많은 한부모가 십대 자녀들의 발달 과정에 긍정적인 역할을 하는 사람들을 발견하게 되었다. 당신은 인생길을 혼자 걸어가지 않아도 된다. 우리가 속한 공동체에는 돌봐 줄 사람들이 있다. 그들을 발견할 때까지 계속 찾아보라.

조만간 십대 자녀는 어른이 될 것이다. 만일 그들이 진솔하게 "엄마가 저를 사랑하시는 걸 알아요. 아빠도 그렇다는 걸 알고요."라고 말할 수 있다면 당신에게는 무한한 축복이 될 것이다. 언젠가는 당신이 그런 축복의 소리를 들을 수 있도록 이 장이 도움이 되길 진심으로 바란다.

THE FIVE LOVE
LANGUAGES
OF TEENAGERS

에필로그

　현대 십대 문화의 지평을 여는 2가지 물결이 있다. 그 하나는 공동체, 구조, 안내 지침, 목적 등에 대해 십대 자녀들 내면 깊숙한 곳으로부터 울부짖는 소리이고, 두 번째는 최고의 숭고한 물결을 위협하는 혼돈의 물결이다.

　많은 십대에게 세상은 도무지 이치에 맞지 않고, 삶이란 그리 노력할 만한 가치가 없는 것으로 보인다. 소용돌이치는 혼돈의 물결에 휩쓸린 십대들은 많은 시간을 우울증에 사로잡혀 지내기 일쑤다. 그리고 결국에는 자기 파괴, 혹은 다른 사람들까지 함께 물고 들어가는 것으로 막을 내리기도 한다.

　나는 십대들의 기분과 선택에 가장 많은 영향을 미치는 사람이 바로 부모라고 굳게 믿는다. 부모의 사랑이 없으면 십대들은 혼돈의 물결에 더 잘 휩쓸리게 된다. 부모에게서 진정으로 사랑받는다고 느끼는 십대들은 공동체에 더 깊은 열망을 갖고, 지도 사항에 더 긍정적으로 반응하고, 삶의 목적과 의미를 더 잘 발견하게 된다. 변화무쌍한 세상에서 부모의 사랑보다 더 긍정적인 영향을 미칠 수 있는 것은 없다.

　나는 십대 자녀들이 사랑받는다는 사실을 진정으로 느끼길 원하는 부모들에게 도움을 주고자 이 책을 집필했다. 30년 동안 결혼 생활과 가정

생활에 대해 상담하면서 대부분의 부모가 십대 자녀들을 사랑한다는 것을 관찰했다. 하지만 수많은 십대 자녀가 부모에게서 사랑받는다고 느끼지 못하는 것 또한 발견했다. 십대에게 사랑을 효율적으로 전달하려면 반드시 십대의 제1의 사랑의 언어를 배워 이를 규칙적으로 표현해야 한다. 또한, 제1의 사랑의 언어와 함께 십대의 영혼에 가장 깊이 들리는 방언들을 배워야 한다. 십대의 제1의 사랑의 언어를 표현하지 않으면, 그 밖의 다른 4가지 사랑의 언어들을 표현한다 해도 그들의 사랑의 탱크를 채울 수 없을 것이다.

나는 십대 자녀들을 효율적으로 사랑하는 것이 그리 쉽지 않고, 자녀들이 어렸을 때 그들을 사랑한다는 것 또한 분명 쉽지 않다는 것을 정직하게 전달하려고 노력했다. 십대들은 여러 방향으로 '움직이는 과녁'이다. 그들은 많은 흥밋거리를 찾는 데 적극적으로 개입할 뿐만 아니라 기분에 따라 갑자기 방향을 바꾸기도 한다. 이런 두 가지 특징 때문에 부모들은 그날에 적합한 사랑의 언어와 방언이 무엇인지 가늠하기 어려워한다. 십대들을 사랑하는 모든 과정은 그들의 독립심과 자기 정체성의 발달에도 영향을 준다. 십대 자녀들에게 효과적으로 사랑을 전달하고 싶다면 이런 요인들을 과소평가해서는 안 된다.

이 책은 부모들을 위해 집필한 것이지만, 조부모들, 교사들, 교회 청소년 지도자들, 그리고 십대들을 돌보는 그 밖의 다른 어른들도 이 책에서 발견한 원리들을 읽고 실행에 옮김으로써 십대들을 더 효율적으로 사랑하길 바란다. 십대들은 부모뿐 아니라 그들의 삶 주변에 있는 다른 중요한 어른들에게서도 사랑받아야 한다. 십대들은 자신이 만나는 어른들에게서 사랑받았다고 느끼기도 하고, 사랑받지 못했다고 느끼기도 한다. 어른들에게서 사랑받는다고 느낄 때, 십대는 그 어른들이 주는 교훈과 영향에 마음을 연다. 하지만 사랑받는다고 느끼지 못하면 어른들의 말은 아무런 소용이 없을 것이다. 십대에게는 나이 든 성숙한 어른들의 지혜가 절대적으로 필요하다. 하지만 사랑 없는 지혜를 전수하는 것은 효과가 없다.

예민한 독자들에게는 이 책이 단지 읽고 옆에 치워 놓는 그런 책이 아니라는 사실이 명백해졌을 것이다. 이 책에 나오는 원리들은 매일 실행에 옮겨져야 하는 것들이다. 십대의 몸에 매일 음식이 필요하듯 십대의 영혼은 사랑을 갈망한다. 이 책이 십대 자녀를 둔 모든 부모의 손에 들려지길 바라면서 이런 말을 하고 싶다.

"나는 당신을 위해 이 책을 썼습니다. 나는 당신이 십대 자녀를 사랑하는 줄 압니다. 하지만 십대 자녀가 당신의 사랑을 느끼고 있는지는 확실히 모릅니다. 십대 자녀의 제1의 사랑의 언어를 배우고 이를 규칙적으로 표현하세요. 이는 쉽지 않습니다. 저도 압니다. 제가 그랬거든요. 하지만 이는 노력할 만한 값어치가 있습니다. 당신의 십대 자녀는 그 혜택을 누리게 될 것이고, 당신 역시 그렇게 될 것입니다."

현세대의 십대들을 효율적으로 사랑하는 것보다 미래 세대에게 더 중요한 것은 없다.

사명선언문

너희가 흠이 없고 순전하여……세상에서 그들 가운데 빛들로
나타내며 생명의 말씀을 밝혀 _ 빌 2:15-16

1. 생명을 담겠습니다
만드는 책에 주님 주신 생명을 담겠습니다.
그 책으로 복음을 선포하겠습니다.

2. 말씀을 밝히겠습니다
생명의 근본은 말씀입니다.
말씀을 밝혀 성도와 교회의 성장을 돕겠습니다.

3. 빛이 되겠습니다
시대와 영혼의 어두움을 밝혀 주님 앞으로 이끄는
빛이 되는 책을 만들겠습니다.

4. 순전히 행하겠습니다
책을 만들고 전하는 일과 경영하는 일에 부끄러움이 없는
정직함으로 행하겠습니다.

5. 끝까지 전파하겠습니다
모든 사람에게, 땅 끝까지, 주님 오시는 그날까지
복음을 전하는 사명을 다하겠습니다.

서점 안내

광화문점	서울시 종로구 새문안로 69 구세군회관 1층 02)737-2288 / 02)737-4623(F)
강남점	서울시 서초구 신반포로 177 반포쇼핑타운 3동 2층 02)595-1211 / 02)595-3549(F)
구로점	서울시 동작구 시흥대로 602, 3층 302호 02)858-8744 / 02)838-0653(F)
노원점	서울시 노원구 동일로 1366 삼봉빌딩 지하 1층 02)938-7979 / 02)3391-6169(F)
일산점	경기도 고양시 일산서구 중앙로 1391 레이크타운 지하 1층 031)916-8787 / 031)916-8788(F)
의정부점	경기도 의정부시 청사로47번길 12 성산타워 3층 031)845-0600 / 031)852-6930(F)
인터넷서점	www.lifebook.co.kr